梁一 著

爆单

零基础玩转抖音直播18招

海洋出版社
北京

图书在版编目（CIP）数据

爆单：零基础玩转抖音直播 18 招 / 梁一著. 北京：海洋出版社，2025. 5. -- ISBN 978-7-5210-1522-5

Ⅰ. F713.365.2

中国国家版本馆 CIP 数据核字第 20251P5L82 号

爆单：零基础玩转抖音直播 18 招

BAODAN: LING JICHU WANZHUAN DOUYIN ZHIBO 18 ZHAO

梁 一 著

策　　划：张芮宁

责任编辑：刘　斌

装帧设计：触点视界设计工作室

制　　作：胡紫燕

责任印制：安　淼

海洋出版社 出版发行

网　　址：www.oceanpress.com.cn

地　　址：北京市海淀区大慧寺路 8 号

邮　　编：100081

印　　刷：湖南锦泰数字印刷有限公司

经　　销：新华书店

版　　次：2025 年 5 月第 1 版　2025 年 5 月第 1 次印刷

开　　本：880 mm × 1230 mm　1/16

印　　张：17.5

字　　数：340 千字

定　　价：108.80 元

发 行 部：010-62100090

总 编 室：010-62100034

前言

1. 作者简介

自 2018 年起，我投身于快手直播带货领域，并于 2020 年初开始涉足抖音直播带货。至今，我在直播行业已经深耕七年有余。

在这七年多时间里，我经历了从个人达人到带领公司成为 DP 服务商（抖音品牌代运营服务商）的转变，并亲历了直播基地从一线城市迁移到三线城市的全过程。

我曾在抖音电商的多个基础岗位工作过，包括主播、场控、直播运营、投放、视频编导、达人 BD 等，并在上海管理过由几十个人组成的直播团队，积累了丰富的实战经验。

我们团队从零开始，帮助很多客户成功实现了抖音直播的冷启动，其中有些客户至今仍在与我们合作，而另一些客户已经自建团队操盘了。

当然，我们也经历了不少失败，这些失败的教训与成功的经验同样宝贵，它们时刻提醒着我在抖音电商运营中要坚守流量、生意的底层逻辑和基本规律，不被表象和短期数据波动所迷惑。

我不仅是直播电商公司的老板和头号操盘手，同时也是官方认证的讲师。我经常从工作中总结经验，制作课件和撰写文章，个人公众号“太火梁一”是我长期分享观点的平台，至今已发表了数百篇有关直播电商的原创文章。

随着直播电商的发展，尽管不同平台的规则各异，且不同阶段存在差异化的规则和竞争态势，但一些底层的方法论已经沉淀下来，而且非常有效，这些方法论或许不能让你一夜暴富，但它们肯定能帮你避坑。

2. 为什么要写这本书

我长久以来怀揣着一个梦想，那就是撰写一本关于抖音电商操盘经验的书籍，这个念头已经在我心中萦绕了至少两年。在这两年内，我多次尝试动笔，但总是被两个问题困扰：

一是直播电商行业日新月异，我担心这些经验很快就会过时；

二是新的平台机会不断涌现，我担心局限于某个平台的直播经验会失去价值。

由于过于追求信息和经验的时效性，所以我更倾向于通过其他方式来分享我最新的经验。但直到今天，我坚信这本书的撰写仍非常有必要，主要在于我对几个非常重要的认知迭代问题有了更深刻的理解。

（1）抖音直播电商的底层逻辑从未改变。

回顾这几年的工作经历，我有一个确定的认知：无论时代怎么变迁、工具怎么迭代、玩法怎么更新，但是影响抖音直播流量获取和转化的底层逻辑始终如一。

因为所有靠公域算法驱动的平台都有高度相似的流量分配逻辑——**流量靠转化驱动。平台始终以用户的体验为核心，如果我们想要获得平台的用户，就要长期与平台的利益和价值观保持一致。**

如果你尚未深刻理解这点，不必担心，在这本书中，我们将深入剖析抖音直播的精髓，并手把手教你从 0 到 1 的所有经验和实操。

这些经验包括但不限于：如何成为更强的主播；如何挑选更好卖的货；如何搭建更有创意的场景；如何生产更有趣的短视频内容；以及发展到一定阶段时，如何强化付费意识，发现投放的杠杆作用，看到更大的世界。

在抖音直播行业，稀缺的不是最新的经验，而是做好“人货场”和内容的底层能力。因为平台的流量规则和经验都只是技术，花点时间研究和实践很快就能找到规律。而只有掌握了底层逻辑，才能具备核心竞争力，才能在未来几年吃到抖音直播的红利。

当想清楚了这一点后，我就觉得有必要把这几年的实战经验撰写成书，帮助大家更深刻地理解抖音直播。虽然随着时代的发展，用户对营销的免疫力越来越强，流量的竞争也越来越激烈，但只要我们恪守初心，掌握正确的知识，然后在实践的道路上不断探索，就一定会有所收获。

（2）抖音直播是当前及未来几年的高增长赛道，每个人都应该掌握这项时代最有价值的营销技能。

大家经常说现在赚钱很难，无论是老板还是打工人都有此感慨。

我们知道在任何一个时代，总有努力和聪明的人在赚取时代红利。而抖音直播就是现在和未来几年少有的高速增长的时代红利。这个红利不属于权贵，也不属于有钱人，而是属于每一个普通人。

近年来，我身边涌现出大量真实案例，他们都是通过抖音直播改变了命运。有濒临倒闭的品牌通过抖音等新渠道链接了新人群，最终实现销量激增；有传统工厂老板通过达人的抖音直播带货产量大增，解决了工厂员工就业和库存积压问题；有平凡的夫妻，通过在抖音直播带货一步步做成大网红，获得了丰厚的资金回报……还有很多代运营公司、专业的小团队通过提供抖音直播的各种相关服务赚到了第一桶金。

总之，这个行业人才辈出，不问出身，只要你敢想肯学，愿意在一线实践和付出，就有机会分享到这个时代的红利。希望这本书成为所有想要通过抖音直播改变生活的人的第一本工具书，也希望给这个时代所有在努力的人一些信心——抖音直播行业门槛不高，天花板却很高，现在了解、学习并加入，正是合适的时候。

（3）行业内复杂论述泛滥，而简单有效的道理却鲜有人提及。

在阅读了许多同行的书籍后，我发现了一个普遍的问题——很多作者都把直播电商这件事描述得过于复杂了，主要体现在两点：

一是过分强调直播运营过程中的各种话术和技巧，仿佛只有这样才能显得更专业；

二是只要讲直播就开始堆砌大量的专业名词和术语，让人感觉高深莫测。

而那些真正在一线取得成功的直播者往往缺乏归纳总结和文字输出能力，无法将复杂的事情简单化。

关于抖音直播运营，我有两个截然不同的观点：

①能把直播做好的人，并非那些满口都是专业名词的人，也并非只会做数据复盘的人，而是那些有审美、懂用户、懂内容和懂人心的人。因为数据和概念是冰冷的，你只有真正了解用户的需求，才能提供符合他们期望的产品和服务。

同理心是关键，它能帮你创作出更多打动人心的话术，识别出真正优质的内容。数据只是结果，它反映的是你的运营水平，却无法指导你做出有效迭代。

②抖音直播中有很多结论是反直觉的，也有很多因果关系是可以被轻易证伪的。

抖音直播做久了你就会知道，如果量值突破不了率值，很多技巧和结论就都失去了意义。停留时长做到多少就会有新的推流？曝光点击率做到多少就能超过同行？直播间的加粉率做到多少就能破流量池？直播间的商品转化率做到多少就能激发系统推荐？

以上这些问题的答案是：没有答案。

因为直播间是一个动态变化的系统，平台的算法也是根据同时段整个大盘的数据实时变化的。可能你今天做了某件事，获得了某个结果，明天会发现做同样的事却无法复刻相同的成功。如果你死死抓住各种数据和名词不放，只会“走火入魔”。

我建议，做直播不要只盯着数据看，数据只反映某场直播的结果，却无法给你提供任何指导。然而，许多初学者非常喜欢研究数据，也喜欢看那些充满了理科生思维的直播运营课程。因为数据是有标准的，有标准就有依靠，就能放弃自己的思考，朝着一个结果奔跑。

但直觉却是没有标准的，究竟怎样优化直播间才能让用户愿意点击和停留，需要你自己去感受和做出改变，数据不会告诉你。因此，这本书将结合实用技巧和底层逻辑，让你既能轻松找到一些基础的实用技能，也能深刻理解抖音直播流量运行背后的真实世界。

想到这些，我再也没有任何顾虑了。我要尽快完成这本凝结了我七年直播电商经验的书籍，让更多的人了解并投身直播电商，从中获得回报。

我不担心内容有错误，也不担心内容会过时。正如胡适先生所言：“怕什么真理无穷，进一寸有一寸的欢喜。”

3. 这本书适合谁看

这是一本既适合老板阅读，也适合新手学习的书籍。

老板喜欢阅读策略和大方向的内容，而新手则喜欢手把手教学指导的内容。区别在于，老板掌握了书中的内容后，知道怎么找对人、管好人，做好抖音直播这件事。新手掌握了书里的认知能力以后，愿意自己一步一个脚印从 0 开始实践和创新。

目前市面上的很多书籍都是给一线实操的运营者看的，因为全篇充斥着大量的专业名词，最后的结果是老板不想看，新手看不懂。

在我看来，好的内容一定是大道至简、通俗易懂的，人人都能看得进去并且能有收获。只有提升了认知能力，才能把事情做对、做好，提升实操能力。

我愿意写这样一本书——

它不说正确的废话，不就某个专业名词和术语侃侃而谈。它会帮你节省很多信息检索的时间，直接告诉你如何从 0 到 1 创建账号、开设店铺、开通直播电商功能、搭建直播间这些基础信息，也会告诉你如何运用用户心理学写出打动人心的成交话术，如何低成本拍出适合抖音传播的短视频，并且还会教给你付费投放的所有功能等。这是我做直播电商七年多来所有真实的经验和经历，也是能复制的成功经验和底层逻辑。

我会说真话，说你能听懂的话。因为只有这本书先打动你，才能使你对抖音直播这件事充满信心。

4. 阅读本书的注意事项。

尽管我们懂得许多道理，但生活依然充满挑战，这就像尽管我们学习了许多课程，但直播电商的成功并非易事。核心原因在于直播间是一套充满创意的系统，是你独一无二的作品。你可以模仿和借鉴别人的选品、场景和话术，但是仍然有很多动态变化的要素是根据你的认知和理解展现的，而这些要素最终都会影响你的直播结果。

因此，我们要学习直播电商的底层逻辑，并根据自己“人货场”的情况及时做出调整。没有任何一个老师或一堂课能保证你通过直播赚钱，但是你能从他人成功的经验中学到正确的道理。

希望这本书能帮助读者创造自己的心法，开始认识和掌握这个时代极具价值的营销技能，抓住时代赋予每个人的平等机会。忘记他人的成功，通过在一线实践，创造属于自己的直播间作品。

目录

第1招 树立认知

1.1 抖音直播的几种主流变现形式

抖音提供了多种变现方式，包括短视频带货、图文带货、星图任务、抖音直播等，而抖音直播又是**抖音所有变现方式中效率最高的**。因为抖音直播有很强的互动性和爆发性，更容易吸引用户和引发流量的聚集效应。

在很多大主播的直播间里，我们经常目睹一呼百应的盛况，随着主播喊出“321上链接”的口号，很多商品瞬间售罄，这充分体现了抖音直播是一种效率极高的转化目标用户的方式。

可以这样理解：直播间作为一个流量入口，为我们带来了精准的用户，我们可以与用户产生互动，建立信任关系，最后实现成交。

因此，我们需要先了解抖音直播有哪些主流的变现方式。

1. 直播带货（小黄车）

小黄车，也称为**购物车**，是抖音直播带货的成交工具。

直播带货，即直播电商，是抖音直播里最常见的变现方式，它既适合新手，也适合品牌方和各种电商团队。

在直播电商出现之前，消费者获得产品信息主要是通过商品详情页或者详情页中的多媒体内容，如短视频或与卖家私聊。然而直播电商的出现彻底改变了这一方式。直播电商通过实时的直播画面，由真人主播讲述产品卖点，引导用户下单。

一个好的直播间，不仅要有主播的讲解，还需要助播的配合、场控的节奏把控以及直播间公屏的氛围营造等。因此，直播间给用户传递的信息是实时的，从各个维度包围着用户感官，从声音、画面到心理都在影响用户决策。

直播电商的出现无疑成了**所有电商形式里转化效率最高的**。这种形式大大降低了用户理解产品和接受产品的时间成本，具有很强的“洗脑”能力。

在这里，“洗脑”并非贬义词，而是中性词。我认为所有对用户心理产生影响的行为都是在给用户“洗脑”。用户对一个产品从陌生到了解，再到信任，最后到下单，就是被商家的各种信息“洗脑”了。一个好的直播间，一定要能实现对用户的“洗脑”效果，也就是短时间内能影响用户的决策。

放眼望去，除非出现新的和更好的 AI 或者 AR 体验，否则直播电商就是目前我们所知“洗脑”最快的方式。与传统的商品详情页对用户的关键行为毫无办法相比，直播可以通过主播的情绪和能量调动消费者的情绪和能量，打动消费者，最终实现下单转化。

在抖音平台上，电商卖货的方式有很多，如通过短视频带货、导流微信私域卖货、抖音商城的流量卖货以及图文带货。然而任何一个商家如果缺失了直播带货这个具备最蓬勃的生命力、最高的天花板、最强的转化率和最好的爆发效果的板块，就会错失这个时代最重要的一块营销版图。

本书将花费大量篇幅教大家如何做好抖音的直播电商。

2. 本地生活直播（小房子）

小房子是抖音本地生活直播间的营销工具组件。有些团购产品的图标是在屋檐下有个“团”字，象征本地生活的团购服务，直截了当地凸显行业产品和服务特点。

抖音生活服务，也就是抖音内部所称的“**本地生活**”，覆盖了餐饮、酒旅（包括酒店、景区、民宿、大交通）和综合类目（如休闲娱乐、洗浴按摩、丽人服务、电影演出等）。本地生活直播的目的是吸引消费者到线下门店消费，提高门店的销售额和品牌曝光度。

抖音本地生活直播是一种新兴的直播形式，它专注于服务本地社区，提供与日常生活密切相关的商品和服务。这种直播方式的核心在于“本地”，包括**线上直播展示、线上下单和线下消费**三个阶段 。本地生活直播的主体通常是某个城市或地区的门店，它强调的是线下消费体验和核销率，这是衡量直播效果的重要指标 。

本地生活直播与电商直播的主要区别在于，电商直播是“送货到人”，而本地生活直播是“**送人到店**”，更侧重于线下的实际体验和服务。此外，本地生活直播的供给半径相对有限，受地理空间影响较大，因此运营和投放策略跟门店位置、数量和服务能力息息相关，在运营策略上和电商直播也有所不同。

此外，本地生活直播通常采用在门店直播的方式，以提供更加沉浸和真实的体验感，从而吸引观众并促进消费。

抖音本地生活直播正在成为中小商家获取流量和增加销量的新赛道，许多商家和达人通过这一方式实现了商业变现。

3. 抖音线索直播（小风车）

小风车是抖音线索直播的营销工具组件。

抖音线索直播是一种针对特定行业，如房产、汽车、家居等线索获得客户的企业，通过抖音平台进行的营销活动。它的主要目的是**通过直播获取潜在客户的信息**，即“线索”，并通过后续的沟通促成交易。

线索直播内容需要吸引目标客群的兴趣，例如，车企直播可以通过展示具体车型外观、功能、配置等吸引潜在买家。由于消费者决策周期长，直播间需要有效传递信息并提供咨询，**利用企业号的线索营销工具**，如“在线咨询”与“私信自动回复”来解决用户咨询服务的问题。

做线索直播营销的品牌还可以根据自己的情况通过付费投放吸引精准用户来到直播间。商家可以在直播间的小风车配置在线咨询组件，配合私信自动回复、关键词回复、在线客服回复等功能，引导粉丝进入私域，并通过引导进私域的线索数量考核直播效果。

线索营销直播可以帮商家通过抖音平台获得客户，但是后续的信息传递和线索转化仍然需要商家付出很多努力，这样才能实现高效的线索流量闭环。

▲ 电商行业　▲ 本地生活行业　▲ 线索营销行业

4. 秀场直播

秀场直播也叫娱乐直播，是一种网络直播形式，主播通过展示自己的才艺、生活日常、互动聊天等内容，吸引观众观看和参与。这种直播形式通常不设门槛，允许各种类型的内容出现，包括但不限于：

- **才艺展示**

如唱歌、跳舞、演奏乐器等。

- **日常生活分享**

展示自己的日常生活，如做饭、旅行、逛街等。

- **互动聊天**

与观众进行实时互动，回答观众问题，进行话题讨论。

- **特殊活动**

如户外探险、睡觉直播、陪看电影等。

秀场直播的主要收入来源是观众的打赏。观众可以充值虚拟货币（如抖音的抖币），购买虚拟礼物送给主播，作为对主播表演的认可和支持。主播收到的打赏（音浪）可以按照一定比例兑换成现金，并在扣除平台分成后提现。

在直播电商诞生之前，秀场直播是主流的直播变现方式，但是它未必适合所有人，因为这种直播方式对主播的表现力和才艺要求很高。此外，很多娱乐主播都签约了公会，由公会负责秀场直播间的氛围营造、打榜造势、利润分配等工作，这也进一步提高了普通人入局娱乐直播的门槛。

1.2 抖音直播的红利期还很长

抖音直播电商自 2018 年开始步入高速发展期，当时抖音开始与第三方电商合作，通过购物车功能进行内测，并在“双 11”期间取得了出色的销售业绩 。这标志着抖音直播电商正式进入加速发展阶段，并逐渐成为电商领域的一个重要分支。

从 2018 年至今，已经过去了七年多。过去，我在线下课程中经常被学员问道：抖音直播的红利期还有多久？

我前面已经讲过，抖音直播有多种变现方式，有的是直接在直播间卖货，有的是在直播间收打赏，有的是通过直播间卖团购券或者进行私域导流变现。无论哪种方式，都不断有新人入场。

关于抖音直播的红利期还有多久，我是这么看的：抖音直播作为主流的流量入口和个人以及品牌线上营销的方式，基于抖音 App 庞大的日活基础（2020 年官方公布的每月活跃用户数为 6 亿，业内人士估计最新数据为 8 亿），过去、现在和未来都有持续增长的潜力。

虽然，早期的入局者看似有更多的阶段性红利和机会，但现在的入局者有更成熟的方法和更完善的工具，只要**掌握流量的底层逻辑**，就能在这片沃土上种出自己想要的果实。

更重要的是，基于**抖音流量的实时赛马机制**，给了无数新人和初创者更多的机会。抖音有一套独特的算法和流量分发规则，不依靠账号的权重和历史数据，只依据直播间实时的数据决定是否分配流量。

这意味着，即使是一个新账号，仍然可以在直播间获得如百万粉丝账号一样的高在线人数。相反，有很多账号的粉丝数量虽多，开播的时候直播间却是个位数在线。所以我们要学的就是如何在实时赛马机制下跑赢竞争对手，拿到更多的流量。

因此，这是一个时刻充满机会和红利的平台。不要再问抖音的红利期还有多久了，现在下场干，就是最好的红利期。

1.3 做好抖音直播能获得什么

无论是个人、品牌方还是各种团队，都可以通过抖音直播获得想要的回报。

这个回报用一个词来概括，那就是“**影响力**”。拥有影响力就意味着拥有流量，而有了流量，就可以做任何流量变现的活动。抖音直播本身就是曝光量很大的流量入口，因此对于有能力做好抖音直播的人来说，获得超越常人的影响力相对容易。

影响力变现最直接的方式就是通过直播电商卖货赚取利润和佣金，或者通过娱乐直播赚取观众的打赏费用后和平台分成，抑或通过直播将精准粉丝导流到私域，进行后续产品和服务的转化成交。

总之，抖音直播既能帮助一个无名小辈获得粉丝和流量，也能让本来就有优势的品牌获得更多的曝光和新用户。

1.4 做好抖音直播的三个必经阶段

每个做抖音直播的人可能都需要经历这些阶段。对于成熟的团队来说，可以跳过冷启动阶段，快速晋升到更高的阶段。但是对于新手来说，了解这几个阶段的特点，会让我们心中有数，对这条打怪升级的道路更有耐心和信心。

第一阶段：冷启动期，0~1 的阶段

0~1 的这个阶段就是你作为一个新手在新手村“升级打怪”的开始。既需要做很多烦琐的小事，比如，创建账号、创建自己的店铺、开通直播带货功能和收款账号等，也需要掌握直播间引流和转化的方法。

这是每个抖音直播新手的必经之路。平台操作相对简单，一学就会，但是引流和转化的技巧却是长期困扰很多人做好抖音直播的难点。在这个阶段，你需要快速地**找到适合自己的变现方式**，并确定自己的目标受众。

如果你打算做一个卖货的直播间，就要先做好自己直播间目标受众的画像，再根据用户画像的特点生产他们喜欢看的短视频内容。也有一些账号的运营者先生产短视频内容，根据内容吸引的用户反向选品和带货。

不管哪种方式，这个阶段**最重要的是确定你的盈利模式，并为账号打上精准人群标签**，只有打上标签，以后才能持续在抖音上找到你需要转化和服务的人群。

第二阶段：成长期，1~10 的阶段

1~10 的阶段是完成了账号冷启动以后的快速成长期。在这个阶段，你的直播间已经有了稳定的流量以及精准的人群标签。对于电商直播间来说，这个阶段的诉求是**放量**，尽快地做大做强，冲击更高的 **GMV（Gross Merchandise Volume，即成交金额）**。

此阶段需要匹配的能力相应地会更多，包括内容生产能力、付费投放能力、团队管理能力、供应链整合能力等。

一旦你有了一些突破，就会发现现有的人员架构和认知能力支撑不了预期的增长。这种情况很正常，毕竟冷启动其实是最简单的，越往上攀登，对团队的综合能力要求就越高。

很多人就在这个阶段亏钱了，因为他们看到增长的势头就会贸然投入资源和金钱，最后因为流量不稳定导致库存积压和流量成本浪费。希望大家完整了解每个阶段的特点和必备技能后再大胆尝试，小心验证。

做抖音直播永远要记住一句话：花无百日红，人无千日好。任何时候都要想得更多，看得更远。很多时候做自己力所能及的事情，**赚能力范围内的钱**，比冒险更有生存智慧。

第三阶段：成熟期，10~100 的阶段

10~100 的阶段是真正从山腰攀登高峰的时刻，只有少数团队和直播间能够达到这个高度。记住，做抖音直播，永远是 20% 的账号拿到了大盘 80% 的流量，以及 20% 的直播间赚到了 80% 的利润。

抖音直播做得越久，越能体会到“**二八法则**”在抖音直播间的具象表现。因此真正能做到成熟期的账号并不多，这条路充满挑战。

达到行业顶峰的账号通常都是团队作战，不然很难应对激烈的竞争。对于品牌方来说，这个阶段要做的不仅是把产品或者服务卖掉，还要做品牌宣传，才能进一步扩展新人群。对于小团队来说，这个阶段也很难再靠原有的人员完成所有烦琐和专业的工作，包括内容生产、直播选品、市场策划、投流垫资等。

这个阶段的风险也更多，因为抖音直播间是“开卷考试”，每个直播间的数据在各种第三方平台和官方数据平台的监控下几乎一览无遗，哪个账号杀出重围卖了多少钱、单场直播付费投放了多少钱在行业里都不是秘密。一旦你接近顶峰，就会被更多的同行盯上，他们会抄袭你的话术、选品、内容和直播间的策划，你也会受到社会更多的监督。

我们看到很多网红和品牌直播间翻车都是因为他们达到了这个阶段，稍出差池就会被众人审判。

因此，**有时候把抖音直播做大未必是一件好事**。如果有资源和机会，我建议做一些赚钱的矩阵号，竞争少，利润高，又能低调做人，不失为一种生存方式。

第2招

创建账号和开通直播功能

2.1 抖音个人号和企业号注册步骤和方法

抖音个人号

抖音个人号是指以个人身份实名认证的抖音账号。这些账号在视频运营、电商选品、直播引流等基础功能上与企业号并无太大差异。许多达人在开启抖音直播变现的初期，都会选择使用抖音个人号来作为运营的主体，后期如有需要，也可以将个人号升级为企业号。

个人号的注册很简单，只需要**登录手机号并进行实名认证**即可。

抖音企业号

抖音企业号是抖音官方认证的一种账号类型，其主体为具有营业性质的企业或企业品牌。

企业号可为企业商家提供蓝 V 标识、用户洞察、粉丝触达、转化工具、培训指导等，是企业在抖音做生意的一站式经营平台，具有更多服务用户的功能，也就是我们常说的蓝 V 号。

抖音企业号具备完善的经营管理能力、公域转化能力及私域经营能力，如主页、视频 / 直播、POI（Point of interset，即兴趣点）页、私信页四种线索转化场景，可以帮助企业快速收集意向客户的信息，是以客户关系经营为核心的长期阵地。

官方数据显示，截至 2022 年，抖音企业号数量已经接近 1700 万。在如此庞大的基数下，企业号数量仍保持较高速增长。因此，对于有公司主体和团队，且打算长期经营抖音生意的人来说，可以通过注册企业号获得更多账号功能。

以下是抖音企业号的重点经营工具和产品功能：

企业号经营工具和产品功能

私信关键词回复	私信发送经营工具	创建粉丝群聊	群聊红包	联系我们
支持对私信设置关键词回复，提升企业与粉丝的私信沟通效率	支持私信发送经营工具，帮助企业挖掘更多商机，提升转化效率	创建粉丝群聊，帮助企业更好地完成私域流量转化	企业号可在粉丝群聊中发送红包，提高群活跃度和粉丝黏性	企业主页增加电话功能，粉丝可直接通过电话联系商家，帮助企业获取更多商机
数据分析	**粉丝群体画像**	**PC端私信回复**	**群聊发送经营工具**	**企业直播**
展示企业号运营数据、主页数据、互动数据等，帮助企业科学运营账号	展示企业号粉丝的年龄段、性别、地域等相关数据，帮助企业更了解粉丝	企业号运营人员通过PC端直接回复抖音私信	支持群聊发送经营工具，帮助企业挖掘更多商机，提升转化效率	企业号拥有企业直播特权，可通过挂载直播转化组件展示预约/团购/小程序等，查看实时、历史直播记录，且支持多个企业员工直播
官网主页	**在线预约**	**团购活动**	**用户管理**	**行业工具**
企业号主页可增加官网主页跳转链接，让用户更了解企业，获得更多商机	企业号可以快速建立在线预约页面，并支持在主页、视频评论置顶区、私信等处显示	企业号可0门槛0佣金使用团购功能，帮助线下店铺实现在线成交获客（目前仅支持指定行业）	认证企业号可对用户添加标签，分组管理，帮助企业更科学地运营账号	指定行业的企业号可使用不同行业定制工具模板，通过短视频左下角的曝光完成留资与交易
线索收集	**商家主页**	**卡券优惠**	**私信快捷回复**	**私信自动回复**
企业号帮助企业收集留资信息	企业号主页展示商家店铺、活动卡券、名师团队等详情，是企业在抖音的“微官网”	企业号在商家页面展示店铺优惠券，帮助企业在线开展营销活动	PC端支持对私信设置快捷回复	企业号支持对私信设置自动回复，提升与粉丝的私信沟通效率
私信自定义菜单	**私信消息卡片**	**群聊群发**	**子母账号**	**员工账号**
企业号支持设置私信自定义菜单，全面展示企业经营信息，降低沟通成本	企业号支持设置私信消息卡片，配合自动回复等功能，提升沟通体验，获得更多商机	群聊群发支持视频、图片、图文、商品、卡券、经营工具	企业号可设置子母关系账号，支持分公司、分店铺开设子账号，母账号统一管理，实现矩阵运营	企业号可设置员工账号，员工账号获取部分企业号特有功能，在短视频/直播中分享商品与服务
智慧经营	**订阅号**	**应用下载**	**小程序**	
认证企业号可以查看自己在抖音的经营现状（行业排名、大盘排名等），并根据系统提供的经营策略提升经营能力	企业主动触达粉丝的渠道，支持视频、图文、图片三种内容载体	企业号可在商家主页增加应用下载按钮，获取更多下载量	企业号可在商家主页、直播间增加小程序，帮助企业获得更多小程序浏览量和商机	

企业号的认证和注册步骤如下：

- **入驻及资质：**入驻含电脑 / 手机端，资质需营业执照 / 对公验证。

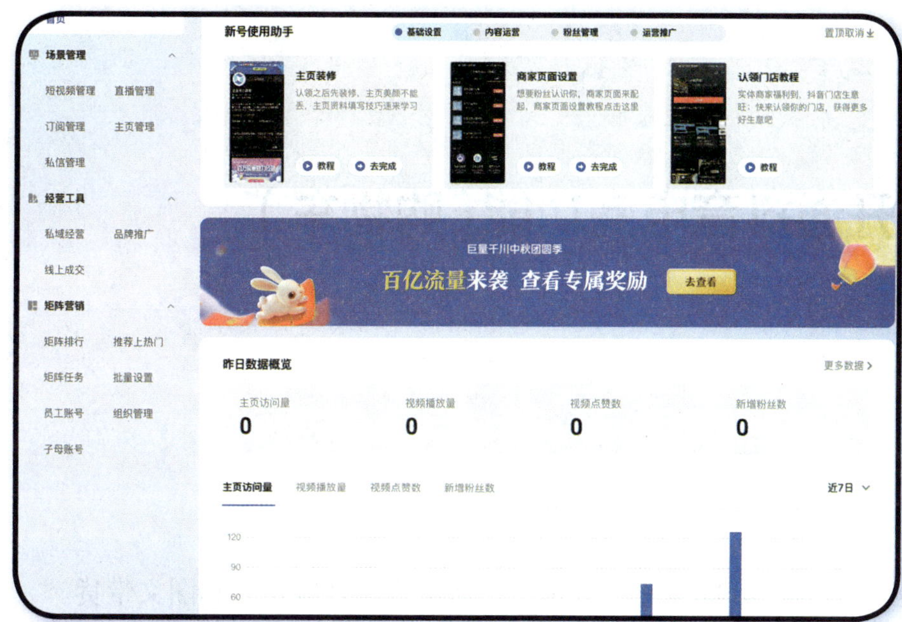

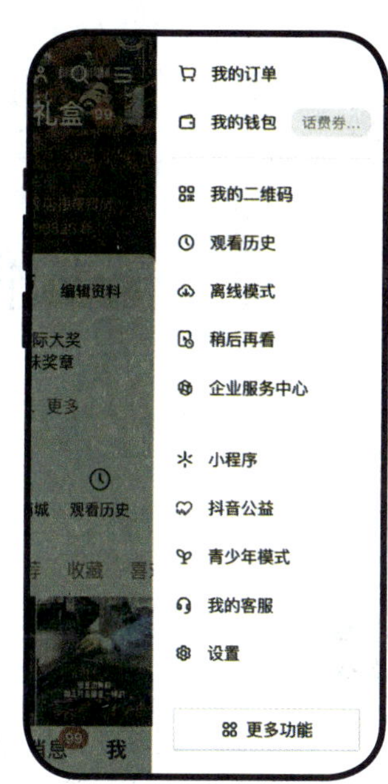

▲ 电脑端：

打开网址：e.douyin.com

▲ 手机端：

打开**抖音 App** →选择“**我**”页面→点击右上角“**三条杠**”→进入“**企业服务中心**”

抖音平台根据**上传资料完整度、成长等级等维度**，将注册账号分为企业号普通（又称普通）、企业号验证（又称普通 Plus/ 普通 P）、企业号认证、品牌号 4 种身份状态，每种身份状态的开通条件及有效期如下：

◎ **企业号普通（普通）：**免费，上传营业执照，通过系统验证即可开通，有效期一年。

◎ **企业号验证（普 P）：**免费，上传营业执照 + 对公打款验证或法定代表人审核识别，通过后即可开通，有效期一年。

◎ **企业号认证（蓝 V）：**免费，需满足“有 500 位粉丝 + 商家主页配置至少 3 个模块并对外展示”后提交审核，通过审核后即可开通，有效期一年。

◎ **品牌号：**通过付费或购买广告年框获取，品牌号与前三种身份状态为不同体系，一般是品牌联系平台客服后购买。

以上前三种身份状态为递进状态，如进行“企业号认证”，则首先需要完成“企业号验证”；**同一账号在同一时间内，有且仅有其中一种身份状态**。

2.2 如何开通抖音电商功能（购物车）

抖音账号带货的4种方式和开通要求

抖音账号带货主要有4种方式，分别是橱窗带货、直播带货、视频带货和图文带货。

这几种方式的功能开通有不同的要求，对账号经营者也提出了不同的能力要求。以下是这4种带货权限的释义和开通条件。

橱窗带货

橱窗带货是指开通商品橱窗功能，由用户自行浏览账号首页的橱窗来完成产品销售获得销售利润的方式。根据抖音电商的最新规定，0粉丝也可以进行橱窗带货。

直播带货

直播带货是指通过直播间售卖橱窗产品。直播带货的最新要求是抖音粉丝数量需要达到1000个。

视频带货

视频带货是指通过在账号上发布带货短视频，挂载购物车的方式完成产品售卖。视频带货的要求是抖音有效粉丝数量达到500个。这里的“**有效粉丝**”是指由发布的内容带来的粉丝数。

图文带货

图文带货是指通过在抖音账号上发布图文内容，挂载购物车的方式完成产品售卖。图文内容与传统的短视频内容不同，它一般由数张图片加配乐构成。用户可以在图文内容上左右滑动浏览图文信息。

图文带货是近一年来成本低、带货效率高以及增速快的一种新兴带货方式，非常适合新手尝试。图文带货的要求是个人号的有效粉丝数量需达到 500 个。

这些规定相当于建立了一个最低的带货门槛，以防某些群体通过一些第三方机构进行数据造假的方式开通大量视频带货账号，并且大量生产低质内容，损害平台的用户体验。

橱窗带货	直播带货	视频带货	图文带货

如何开通商品橱窗（开通电商带货权限）

以上带货方式都需要先开通商品橱窗，开通商品橱窗也就是开通电商带货权限。

开通电商带货权限共分为三大步骤：进入权限申请页面、填写带货资质、开通收款账户。

步骤 1：进入权限申请页面

达人需要完成抖音平台的实名认证，才可以申请开通电商带货权限。

当达人粉丝数量不达标时，仅能获得橱窗带货权限。粉丝数量达到相应规定的次日，可以进一步开通直播间、短视频和图文的带货权限。

具体操作步骤：打开抖音 App，选择“**我**”页面→点击右上角“**三道杠**”→进入“**抖音创作者中心**”→点击“**电商带货**”→点击“**立即加入抖音电商**”。

步骤 2：填写带货资质

达人需要准备**个人身份证或个体营业执照或企业营业执照**，并提交带货资质。

带货资质是达人在抖音电商推广带货时所使用的身份资料信息，分为个人、个体、企业三种类型，用户可以根据自己的实际情况进行选择。

需要注意的是，资质类型一旦选择并提交完毕，就不能修改，仅支持升级（个人资质升级到个体或企业资质，个体资质升级到企业资质），因此需谨慎选择。

步骤 3：开通收款账户

达人需要准备**个人银行账户或个体银行账户或企业银行账户**，与达人在步骤 2 选择的带货资质匹配，作为收款账户。开通收款账户是指达人绑定银行账户来进行带货佣金结算，如未开通收款账户，将无法结算佣金。

开通权限后缴纳保证金

什么是保证金

保证金是指创作者向平台缴纳的用以担保其商品分享行为，以及保证平台规则和平台协议履行的款项，包括基础保证金、浮动保证金及活动保证金。不同情况下保证金的应缴总额不同，创作者开通商品分享功能的均需缴纳基础保证金，**缴纳标准为 500 元人民币**。

未缴纳保证金会有什么影响

达人在开通电商权限时，可以先不缴纳保证金，零成本体验抖音电商带货，但需要注意：

◎ 未缴纳保证金时，达人仅能推广平台指定的精选联盟商品；

◎ 未缴纳保证金时，达人佣金无法提现；

◎ 当订单数＞100 且未缴纳保证金时，达人将无法继续添加商品到橱窗 / 直播间 / 短视频，已发布的推广商品的内容也将暂时隐藏商品。此时平台将提示达人缴纳保证金。

达人**不再经营抖音电商时，可以申请退回保证金**。

2.3

如何开通本地团购功能（小房子）

抖音来客

“抖音来客”是抖音生活服务商家专属经营平台，商家入驻后可以在这里发布团购、外卖商品（包括优惠套餐及代金券等），绑定抖音账号，并通过短视频、直播、线上门店（POI）等渠道将商品展现给用户，用户可以根据自己的需求选择将商品配送到家或到店体验。这一平台旨在帮助商家提升客流，助力其经营发展。

企业号的认证和注册步骤如下：

入口

电脑端打开网址：https://life.douyin.com/。手机端需在应用商城下载“抖音来客”App并注册。

▲ 电脑端

▲ 手机端

认领和门店入驻

入驻类型

商家可认领的门店行业，涵盖就餐、外卖、综合、酒旅等多个领域，商家入驻类型分为“认领单门店”和“认领连锁店”。

认领单门店

仅一家门店在平台经营的商家，可选择此入驻类型。单门店入驻后，不支持再次认领其他门店。如需认领更多门店，需要先升级为连锁商家。

单门店入驻流程及所需资质

第一步：**认领门店**，搜索或创建自己的门店。

第二步：**填写资质**，并完成实名认证。

第三步：**门店审核**，平台将在 1~3 个工作日完成门店资质审核，结果将以短信形式通知。

所需资质：**营业执照、行业资质、法人身份证**。

认领连锁店

拥有多家连锁门店，需要多门店统一经营团购的商家，可选择此入驻类型。

连锁店入驻流程及所需资质

第一步：**开通连锁店账户**，提交营业执照、身份证、门头图或商标注册证。

第二步：**开户审核**，平台将在 1~3 个工作日完成连锁店资质审核，审核结果将以短信形式通知。

第三步：**认领门店**，搜索或创建自己的门店。

第四步：**填写资质**，并完成实名认证。

第五步：**门店审核**，平台将在 1~3 个工作日完成门店资质审核，审核结果将以短信形式通知。

所需资质：**营业执照、品牌信息（支持提交品牌注册书或门头图）、法人实名信息等**。

第 3 招

创建抖店

3.1 抖音店铺的几种不同类型

如果想要做抖音电商，需要在抖音上开设一个店铺，这个店铺叫作抖音小店（简称抖店）。店铺根据运营主体可分为三种类型。

个体工商户主体：适合营业执照类型为“个体工商户”的主体。

企业 / 公司主体：适合营业执照类型为“公司 / 企业 / 个人独资企业”的主体。

个人身份主体：适合无营业执照的主体。

3.2 如何选择适合自己的店铺

在抖音上开店，你可以选择个人店、个体店和企业店三种类型。每种类型都有其特定的适用场景和要求。

个人店

适合初期尝试抖音电商的个人用户。开设个人店不需要营业执照，入驻门槛和成本最低。然而，个人店的经营类目受限，参与平台活动和补贴的机会有限，宣传推广能力也相对较弱。**一个人只能申请一家个人店**。

个体店

适合中小商家和新手商家。开设个体店**需要个体户营业执照**，类目选择较为广泛。个体店可以零门槛加入精选联盟，让达人带货，并绑定店铺官方账号，实现零粉丝开通商品橱窗。

企业店

适合厂家或品牌方。开设企业店**需要企业营业执照**，可以经营多个品牌，权重高、流量大。然而，企业店的保证金较高（1万元起），且需要对公账户，开办流程和税务处理较为复杂。

选择店铺类型时，应综合考虑自身的经营规模、品牌需求、税务处理能力以及对平台规则的熟悉程度。对于新手或小规模经营者，个体店可能是一个较好的起点，对于有品牌和较大规模经营需求的商家，企业店可能更合适。

3.3 如何开通自己的抖音店铺

想要创建自己的抖音店铺，可以访问抖店官网：https：//fxg.jinritemai.com/。

如果记不住网址，可以在电脑端搜索“**抖店**”，也可以从抖音 App 的创作者服务中心入口直接入驻抖店。

首次登录网站会弹出相应的注册界面，可以根据自己的情况选择“**个体工商户**”还是“**企业 / 公司**”，或者是“**个人店铺**”。

值得注意的是，个人店铺的年累计销售额不超过 10 万元，所以建议大家从长远考虑，注册抖店优先选择“个体工商户”或者“企业 / 公司”。

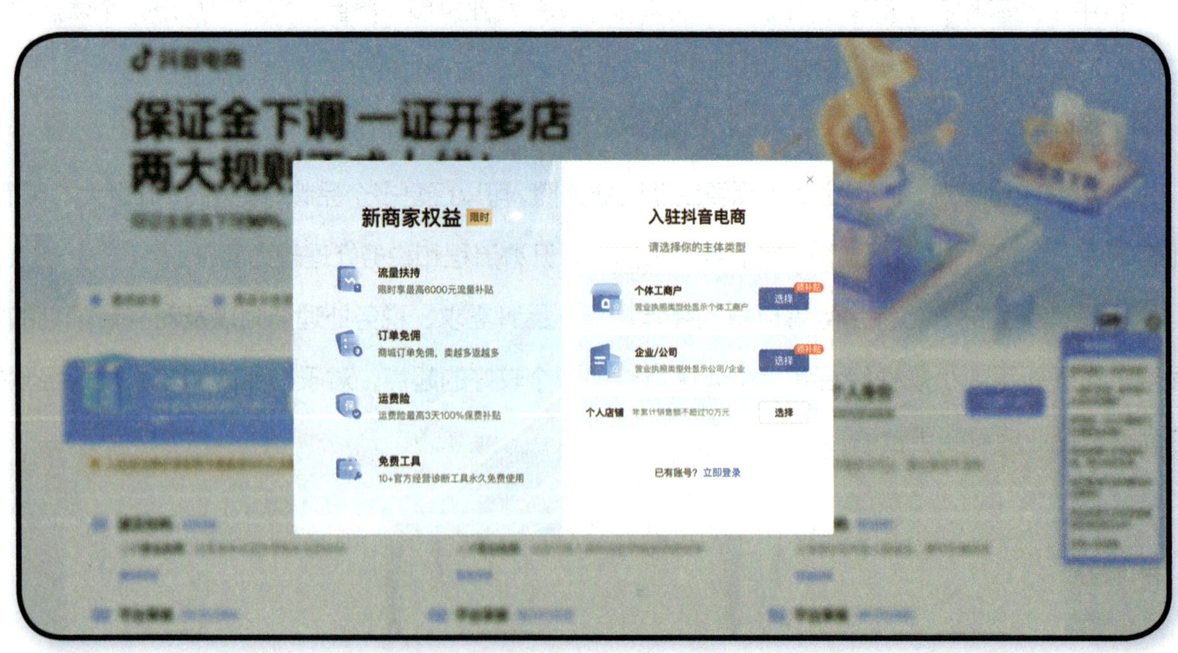

3.4 抖店类型和商品卡免佣政策

官方旗舰店

官方旗舰店定义

1. 官方旗舰店是指品牌方或制造商开设的官方店铺。

2. 针对独占授权的品牌，"品牌授权书"模板应为"**官方旗舰店授权模板**"。

3. **申请主体应为企业，个体工商户 / 个人不得申请**。

4. 品牌力为"高（知名品牌）"。

官方旗舰店类型

1. 经营一个或多个自有品牌商品的官方旗舰店。

2. 非自有品牌（独占授权）经营一个或多个品牌（多个品牌需归同一实际控制人）的官方旗舰店。

店铺数量限制

一个品牌在平台只能有一家官方旗舰店。

旗舰店

旗舰店定义

1. 旗舰店是指以自有品牌（商标为 R 标或 TM 标）或由商标权利人（商标为 R 标）提供独占授权的品牌，入驻平台开设的企业店铺。

2. 针对独占授权的品牌，"品牌授权书"模板应为"**旗舰店授权模板**"。

3. **申请主体应为企业，个体工商户/个人不得申请**。

4. 品牌力为“高（知名品牌）”“中（潜力品牌、成长期品牌）”。

旗舰店类型

1. 经营一个或多个自有品牌商品的旗舰店。

2. 非自有品牌（独占授权）经营一个或多个品牌（多个品牌需归同一实际控制人）的旗舰店。

店铺数量限制

一个品牌在平台一级类目下只能开设**一家**旗舰店。

专卖店

专卖店定义

1. 专卖店是指以商标权利人提供普通授权的品牌入驻平台开设的企业店铺。

2. 以“专卖店”命名的，入驻品牌应为已经注册的商标（R 标状态），或受理时间满 6 个月且无驳回复审的 TM 标。

3. **申请主体应为企业，个体工商户/个人不得申请**。

4. 品牌力为“高（知名品牌）”“中（潜力品牌、成长期品牌）”。

专卖店类型

1. 经营一个或多个授权品牌且各品牌归同一实际控制人的专卖店。

2. 经营一个或多个自有品牌且各品牌归同一实际控制人的专卖店。

专营店

专营店定义

1. 专营店是指以商标权利人提供普通授权的品牌入驻平台开设的企业店铺，经营两个及以上品牌。

2. 以“专营店”命名的，入驻品牌应为已经注册的商标（R 标状态），或申请时间满 6 个月且无驳回复审的 TM 标。

3. **申请主体应为企业，个体工商户/个人不得申请**。

4. 品牌力为“高（知名品牌）”“中（潜力品牌、成长期品牌）”。

专营店类型

1. 经营两个及以上自有品牌的专营店。

2. 经营两个及以上授权品牌的专营店。

3. 既经营他人品牌商品又经营自有品牌商品的专营店。

企业店

企业店定义

1. 企业店是指以商标权利人提供普通授权的品牌入驻平台开设的企业店铺，经营一个及以上品牌。

2. 以“企业店”命名的，入驻品牌应为已经注册的商标（R 标状态），或申请时间满 6 个月且无驳回复审的 TM 标。

3. **申请主体应为企业，不能为个体工商户或自然人**。

4. 品牌力为“高（知名品牌）”“中（潜力品牌、成长期品牌）”“低（新创品牌）”。

企业店类型

1. 经营一个及以上自有品牌的企业店。

2. 经营一个及以上授权品牌的企业店。

3. 既经营他人品牌商品又经营自有品牌商品的企业店。

个体店

个体店定义

1. 个体店是指以商标权利人提供普通授权的品牌入驻平台开设的个体店铺，经营一个及以上品牌。

2. 以“个体店”命名的，入驻品牌应为已经注册的商标（R 标状态），或申请时间满 6 个月且无驳回复审的 TM 标。

3. **申请主体应为个体工商户，不能为企业或自然人**。

4. 品牌力为“高（知名品牌）”“中（潜力品牌、成长期品牌）”“低（新创品牌）”，或满足特定品牌资质要求的品牌。

个体店类型

1. 经营一个及以上自有品牌的个体店。

2. 经营一个及以上授权品牌的个体店。

3. 既经营他人品牌商品又经营自有品牌商品的个体店。

个人店

个人店定义

1. 个人店是指以商标权利人提供普通授权的品牌入驻平台开设的个人店铺，经营一个及以上品牌。

2. 以“个人店”命名的，入驻品牌应为已经注册的商标（R 标状态），或申请时间满 6 个月且无驳回复审的 TM 标。

3. **申请主体应为自然人，不能为个体工商户或企业**。

4. 品牌力为“高（知名品牌）”“中（潜力品牌、成长期品牌）”“低（新创品牌）”，或满足特定品牌资质要求的品牌。

个人店类型

1. 经营一个及以上自有品牌的个人店。

2. 经营一个及以上授权品牌的个人店。

3. 既经营他人品牌商品又经营自有品牌商品的个人店。

商品卡免佣

在抖音上卖货，需要根据所在类目向平台缴纳技术服务费，这个费用为 2%~5%。

抖音的商品卡免佣政策是抖音电商为了鼓励商家在平台开展商品销售而推出的一项扶持政策。该政策允许商家在满足一定条件的情况下，免除或减免商品卡订单产生的技术服务费。

商品卡订单定义

用户在抖音、抖音极速版，通过非直播、非短视频页面点击商品卡片后进入商品详情页直接成交或加入购物车后成交的订单，不包含未知来源和赠品订单。

免佣政策的内容

◎ **国内商品：**除保留6‰技术服务费外，其余技术服务费均返还商家。

◎ **跨境商品：**除保留1%技术服务费外，其余技术服务费均返还商家。

享受免佣政策的条件

◎ 商家需要开通抖音小店，店铺处于正常营业状态。

◎ 商家需要收到平台每期免佣推送任务，并在政策周期内报名。

◎ 商家需要完成平台指定的任务，如发布非重复铺货的在售商品、店铺装修质量达标、采纳商品标题优化建议等。

免佣政策的优势

◎ 降低商家的经营成本。

◎ 鼓励商家优化商品展示和提升商品质量。

◎ 提高商品在抖音平台的曝光率和销售量。

参与途径

商家可以通过抖音搜索“抖店”进入招商官网进行报名，或在抖店后台查找相关活动入口进行报名。报名后，商家需要在每月完成指定任务，以获得次月的免佣资格。

注意事项

◎ 参与期间，商家需要持续满足条件并完成每月任务。

◎ 违规、退店、黑灰产等违法或平台定义的违规操作不享受商品卡免佣政策。

◎ 商家需要及时关注平台的变更公告，以确保持续享受免佣政策。

第4招

开播前的软硬件准备

4.1 手机直播间软硬件条件和开播步骤

我们平时可以选择使用手机或电脑进行直播。使用手机直播具有便捷性和灵活性，适合各种场合和类型的直播。为了确保直播的质量和观众的观看体验，需要满足以下一些基本的软硬件条件。

硬件条件

手机

推荐使用系统版本较高和性能较好的智能手机，且具备高清摄像头和足够的存储空间，它们能够提供高质量的摄像效果和稳定性。

手机支架

用于固定手机，保持直播画面稳定。可以选择落地式或桌面式支架，确保能够灵活调整拍摄角度。

补光灯

在室内或光线不足的环境下，补光灯能够提供必要的光线，显著提升直播画面的质量。

声卡和麦克风

对于需要高质量音频的直播，如唱歌或教学，配备专业的声卡和麦克风是必不可少的，它们可以提升声音清晰度并提供丰富的音效处理功能。

监听耳机

主播可以通过监听耳机实时监听自己的声音和直播间的反馈，从而更精确地调整直播效果。

稳定器

在户外或需要频繁移动的场景，使用手机稳定器能够有效地减少画面抖动，确保视频的稳定性。

软件条件

网络连接

高速且稳定的网络连接是直播的基石，建议使用有线网络或可靠的 Wi-Fi，以减少直播过程中的延迟和卡顿问题。

直播权限

根据平台要求，主播可能需要完成实名认证等一系列设置，以获得直播权限。

直播内容准备

直播前，应充分**准备好直播内容和计划**，包括确定直播主题、设计互动环节、准备展示材料等。

其他注意事项

◎ 确保手机电量充足，或准备移动电源，以防止直播过程中出现电量不足的情况。

◎ 直播前要测试直播环境的音响效果，确保没有回声或噪声干扰，以保证直播声音质量。

◎ 直播前要进行设备的全面测试，确保所有设备在直播时能够正常运行，避免因设备故障而影响直播效果。

◎ 直播前要测试直播画面的清晰度和稳定性以及直播软件的功能是否齐全，如聊天互动、礼物接收等。

设备选择建议

在选择直播设备时，应当根据直播需求和预算进行合理的选择。没有必要一开始就追求顶级设备，因为影响直播效果的关键在于直播间的内容质量，设备的质量只是影响呈现效果的一个方面。更重要的是直播内容的策划和执行，这包括内容的创意、互动性以及直播过程中的流畅性。通过精心策划和有效执行，即使使用中档设备，也能提供高质量的直播体验，吸引并留住观众。

开始直播

手机直播入口

打开抖音 App，点击下方的“+”号，再点击**开直播**，即可看到直播前准备界面。

如何选择商品

官方账号&授权号只能添加自己店铺的商品。

手机端操作步骤：在开始视频直播页面点击**商品**，在**我的店铺**选择商品。点击**确认添加**即可添加成功。一场直播最多支持添加200个商品，批量添加单次上限为100个，可按照需求分批次添加。

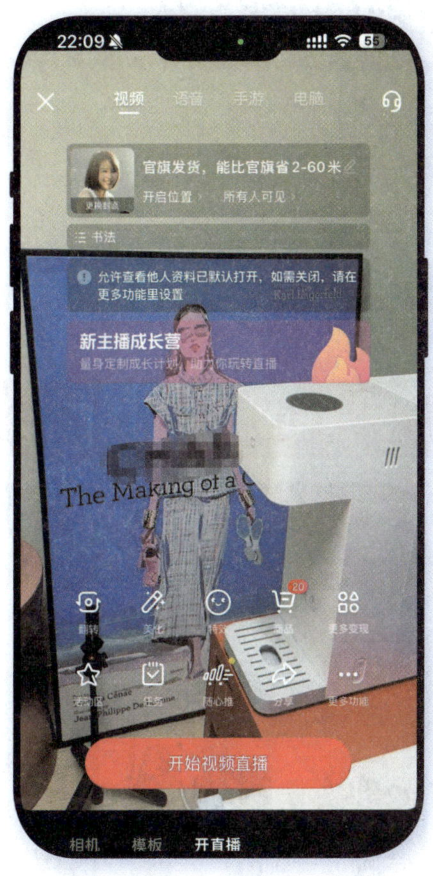

4.2 直播间搭建和软硬件介绍

直播间搭建分类

KT 板	绿幕	LED 屏	实景

▲ 特点： 成本低，启动门槛更低；无需抠图，有实景效果；更换不灵活，需要重新打印制作；初级效果，不适配高端直播间	▲ 特点： 成本更低，更换灵活；需要有持续更新的设计能力；无法体现空间感，容易产生模糊边缘的抠图效果	▲ 特点： 信息更新及时，辅助用户理解；动态效果更好，视觉体验甚佳；设备成本高，不适合新手团队；缺乏空间感，某些类目不适合	▲ 特点： 真实感更强，视觉体验更好；对设备、场地、灯光要求较高，想要做好不太容易

下面将对实景直播间和绿幕直播间进行简要介绍。

实景直播间

实景搭建是指在线下实地构建一个场景进行直播，常见的有明星直播间、座谈会、高客单价产品直播间等。这类直播对场地和设备的要求比较高，每次调整都需要重新布景。很多实景直播间都是因地制宜，从现有场地条件中挖掘出可以做直播的场景。

实景直播间的场景不必非常精美，只要能突出产品或者品牌优势就都是好的。有些直播间的场景在工厂、仓库或原产地、线下门店等，这些原生态的场景都突出了源头和品质，使用户能够产生**信任感**。

如果已经具备实地场景的条件，可以直接在场地里开播。如果没有实地场景，建议新手从绿幕直播间入手开始抖音直播。

绿幕直播间

绿幕直播间是一种运用影视行业的色度键抠像技术，将蓝、绿幕实时抠除，再实时置换成直播需要的理想场景的直播间类型。

在抖音上使用绿幕直播间，商家需要用到绿幕商品大屏，这是一种基于绿幕背景的直播间新型装修工具。商家可以**配合抖音官方直播伴侣桌面客户端使用**，通过上传提前制作好的商品图片素材或使用官方提供的商品模板，在直播间背景中实时展示商品信息，包括品牌名称、商品名称、商品主图、直播间活动价格、商品卖点、折扣力度等关键信息。用户进入直播间后，可以更直观地了解商品核心卖点及价值，看播体验明显提升，从而促进直播间商品的有效转化。

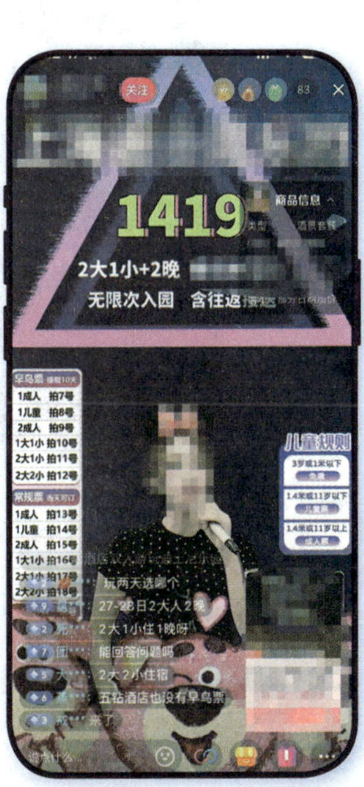

对于新手来说，绿幕直播间更容易上手，比较适合启动阶段使用。绿幕直播间有以下优势。

成本更低

使用官方平台推出的绿幕大屏功能，无须采购专业硬件设备，成本几乎为零，新手直播也可以快速上车。

自定义灵活操作

可以通过系统直接抓取商品详情页图片和关键元素，自动填充背景模板，也可以自行上传其他设计素材，一键生成背景模板，操作便捷。

多种场景无缝切换

抖音直播伴侣提供了多种商品模板，包括新品发布、日销款、福利款、促销款等常用商品模板，可以根据直播间情况，确定商品讲解的节奏，随时切换和转场。

如何使用直播伴侣直播

如果你想用电脑直播，可以使用“直播伴侣”软件。这样，观众就可以在抖音上看到你的直播内容。当前直播伴侣支持 Windows7、Windows8、Windows10 系统。

下载网址： https：//streamingtool.douyin.com/。

功能入口：【直播伴侣】→【直播工具】→【基础功能】→【绿幕大屏】。

注意： 直播伴侣目前仅支持 Windows 系统，暂不支持 Mac 系统。

使用条件： 抖音账号粉丝数超过 1000 个，即可申请开通直播伴侣权限。

可用时间： 直播前与直播中均可使用。

开播使用说明： 要使用绿幕大屏功能，需要在抖音或者火山 App 中选择常规模式进行直播；OBS 免费开源的直播软件模式和语音直播不支持使用绿幕大屏功能。

4.3 直播带货常用平台介绍

巨量百应

巨量百应作为抖音电商旗下的内容营销综合服务平台，为商家、电商达人、电商 MCN 机构等合作伙伴提供直播中控管理、商家招募达人、达人选品、服务商撮合等服务。

所有通过抖音直播间卖货的商家都可以通过巨量百应来管理直播商品和链接达人。

使用场景

商家

直播中控管理（如排品、提词、发福利）、橱窗管理（如添加商品）、视频创意（如查看热榜）、精选联盟达人合作（如找达人、招募达人、佣金管理）、数据诊断。

电商达人

精选联盟选品合作（如选品、佣金管理、直播间分销——抖客引流至达人直播间），其他同上。

精选联盟

精选联盟作为抖音电商旗下链接商家与达人的撮合交易系统，为抖店商家提供达人撮合、商品推广等营销推广服务，为达人提供选品招商等商业变现服务。

适合群体

需要招募达人分销的商家和需要寻找商品分销和结算的达人。

入驻门槛

体验分要求

新商家（开店 60 天内）可以直接开通精选联盟，没有体验分的限制。老商家则需要店铺体验分高于或等于 4 分。

● **违规记录**

商家店铺近一年内不存在违反平台规则而被处罚的记录。

● **品牌资质**

商家需要提供真实、合规的品牌资质。

● **商品质量**

商家在选定的精选联盟平台上添加的促销产品需要满足一定的质量退货率和投诉率标准。

● **入驻流程**

◎【**抖店后台**】→【**精选联盟**】→【**推广计划**】→【**未推广商品**】→【**选择商品添加策略**】，再通过【**找合作**】【**管合作**】进行达人分销。

◎ **达人流程**：可直接通过【**商品橱窗**】添加商品分销或通过【**巨量百应**】→【**精选联盟**】→【**选品广场**】添加商品分销。

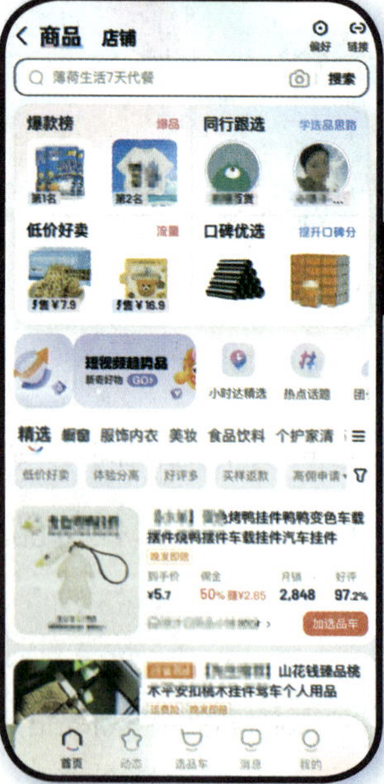

电商罗盘使用路径

抖音电商罗盘是抖音电商官方设计的一款多视角、全方位、统一的数据产品，旨在帮助商家、达人及机构在抖音建立稳定的经营模式，从内容流量、商品服务、用户私域三大命题出发，为各个角色在内容提升、服务提升、流量投放、选品营销、人群转化等各个方面提供智能化数据指导与分析支持。

电脑端：【**抖店 PC 工作台**】→【**首页**】→【**顶部导航栏**】→【**电商罗盘**】。

手机端：登录抖店 **App** →【**首页**】→【**数据**】→【**数据罗盘**】。

抖音电商罗盘 PC 端和移动端具体功能模块如下：

1. 百应后台—数据参谋—电商罗盘（PC 端）

◎ 首页（核心数据、核心指标、直播大屏、直播详情）；

◎ 直播分析（直播概览、直播明细、直播榜单）；

◎ 短视频分析（短视频分析、短视频榜单——即将上线、短视频诊断）；

◎ 交易分析（交易概览、交易构成）；

◎ 商家分析（合作商家、合作商家推荐）；

◎ 商品分析（商品分析、人群商品偏好、抖音商品榜）；

◎ 带货分析（带货口碑分）；

◎ 人群分析（粉丝分析、人群分层）。

2. 抖音 App—商品橱窗—数据看板（移动端）

◎ 指标概览（核心指标、趋势变化）；

◎ 直播数据（直播间列表、直播详情）；

◎ 橱窗数据；

◎ 短视频数据；

◎ 人群数据。

从下面这张图里可以清晰地看到罗盘的主要功能：

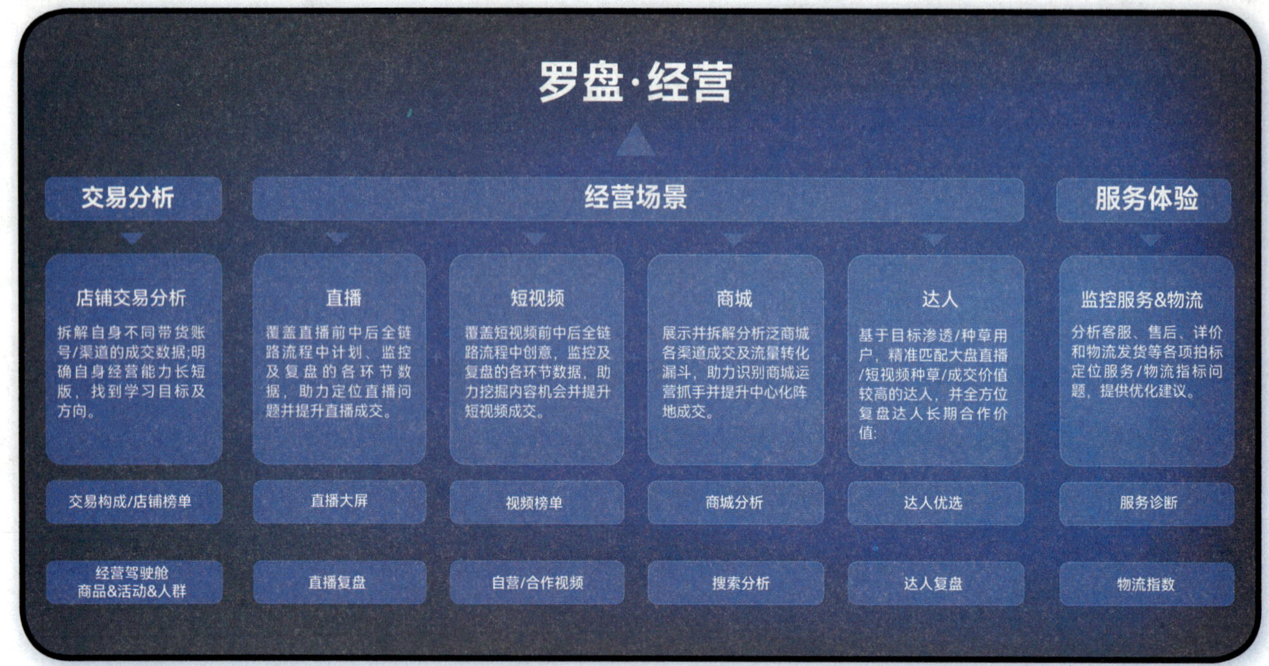

抖店

抖店的介绍详见第3招。为了方便理解，给大家梳理一下各工具之间的协作关系。

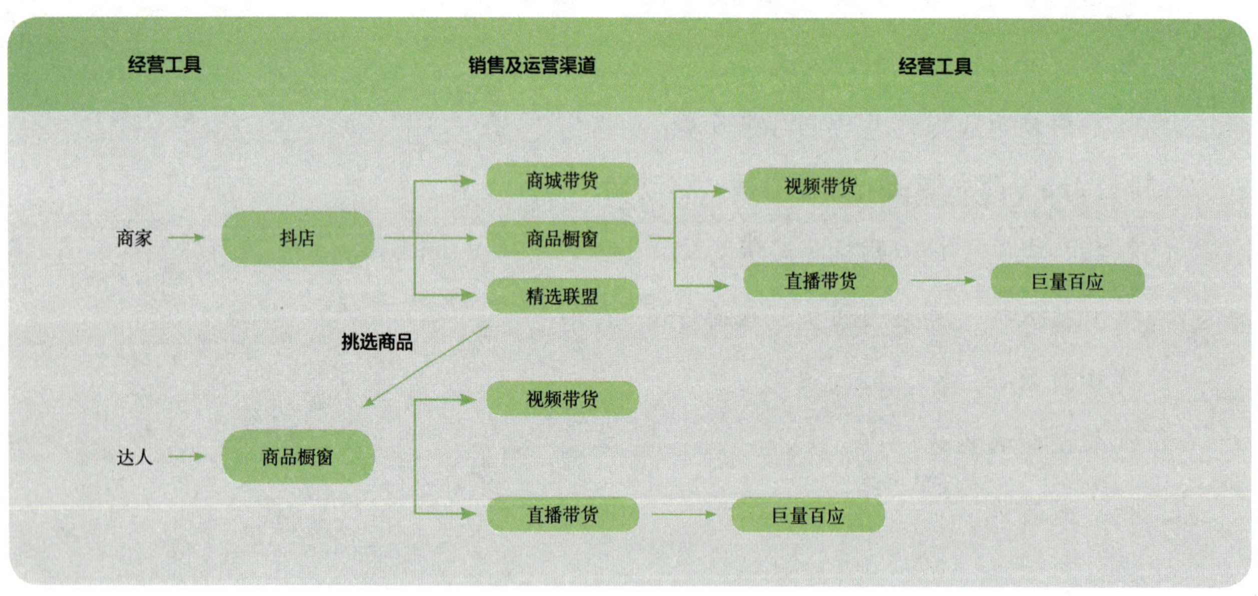

4.4 抖音直播带货过程中常用的 4 个第三方平台

蝉妈妈

蝉妈妈作为一个专业的电商数据分析服务平台，专注于抖音、小红书等短视频平台的数据分析服务。蝉妈妈凭借其强大的数据分析能力，帮助用户监控和分析直播电商的各种数据，从而优化直播带货策略和提高运营效率。蝉妈妈的主要功能包括：

◎ **实时直播监控：**提供毫秒级精度的大数据算法，实时监控达人直播和带货数据。

◎ **直播转化率：**行业首创，提供直播间用户转化率数据，帮助用户优化直播运营策略。

◎ **UV 价值数据：**展示直播间观众的付费能力，衡量直播间访客质量。

◎ **直播间平均停留时长：**反映直播间用户黏性，为投放决策提供依据。

◎ **抖音小店数据分析：**提供抖音小店数据分析功能，包括小店排行榜等。

◎ **移动端数据查询：**支持 App 端数据查询，方便用户随时随地查看数据。

蝉妈妈还提供达人智能匹配服务，帮助商家根据推广需求，基于多维度数据分析，一键匹配合适的带货达人。此外，蝉妈妈还提供蝉学院服务，包括新手引导视频、行业资讯、分析报告等资源，帮助用户成长。

飞瓜数据

飞瓜数据是一个专业的短视频和直播电商数据分析平台，旗下产品覆盖抖音、快手、B站等主流平台，旨在帮助用户从品牌、商品、店铺、直播、视频、达人六大数据触点出发，深度构建短视频—直播电商的营销体系。飞瓜数据的主要功能和服务包括：

◎ **行业洞察：**快速掌握各细分类目推广和销售动态，精准定位潜力类目与带货推广技巧。

◎ **爆品分析：**洞察周期内热门商品营销手段，辅助用户筛选、推广商品。

◎ **达人投放：**提供达人数据支持，并分析合作投放效果，助力用户精准选择合作伙伴。

◎ **直播复盘：**深入分析直播流量和带货数据，帮助用户评估直播效果，把握趋势。

◎ **舆情监测：**监控品牌视频的推广情况，分析用户评论和商品评价，挖掘痛点。

◎ **矩阵运营：**实时监控多账号的关键数据变化，并支持横向对比各个运营分组的数据情况。

◎ **热点追踪：**快速捕捉带货和种草热点，按品类、话题等跟进，学习先进的营销技巧。

飞瓜数据不仅拥有**飞瓜抖音**、**飞瓜快手**、**飞瓜 B 站**三大数据分析平台，还拥有抖音品牌营销策略分析平台**飞瓜品策**、抖音直播电商运营系统**飞瓜智投**、达人分销智能管理系统**飞瓜智星**和抖音素材创意洞察平台**飞瓜素创**，全方位助力用户提升电商销量和营销影响力。

考古加

考古加是国内领先的专业数据服务平台，专注于兴趣电商领域，通过深入挖掘抖音生态数据的商业价值，助力众多达人主播、品牌商家和服务机构提升决策效率，实现精准营销。

考古加依托专业的数据处理能力，并深度结合电商运营需求的实际，始终秉承“考古学家”的精神，致力于深度挖掘数据背后的价值。截至 2023 年，考古加已服务超过百万名用户，每日需处理高达千万级的数据监测量，处于行业领先地位。平台五大板块业务包括：

1. 寻找达人——简单高效地寻找达人，轻松定位对标账号。

考古加可以精准高效地匹配优质达人，通过流量和成交等数据维度评估达人的带货能力。

2. 爆款商品——精准发现爆款商品，快速复制起量路径。

考古加可以实时追踪全品类商品数据和趋势变化，支持多条件筛选商品，帮助运营者挖掘爆款商品，是实现“货带人”的高效工具。

3. 热门直播——实时监控热门直播，还原直播趋势和选品策略。

考古加通过监控海量直播数据，能够直观展示直播间的关键信息，帮助达人和商家快速直达热门的带货直播间，拆解各类运营数据，更好地学习直播间的运营策略。

4. 视频素材——海量优质视频素材，流量创意尽在掌握。

考古加可以通过数据分析提供更多优质的视频创意素材，帮助内容创作者收集灵感，精准的内容标签可以帮助达人更加准确地圈定受众的内容喜好。

5. 关键词优化——聚焦关键词优化，把握搜索流量入口。

考古加率先推出抖音 SEO（搜索引擎优化）功能模块，通过关键词的搜索数据来优化内容创意和选品策略，助力达人和商家获得新的流量增长点。

考古加数据覆盖抖音多维度、全面化的数据监控，包括品牌、小店、达人、直播、商品、短视频数据等。业务形式多样，服务更精细。支持 SaaS（软件即服务）版会员产品、API 接口服务、数据一键导出等功能，满足用户多样化的需求。

飞瓜智投

飞瓜智投是飞瓜旗下专为品牌、商家、机构进行直播业务管理的 SaaS 系统，也是业内首款针对团队内部直播数据分析的第三方系统。该系统不仅成为同类软件的行业标杆，而且是唯一一个同时覆盖了抖音、快手、微信视频号三个主流电商直播平台的系统。飞瓜智投的产品功能全面满足了直播团队的经营管理、业务考核、播前计划、播中盯盘、播后复盘、投放分析等全流程管理需求，旨在帮助团队优化直播业务、提升管理效率、降低投放成本。

飞瓜智投的一些主要功能和特色如下。

◎ **排班管理：**支持主播、运营、投手等所有岗位的直播业务排班，并利用人脸识别技术实现主播自动上下播。通过排班管理模块，可以实现在岗人员与直播效果挂钩、多维度分析岗位数据、统合人员组合数据，为团队决策和业绩考核提供科学依据。

◎ **播后复盘：**提供基于数据和全场录像为基础的综合复盘能力，涵盖数据、排品、话术、投放、流量、舆情等多个维度，并配备便捷的数据分析工具，帮助团队高效进行直播复盘，一键生成高可读性的直播报告飞书文档。

◎ **话术分析：**利用飞瓜智投海量的数据积累和自研的大语言模型，创造性地提供“可视化”的话术分析界面，帮助团队摆脱传统的“播放器”话术复盘模式，可以快速对讲品节奏、讲品效果和话术稳定性进行全方位复盘，方便团队话术积累和优秀话术共享。

◎ **矩阵管理：**飞瓜智投允许企业把所有的抖音号、快手号、视频号放在一个系统中，分权限进行统一管理。一方面提供灵活的数据边界、功能权限配置，另一方面又可以给决策者提供公司全局视角下的整体数据分析。

◎ **竞对监控：**飞瓜智投提供对竞对直播间、竞对投放素材的监控以及行业数据的探查能力。

◎ **多平台支持：**飞瓜智投除 Web 端外，还兼容微信小程序、App、客户端等多种使用平台，同时还支持与企业微信、钉钉、飞书等企业 IM（即时通讯）系统联通，方便内部管理。尤其是与飞书进行了深度整合，实现了飞书群内快速访问和数据共享，显著提高了团队的组织效率。

4.5 其他平台工具

巨量算数

巨量算数是巨量引擎旗下免费的内容消费趋势洞察品牌，其核心是输出内容趋势、产业研究、广告策略等前沿的洞察与观点。提供抖音指数、抖音品牌榜单、达人榜单和指数、抖音商品榜、抖音数据报告等核心能力。

适合人群

在抖音营销的所有企业与创作者，通过洞察行业、数据、榜单等信息，提升用户的经营能力。

产品入口

电脑浏览器**搜索“巨量算数”**，或**抖音、微信搜索“巨量算数”**。

使用场景

包括但不限于店铺商城运营（找搜索热词）、短视频运营、店铺选品、付费推广（找关键词）和抖音报告研究等。

巨量云图

巨量云图是承载营销科学全部能力的数据平台，让商家推广决策有据可依。而巨量云图极速版是专门针对中小商家定制的版本，它可以为中小商家提供定制化的洞察与营销策略输出方案，帮助商家通过科学的营销决策来提升营销效率。

核心能力

通过人群、商品、内容、投放分析等能力，串联商家“人货场”经营到投放的营销平台，帮助商家更精细化地分析和投放目标客户。

入驻要求

◎ 巨量云图分品牌版和极速版，中小型商家更适合极速版。

◎ 只要有任意巨量引擎账号（如巨量千川、巨量广告平台），就可以直接**登录巨量云图极速版**。

◎ 基本功能即开即用，5A（了解、吸引、问询、行动、拥护）人群资产开通后第二日开始有数据。

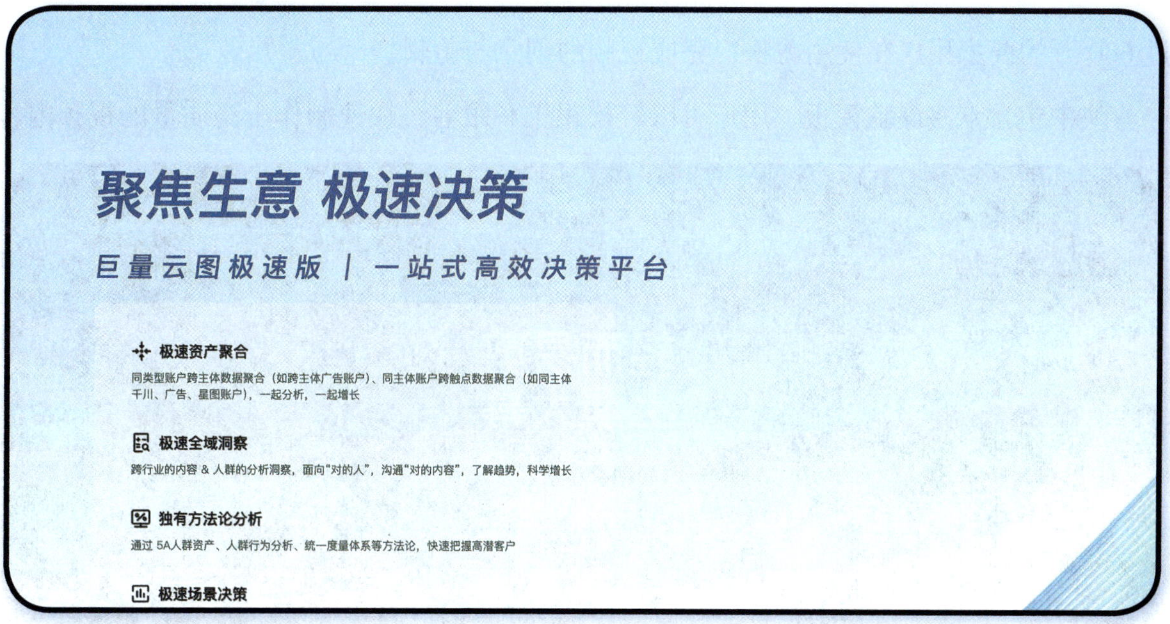

巨量云图极速版

◎ **人群经营能力：**沉淀5A人群资产、行业精准人群筛选。

◎ **商品经营能力：**挖掘市场和本品牌的热销品（下至三级类目）、价格、卖点。

◎ **内容经营能力：**直播优化、热门创意推荐。

◎ **投后复盘能力：**流量规模数据、效率数据、成本数据。

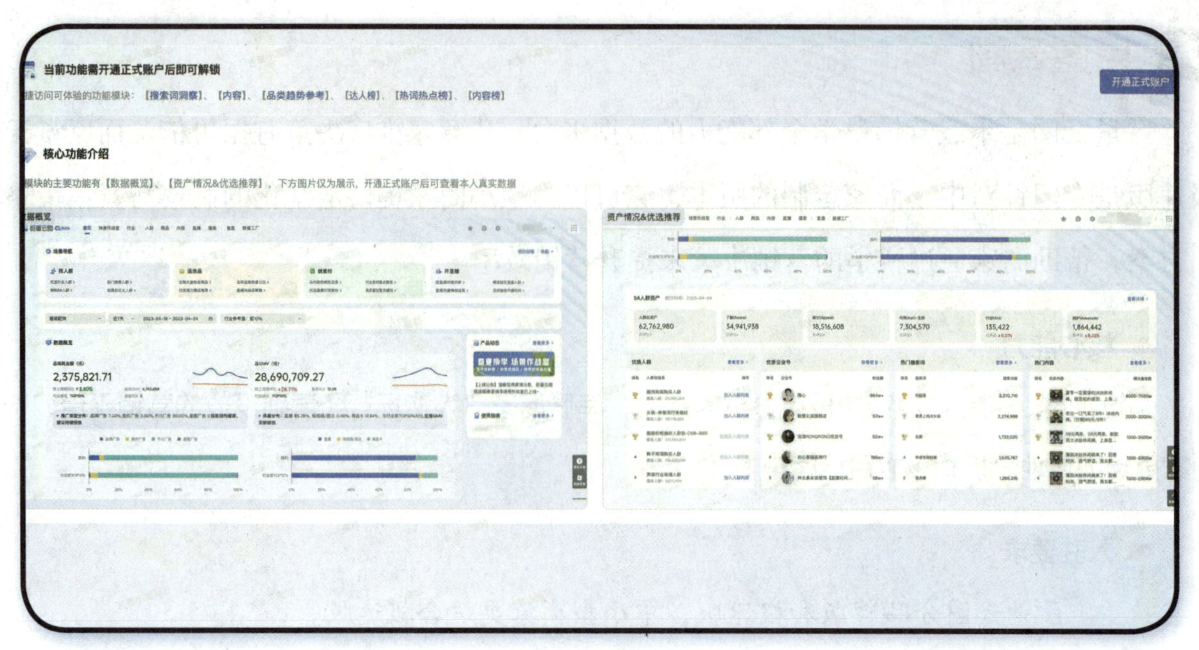

剪映

剪映是由抖音官方推出的**视频编辑工具**，它具备全面剪辑、多样滤镜、美颜效果、丰富的曲库等功能，支持在手机端、Pad 端、Mac 电脑端、Windows 电脑端全终端使用。每月有超过 600 万的商家用户在使用剪映，完成视频的创意与剪辑。

剪映中包含众多爆款模板，用户可以轻松跟拍和跟剪，快速制作出高质量的视频内容。

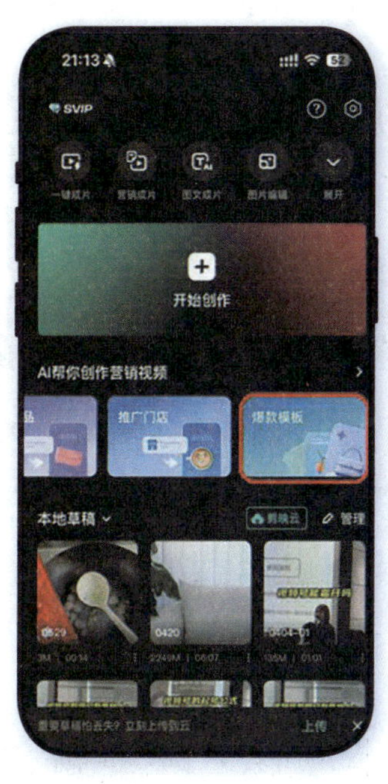

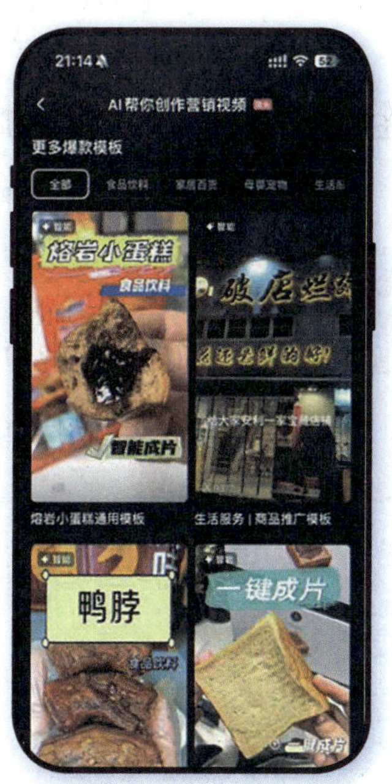

巨量星图

巨量星图是平衡内容与商业的创作者变现平台，可为创作者和商家提供合作机会。截至 2022 年 8 月，巨量星图已拥有超 200 万名可接单创作者，累计 190 万个品牌与商家在此平台上实现了合作。

使用场景

对于不擅长拍摄视频，但需要在平台营销推广的商家，巨量星图能起到撮合商家和达人的作用。商家通过巨量星图的技术服务可以快速找到适合的达人来帮助拍摄，从而提升品牌曝光率和营销效果。

入驻门槛及费用（针对商家）

◎ **资质**：在**网站搜索巨量星图**，选择**客户身份**入驻，提交经营资质、对公验证、品牌验证即可。

◎ **费用**：巨量星图目前采用**预付费模式**，客户在下单时需支付达人报价费和平台服务费（若涉及服务商，需支付服务商的服务费，反之则无），具体费用构成会在下单页面详细列出。

主要功能

◎ **内容变现**：巨量星图为创作者提供了多种任务类型，使他们能够通过不同的方式实现变现。这些任务涵盖了短视频、直播等多个领域，为创作者提供了广阔的商业化变现空间。

◎ **创作者支持**：平台提供了包括内容创作、品牌合作、流量运营、知识产权保护等在内的多种服务，全面支持创作者成长。

◎ **广告主对接：**巨量星图汇聚了海量优质广告主，帮助创作者吸引广告主的关注，并完成接单、交易等全流程服务。平台保证了交易过程的高效与安全，使创作者能够透明、科学地完成每一个任务。

◎ **综合指数评估：**巨量星图采用综合指数来衡量创作者的商业价值，这一指数综合了传播指数、商业指数、成长指数等多个维度，帮助创作者了解自身的市场竞争力。

第5招

开播前的账号准备工作

5.1 三个步骤完成账号定位、取名和设计

步骤一：账号定位

账号定位是启动账号时必须深思熟虑的问题，它决定了你将以何种身份去面对用户、展示你的产品和服务。账号定位通过你的名称、视频内容、简介和直播间风格，统一对外呈现。以下是关于账号定位的一些分类和建议。

人设号定位

人设号也叫 **IP 号**，人设号定位是指你要塑造一个特定的“人”的形象。这个“人”可以是某种职业、身份，也可以是某种性格、爱好。你需要考虑这个“人”的目标用户群体是谁，你想在观众心中树立什么样的形象，以及你想通过直播传递什么样的价值观。

做人设号有很多优势，比如，可以通过差异化的人格个性来吸引用户，降低流量成本。在传播市场，真实存在的“人”比“品牌”更有温度和信任度。所以随着流量成本的不断加剧，不断有创始人和老板出来做 IP 号，为的就是用低成本的曝光给公司和品牌带来宣传效果。

想要做好人设号并不是一件容易的事，它取决于两件事：第一，你真的**有差异化的人格魅力或者多年积累的专业知识**，能给用户带来价值；第二，你**有持续输出内容的能力**，不管是通过短视频还是直播间。前者取决于你本身的一些特质和生活经验的积累，后者取决于你在这个时代通过自媒体渠道输出内容、运营内容的能力。因此人设号虽然看起来很美好，但是想要做好门槛很高，特别是在当下竞争激烈的环境中，除非个人有很强的表现欲和表达力，否则想要取得较大的成功会相对困难。

品牌号或销售号定位

除了做人设号以外，还可以做品牌号、店铺号或者纯粹分享产品的账号。做品牌号或者销售号虽然具备较强的营销性质，但是当你积累了很多忠实用户以后，它也是你对外宣传品牌动态和产品的一个窗口。人设号也好，品牌号也好，本身没有高低之分，关键在于内容质量——**只有好内容才能吸引用户**，也只有持续输出优质内容才能获得用户的信任。

做一个品牌号或者销售号相对来说门槛没有那么高，它不需要强绑定某个人，可以通过系统化的工作流程完成每天的内容创作，持续开播，积累用户。

需要注意的是，不管是公司还是个人，一开始选择做的账号定位都不是一成不变的，因为抖音的变化很快，流量和风口也瞬息万变。很多账号都是在**边做边改**的过程中找到自己的定位的。如果你观察过足够多的账号，就会发现很多账号现在的风格和开始起号时的内容风格差异很大，甚至大相径庭，这些都不奇怪，因为没有人一开始就能确认自己的内容方向和爆款模板，只有真正踩中过流量密码，才会恍然大悟：原来要这样做。

建议大家一开始的包袱不要太重，先确认一个方向，然后埋头去测试就行了，与账号有关的各个方面都可以不断优化和更改。

步骤二：账号取名

抖音账号的取名和定位是抖音运营中非常重要的一环，它可以帮助你的账号在众多内容创作者中脱颖而出，吸引并留住粉丝以及实现商业变现。以下是一些关于如何给抖音账号取名和定位的建议。

- **易于记忆：**名字应该**简单、好记**，便于用户快速识别和记忆。如果是人设号，可以结合跟自己真名相关的一些要素起名，会让你在日后使用的时候感到亲切和顺手。

- **易于理解：**名字最好能够直观地**反映你的内容方向或者个人品牌**，让用户一看就知道你是做什么的。如“扬州五菱宏光xxx店老张”就是一个包含了地域、品牌和个人名字的账号，一下子就可以让用户记住。

- **易于传播：**名字要**便于口头传播**，不要包含生僻字或复杂的拼写。当然，我们也看到过很多账号，用了很多生僻字来做账号的名字，他们的目的就是反其道而行之：因为直播方式和所售产品都在擦边违规，所以不希望被用户搜索到，通常起名全都用生僻字。但作为正规生意，还是要让用户易于记忆、理解和搜索。

- **相关性：**名字最好**与你的内容主题相关**，这样有助于用户在搜索时找到你。如果你是专门卖口红的，可以叫“口红大王xxx”；如果你是卖螺蛳粉的，可以叫“柳州螺蛳粉小芳”等，这些账号名字包含了品类词或者高频搜索的产品词，有助于吸引搜索流量。

需要记住的是，起名是为了账号的传播，账号的名字和定位一样，都是可以在运营过程中不断优化和调整的。名字好不好听并不重要，只要账号做起来了，就是最好听的名字。

步骤三：账号头图和简介

账号的头像是用户对你的第一印象，应使用**高清晰度的图片**，最好是与你的内容或个人品牌相关的图像。

头图设计

◎ **尺寸：**抖音头图的推荐尺寸为1125×633像素。

◎ **内容：**头图可以展示个人品牌、个人照片或者关键信息。确保关键信息位于不会被遮挡的区域，因为用户默认看到的只有部分头图。

◎ **风格：**头图风格应与你的账号整体风格保持一致，可以是实景照片、人物形象、产品展示或创意设计。

账号简介

◎ **简洁明了：**简介应突出你的主要特点或内容方向。

◎ **价值提供：**说明用户关注你后能获得什么价值或信息。

◎ **更新时间：**可以提及视频更新时间或直播时间，让用户知道何时可以期待新内容。

其他注意事项

◎ 避免在简介中使用**敏感词汇**，或者放手机号、微信号等。如果你认证了企业号，可以通过企业号的官方组件公开设计联系方式，这个完全合法合规。但是现在仍然有大量账号在首页放商务微信或者个人微信，正常情况下这种引流方式问题不大，但是不确保一直可行。如果实在想通过账号简介引流，可以在账号简介里@自己的小号，小号首页放联系方式，这样可以保证大号不受影响。

◎ **确保个人信息填写完整**，如性别、地区、学校、生日等，提高新号的标签属性和推荐权重。

◎ **进行账号认证**可以提高账号的可信度和推荐权重，如认证品牌或者蓝V等。

通过精心设计这些元素，可以提升账号的专业度和吸引力，从而增加粉丝的关注度和互动率。要定期更新内容，保持与粉丝的互动，以维持账号的活跃度。

5.2 冷启动阶段账号短视频内容创作和发布技巧

在账号冷启动阶段，发布作品的目的有两个：一个是通过内容涨粉，快速建立人设标签，另外一个是为直播做铺垫，提前拍摄和发布视频放到首页做背书。

可以说，账号的运营和内容的积累是一个长期的过程，在冷启动阶段，不要有太多的包袱和负担，如果你的主要目的是尽快开播，那么内容涨粉和直播带货是可以同时进行的。

很多人认为，做抖音账号要“养号”，这其实是个误区。在抖音平台上，你要非常明确做账号的目的和变现的路径，然后直截了当地朝着那个目标去做，去拿结果就可以了，而不是把时间花在每天需要浏览什么、点赞什么上。在很长一段时间里，“养号”的观点误导了很多内容创作者。

如果你以账号开播和辅助直播成交为目的，那么冷启动阶段内容创作的目标就很简单：**让看你直播的用户点击头像到你的首页来了解你和信任你。**

这种内容是**背书型内容**，而不是引流型内容。大部分人很难在账号运营初期生产出引流型的短视频内容，与其花时间追求一个高难度的结果，不如追求一个见效快的结果。

背书型内容通常为能展现你个性、身份、品牌或者产品差异化优势的内容，因为在未来的运营过程中，账号的主要流量来源很有可能是直播间，所以做视频的目的就是要用户第一时间了解你和信任你，看了内容就知道你是做什么的，你能给用户带来什么价值。

随着直播运营的深入和运营时间的增加，视频数据越来越好，权重也越来越高，这时候内容本身也有引流的作用了，此时可以再精细化地制定内容营销策略。

5.3 通过 DOU+ 为新账号投流涨粉做数据

如果想要通过投放的方式来给新账号增加一些“热度数据”，建议通过 **DOU+ 给账号投流涨粉**。

投放的工具有很多种，在后面的章节里我会具体讲到投放工具的分类和具体的使用场景，对于新账号来说，最便捷和门槛最低的方式就是通过 DOU+ 投放给账号做一些热度数据。

热度数据包括视频的观看量、互动量、点赞量以及账号的粉丝量等。为什么要通过 DOU+ 投流涨粉？原因是，某些非号店一体的账号需要达到一定的粉丝量，才能开通直播带货功能，以及作为一个新账号，一千的粉丝量也是增加信任背书的最低门槛。

新账号用 DOU+ 投流涨粉是做热度数据性价比最高的方式，如果你有多余的预算，再投一些视频的互动也没问题，但是这些投放只能帮你提升表面上的热度，并不能让平庸的内容获得更多的曝光和流量。

对大部分普通人来说，在账号运营初期，**一定范围内的大金额投放和小规模投放最终带来的结果没有本质差别**，所以省钱省时的方法就是先通过 DOU+ 涨一些基础粉丝，再同步提升视频运营和直播运营的能力，让好内容带来真正的优质流量。

要给新账号投放 DOU+，可以遵循以下步骤和策略。

- **明确投放目标：**在投放 DOU+ 之前，首先要明确你的目标是什么，比如，是提高点赞量、评论量、粉丝量还是主页浏览量。
- **选择投放素材：**选择适合的视频内容进行投放，最好是**原创、高质量且符合抖音社区规则**的视频，把内容数据做上去以后可以把这条视频置顶。
- **设置投放时间：**投放时长可以选择 2 小时、6 小时、12 小时或 24 小时。对于新账号，建议选择 2 小时或 24 小时，前者可以快速拿到数据，后者可以让系统有足够的时间匹配精准受众。
- **定位目标受众：**根据你的账号定位，选择合适的受众群体。建议在没有账号标签的时候使用三维定向，即设置性别、年龄和地域，或者通过投放相似达人的方式找到更垂直的用户群体。

- **优化投放策略：**投放开始后，需要进行实时监控和优化。通过分析投放短视频素材的曝光量、点击率、完播率、互动率、转粉率等数据，及时调整投放策略。
- **投放金额：**根据你的目标和预算，选择合适的投放金额。对于新账号，可以遵循“**小额高频**”的原则，即单笔投放订单不要太高，一般以**不超过 300 元**为宜，把预算拆分到多笔订单投出去。
- **监控与评估：**投放后，要密切关注投放效果，包括用户画像的准确性、完播率、互动率等关键指标，然后评估投放效果并做出相应调整。
- **注意事项：**确保视频内容质量优良，没有任何违规行为，才能进行 DOU+ 投放。同时，注意不要错过视频助燃的黄金期，一般在视频发布若干小时后就可以投放，不建议投放发布时间过久的内容，也不建议刚发布内容就进行投放，可以让“子弹先飞一会儿”，先让视频在自然流量池里跑一跑。
- **终止投放：**如果投放效果不佳，可以通过设置视频为“私密”来终止投放，剩余的费用会退回账户。

以上步骤和策略可以帮助你更有效地使用 DOU+ 来推广新账号。要记住，内容质量是关键，DOU+ 只是帮助你的视频获得更多曝光的工具。

5.4 了解带货作者信用分规则

什么是作者信用分

已开通商品分享功能的用户在抖音平台的日常分享活动中，应遵守相关法律法规及抖音平台的各项规则规范，共同维护抖音社区良好、绿色、健康的商品分享环境。如用户有违规行为或者风险行为，平台将会针对性采取管理与处理措施。

关于信用分的常见问题

Q1：违反了信用分规则，橱窗权限被关闭了，具体什么时候恢复？

A：可登录抖音 App →【**我**】→【**商品橱窗**】，在【**今日数据**】下方有小黄条会展示橱窗权限恢复的具体时间。

Q2：如何查询信用分的扣分原因？

A：可在【**商品橱窗**】→【**违规管理**】中查看信用分的扣分原因，在带货推广中有相关违规行为会扣除对应信用分，信用分为 0 后电商权限将被收回。

Q3：怎么增加信用分？

A：有三种办法可以增加信用分，具体如下：

- **遵守规则，累计加分**

  ◎ 信用分≥ 10 分，连续 30 天没有出现违规情况，则涨 1 分。

  ◎ 信用分 <10 分，连续 7 天没有出现违规情况，则涨 1 分。

积分	行为	信用分积累	周期
0 <当前积分< 10	周期内通过平台抽检无违规行为	1 分	满 7 天
10 ≤当前积分< 12	周期内通过平台抽检无违规行为	1 分	满 30 天

- **申诉成功，返还信用分**

◎ 当对某次违规行为进行申诉并且申诉成功，系统会撤销扣除该次违规行为的信用分，并返还扣除的信用分。

- **考试加分，30天内最多加1分**

◎ 用户可通过考试规则中心，自主参加考试，考试满分，信用分涨1分。

◎ 30天内，无论考试几次，涨分上限为1分，支持多次考试，直至满分通过涨分为止。

◎ 若30天内未参加过考试，建议采取考试加分。

违规类型及处罚措施

为消除不利影响、维护消费者合法权益，对发生违规行为的用户，平台可采取相应处罚措施，并有权单独或同时采取纠正管控措施，包括但不限于警告、下架违规商品、对该账号下的单条或全部视频作“仅个人主页可见”处理、阻断直播等。

附：常见违规类型及处罚措施

违规场景	具体违规类型	违规扣分
虚假宣传	包括但不限于以下类型： 效果虚假、功效虚假、材质虚假、效果保证、特殊身份带货、使用广告禁用词、虚假宣传跨境或免税、大小/重量/数量虚假、专利/荣誉/销量/研发单位/效果指数虚假、品种产地虚假、钱币虚假宣传、年代工艺虚假、虚假促销玩法	情节轻微：警告； 情节一般：扣除信用分0.5～4分； 情节严重：扣除信用分4～12分； 情节特别严重：扣除信用分12分
价格违规	包括但不限于以下类型： 价格虚假宣传（如宣传与实际不一致、价格不规范描述、虚构被比较价格）、价格承诺未履约、价格演戏炒作、价格违规玩法等	情节轻微：警告； 情节一般：扣除信用分0.5～4分； 情节严重：扣除信用分4～12分； 情节特别严重：扣除信用分12分
违规营销宣传	包括但不限于以下类型： 虚假公益宣传、宣传暗示、不正当竞争、不平等交易、以不确定性方式推广商品、转售跨境商品、无资质营销、违规招募主播、蹭热点、违反行业宣传规范（包括但不限于违规宣传酒类商品、乳制品）、描述不当、推广非约定商品、违反平台报备要求、无资质身份带货、营销人设带货、利用未成年人营销、不当承诺诱导交易	情节轻微：警告； 情节一般：扣除信用分0.5～4分； 情节严重：扣除信用分4～12分； 情节特别严重：扣除信用分12分

续表

违规玩法	包括但不限于以下类型： 诱导第三方、违规买赠、诱骗秒杀、虚构赠送、未使用平台工具、活动信息未在商品详情页展示、活动信息与实际情况或展示信息不符、私信使用不规范、憋单、快速过款、频繁上下架、抢拍	情节轻微：警告； 情节一般：扣除信用分 0.5 ~ 4 分； 情节严重：扣除信用分 4 ~ 12 分； 情节特别严重：扣除信用分 12 分
服务未履约	包括但不限于以下类型： 预售商品服务虚假、物流虚假、售后服务不符、承诺未履约	情节轻微：警告； 情节一般：扣除信用分 0.5 ~ 4 分； 情节严重：扣除信用分 4 ~ 12 分； 情节特别严重：扣除信用分 12 分
发布不当信息	包括但不限于以下类型： 虚构营销噱头、不良价值观、营造热销假象、演戏炒作、卖惨营销、博眼球炒作、背景使用不规范、过度提高预期、款式 / 颜色等商品信息不一致、不友善内容、诱导互动、不规范秒杀、不规范用语、品牌不一致、冒充官方名义、未成年不良导向、产地发货地描述不符	情节轻微：警告； 情节一般：扣除信用分 0.5 ~ 2 分； 情节严重：扣除信用分 2 ~ 12 分； 情节特别严重：扣除信用分 12 分
低质内容	包括但不限于以下类型： 绿幕抠图、画面颠倒、发布与直播间无关或不一致的信息、未经允许多个达人（达人账号）发布相同的直播内容或跨平台同时直播，造成用户无法理解或误解信息、与用户缺乏互动或互动体验不佳等情形	情节轻微：警告； 情节一般：扣除信用分 0.5 ~ 2 分； 情节严重：扣除信用分 2 ~ 12 分； 情节特别严重：扣除信用分 12 分
引人不适	包括但不限于以下类型： 面部引人不适、血腥、不雅吃播、出现不宜展示动物、污垢 / 病症引人不适、危险画面、恶俗行为	情节轻微：警告； 情节一般：扣除信用分 0.5 ~ 2 分； 情节严重：扣除信用分 2 ~ 12 分； 情节特别严重：扣除信用分 12 分
色情低俗	包括但不限于以下类型： 举止着装低俗、语言文字低俗	情节轻微：警告； 情节一般：扣除信用分 0.5 ~ 2 分； 情节严重：扣除信用分 2 ~ 12 分； 情节特别严重：扣除信用分 12 分
内容作弊	包括但不限于以下类型： 盗播、盗用视频、录播、挂机	情节轻微：警告； 情节一般：扣除信用分 0.5 ~ 4 分； 情节严重：扣除信用分 4 ~ 12 分； 情节特别严重：扣除信用分 12 分
作弊行为	以不正当手段获取虚假流量、订单、互动等，或包括但不限于在准入申请、活动报名、违规申诉等环节向平台提供不真实的证明材料，以及其他平台认为的严重影响平台声誉及利益的严重违规行为	情节轻微：警告； 情节一般：扣除信用分 1~4 分； 情节严重：扣除信用分 4~8 分； 情节特别严重：扣除信用分 12 分
不当获取 / 使用信息	在未经平台或他人事先许可的情况下，以不当方式获取 / 使用“平台商业信息”或“他人信息”	情节轻微：警告； 情节一般：扣除信用分 1 分； 情节严重：扣除信用分 4 分； 情节特别严重：扣除信用分 12 分

续表

侵权行为	在平台内侵犯他人合法权益的行为，包括但不限于冒充他人、不当使用他人著作权/专利权/商标权/肖像权等权利、抄袭搬运、未经授权发布他人信息、因知识产权侵权产生的涉及不正当竞争的情形	情节轻微：警告； 情节一般：扣除信用分2分； 情节严重：扣除信用分3.5分； 情节特别严重：扣除信用分12分
分享假冒/盗版	分享假冒他人注册商标商品、盗版商品	情节一般：扣除信用分6分； 情节严重：扣除信用分12分，冻结单场直播/对应短视频/图文带货佣金作为违约金，扣除全部保证金； 情节特别严重：扣除信用分12分，冻结全部带货佣金作为违约金，扣除全部保证金
分享混淆认知的商品	分享或发布造成消费者混淆或产生错误认知的商品或商品信息	情节一般：扣除信用分3.5分； 情节特别严重：扣除信用分12分
商达合作未按约定履约	包括但不限于商达合作未按约定履约	情节轻微：警告； 情节一般：扣除信用分0.5～2分； 情节严重：扣除信用分2～12分； 情节特别严重：扣除信用分12分
消极服务	对消费者提出的合理消费咨询及反馈，采取不回应、回复态度差、无故禁言/拉黑用户等行为	情节轻微：警告； 情节一般：扣除信用分0.5分； 情节严重：扣除信用分2.5分
分享违禁商品/信息	分享《发布违禁商品/信息实施细则》中标注的商品	情节严重：扣除信用分1.5～12分； 情节特别严重：扣除信用分12分
不良行为	包括但不限于以下类型： 吸烟喝酒类、破坏环境类、浪费资源类	情节轻微：警告； 情节一般：扣除信用分0.5～2分； 情节严重：扣除信用分2～12分； 情节特别严重：扣除信用分12分
危及消费者权益	创作者在分享商品、服务或交易过程中，出现大量损害消费者体验或导致消费者权益受损的情况，或有导致消费者体验或权益受损的趋势	情节轻微：警告； 情节一般：扣除信用分0.5～4分； 情节严重：扣除信用分4～12分； 情节特别严重：扣除信用分12分
重大违规行为	发布重大违规内容，包括但不限于： 1. 反对宪法确定的基本原则； 2. 危害国家统一、主权和领土完整； 3. 泄露国家秘密、危害国家安全或者损害国家荣誉和利益； 4. 煽动民族仇恨、民族歧视，破坏民族团结，或者侵害民族风俗、习惯； 5. 破坏国家宗教政策，宣扬邪教、迷信； 6. 散布谣言，扰乱社会秩序，破坏社会稳定； 7. 宣扬赌博、暴力、凶杀、恐怖、色情、欺诈或者教唆犯罪； 8. 煽动非法集会、结社、游行、示威、聚众扰乱社会秩序； 9. 发布含有法律、行政法规和国家规定禁止的其他内容	扣除信用分12分

第6招

开播引流技巧——自然流量

6.1 自然流量的定义和特点

自然流量的定义

抖音直播间的流量按照付费属性可以划分为两种：自然流量和付费流量。自然流量是指那些无须付费就能获得的流量，例如，用户在抖音平台上浏览、搜索、关注等行为产生的流量；相对的，付费流量则是通过付费推广得到的流量，例如，通过 DOU+、巨量千川等付费推广工具获得的流量。

以电商直播间为例，在电商罗盘的大屏里可以清晰地看到付费流量和自然流量的占比与成交数据，如下图所示：

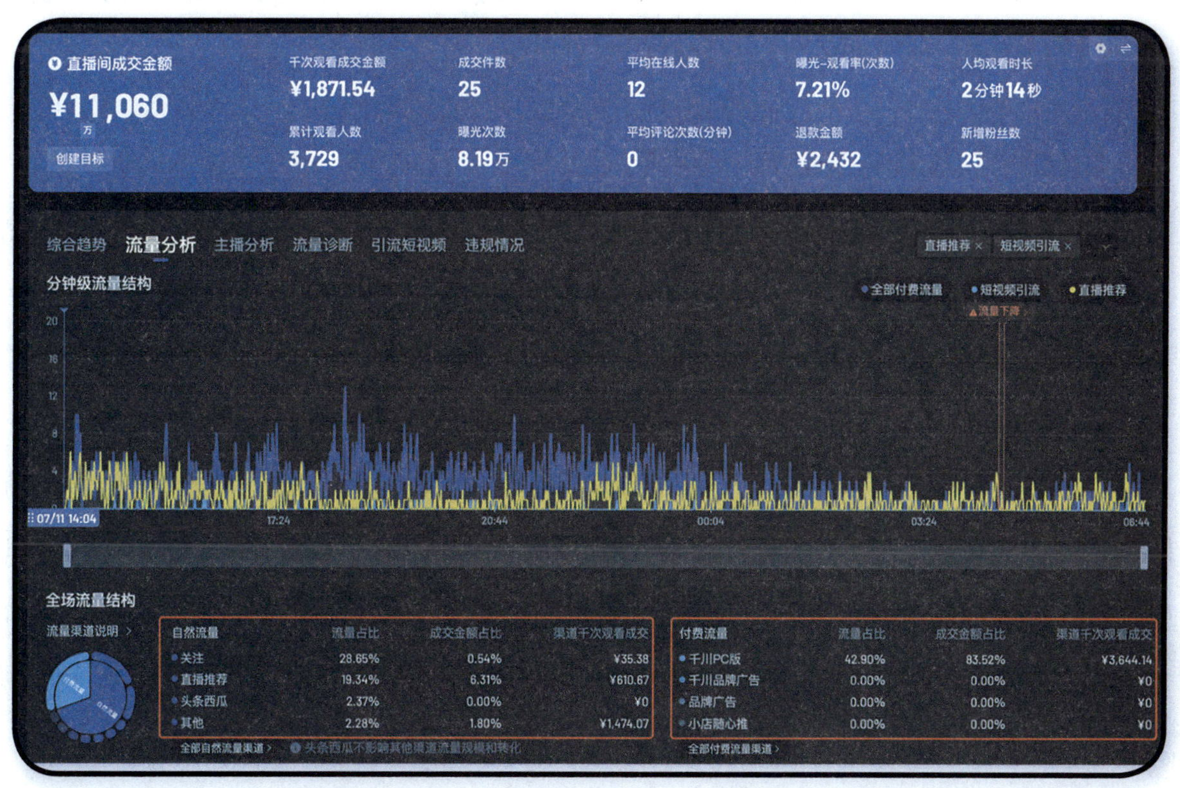

点开下方的“**全部自然流量渠道**”和“**全部付费流量渠道**”就能看到自然流量和付费流

量更细分的渠道成交数据。

自然流量

渠道名称	流量占比	成交金额	成交金额占比	渠道千次观看成交
关注	28.65%	¥59.9	0.54%	¥35.38
直播推荐	19.34%	¥698	6.31%	¥610.67
推荐feed	18.65%	¥698	6.31%	¥633.39
直播广场	0.64%	¥0	0.00%	¥0
其他推荐场景	0.03%	¥0	0.00%	¥0
同城	0.02%	¥0	0.00%	¥0
头条西瓜	2.37%	¥0	0.00%	¥0
其他	2.28%	¥199	1.80%	¥1,474.07
个人主页&店铺&橱窗	1.42%	¥0	0.00%	¥0
搜索	1.34%	¥0	0.00%	¥0
短视频引流	0.74%	¥866	7.83%	¥19,681.82
抖音商城推荐	0.66%	¥0	0.00%	¥0
活动页	0.30%	¥0	0.00%	¥0

“头条西瓜”为独立的流量渠道，不影响直播间在抖音的流量

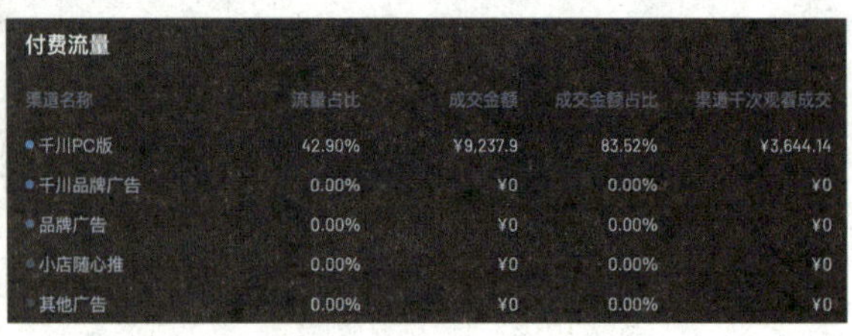

付费流量

渠道名称	流量占比	成交金额	成交金额占比	渠道千次观看成交
千川PC版	42.90%	¥9,237.9	83.52%	¥3,644.14
千川品牌广告	0.00%	¥0	0.00%	¥0
品牌广告	0.00%	¥0	0.00%	¥0
小店随心推	0.00%	¥0	0.00%	¥0
其他广告	0.00%	¥0	0.00%	¥0

以上就是一个电商直播间所有流量的来源了。其他类型的直播间，如本地生活等也有相应的直播大屏可以看到流量结构占比和细分成交数据。通过实时和事后查看这些数据，可以帮我们更好地判断直播间的流量分配情况，指导我们做出进一步的运营动作。

自然流量的特点

对于每个做抖音直播的人来说，最希望获得的就是自然流量。这是因为拿到更多系统分配的自然流量，就意味着具备更强的流量竞争优势，**极低的流量成本是所有商家赚钱的底气。**

自然流量虽好，但是相较付费流量有一些差异化，具体表现如下。

1. 转化自然流量需要运气 + 实力

在探索自然流量的分配逻辑之前，我们先来了解一下抖音直播间的基础流量推送机制。我将通过一个场景来描述直播间的流量是如何产生的。假设现在有一个全新注册的、满足直播带货要求的抖音账号，在没有任何视频内容积累和粉丝基础的情况下开播带货，当开播以后，可能会发生以下情况：

（1）因为是新账号，系统没有任何历史标签和数据可供参考，因此无法确定推荐给哪些人群。然而，如果直播间有购物车，系统可以读取购物车中的产品信息，包括品类、品牌和客单价等。系统会根据这些信息尝试找到目标人群。例如，如果销售的产品是茶叶，系统可能会先将直播间曝光给 1000 个有可能购买茶叶的人群。这些人群因为曾经在平台有过相应的交互动作，被平台标记为“可能购买茶叶”的人群。

（2）在开播的前半小时，系统向 1000 个潜在的目标用户曝光直播间，其中 100 个人点

击进入了直播间，即开播 30 分钟的场观是 100。如果这 100 个用户里有 10 个人对你的产品产生了兴趣并下单购买，系统会立即获得正反馈，并以这 10 个人的画像为基础，帮你继续推送给相似的人群。但如果这 100 个人只有 1 人下单或者无人下单，系统会因找不到合适的人群，而降低流量曝光和推送，将流量曝光给其他已经找到并且转化了目标用户的直播间，导致这场直播起号失败。

（3）从这个角度来思考，如果想要获得更多的自然流量，就要尽可能地转化系统推荐的第一波人群，这样才会有源源不断的流量进入直播间并被转化。由于第一波人群的推送相对随机，因此需要确保人货场足够优质，尽可能满足大部分人群的需求，才有可能从系统推荐的人群里找到下单的潜在目标用户。

如果仅依赖自然流量起号，那么能否起号成功，一方面取决于产品和内容能否让大部分用户喜欢，另一方面取决于系统推荐的初始流量是否足够准确。例如，在母婴直播间，系统推荐了一些即便符合年龄和性别要求（25~35 岁的女性），却没有生育计划和孩子的人群，那么也无法成交。

2. 自然流量的获取对直播间的要求更高

自然流量的优势在于免费，但免费往往意味着它需要你额外付出更多的东西来满足获得自然流量的要求，这个额外付出的东西就是“**转化率**”。

在电商直播间，这个转化率可以是“观看成交率”，也可以是“购物车点击率”“千次观看成交金额”等跟成交相关的指标。在不卖货的直播间里，这个转化率可以是“用户停留时长”“加粉丝数”“加粉丝团数”等指标。

总之，在一个付费直播间里，获得精准用户是非常容易的事，但是在不付费的情况下，想要获得自然流量，就需要额外付出更多的心思和时间。主播、选品和场景都需要让人眼前一亮，能在众多直播间中脱颖而出，吸引用户的注意力和停留。可是大部分直播间都满足不了这样的要求，因此无法获得自然流量也是情理之中的事。

我们可以从以下三个角度来理解直播间的自然流量。

（1）直播间参与系统排名：任何直播间从开播那一刻就在参与赛马数据，也会根据赛马数据结果获得系统排名，想要获得更多自然流量，就要在排名中取得优势。

（2）直播间的指标决定系统排名：直播间在榜单的排名先后，由直播间指标的排列加权得出，指标越优秀，排名越靠前，获得的自然流量就越多。

（3）用户行为决定直播间的指标：直播间的互动指标（例如，点赞、评论、关注、转粉等）、交易指标（例如，成交额、转化率等）都会影响排名。

从以上逻辑我们可以看出，获得自然流量是一个复杂的系统工程，需要懂流量逻辑，且具备较强的实操经验和运营能力。然而，获得精准的付费流量就不一样，只要花钱就能解决。当然，想要获得更多付费预算的消耗和跑量也需要转化付费流量的能力，但人群精准度不同，付出的代价也不一样。

3. 自然流量和其他流量有相互协同放大的关系

自然流量和其他渠道的流量（如付费流量、视频流量、搜索流量、商城流量等）之间存在协同放大的关系。

例如，如果你的直播间能够很好地转化系统推送的自然流量，那么系统就会认为你的直播间有较强的转化率，并且你的人货场都能满足用户需求。为了进一步放大流量效应，系统不仅会进一步加大你的自然推荐流量推送，还会尝试从其他渠道帮你吸引精准的人群进入直播间。

直播间的流量来源是多元的，很多时候我们会发现，直播结束后从电商罗盘里查看流量结构，原本没有被撬动的流量都会有一定的提升。比如，直播结束后，你会发现首页发布的视频最近两三天突然获得了大量的新增曝光，这一切都是因为你的直播间有较好的自然流量转化率，系统就会从全域帮你拉人，辅助你成交。

因此，做好自然流量转化是抖音直播的基本功，也是实现最大直播效益的关键。

4. 自然流量可能不够稳定

付费流量几乎是随时都能获得的，虽然付费流量的大小会受到各种因素的影响，但是相对自然流量来说更有确定性。通俗地说，自然流量相当于“靠天吃饭”，流量规模取决于直播间的实时赛马数据，包括直播间的互动、停留、转化等数据，甚至有的时候会“无缘无故”遇到流量暴跌的情况（大部分的时候都是有因可循的）。自然流量的波动性通常会比较大，因为你无法预知在开播的时候将与哪些同行竞争。

自然流量获取的本质还是基于“时刻保持领先同行的转化率”，因此，只要你的直播间时刻都有稳定的表现和转化率，你的自然流量也会相对稳定。这对大部分直播间来说是一个极高的要求，也是提升自然流量的关键。

6.2 自然流量获取的五大底层逻辑

底层逻辑一：流量的漏斗模型

我们先来了解直播间的流量漏斗模型，以某电商直播间为例，一场直播结束后的成交转化漏斗模型如下图所示。

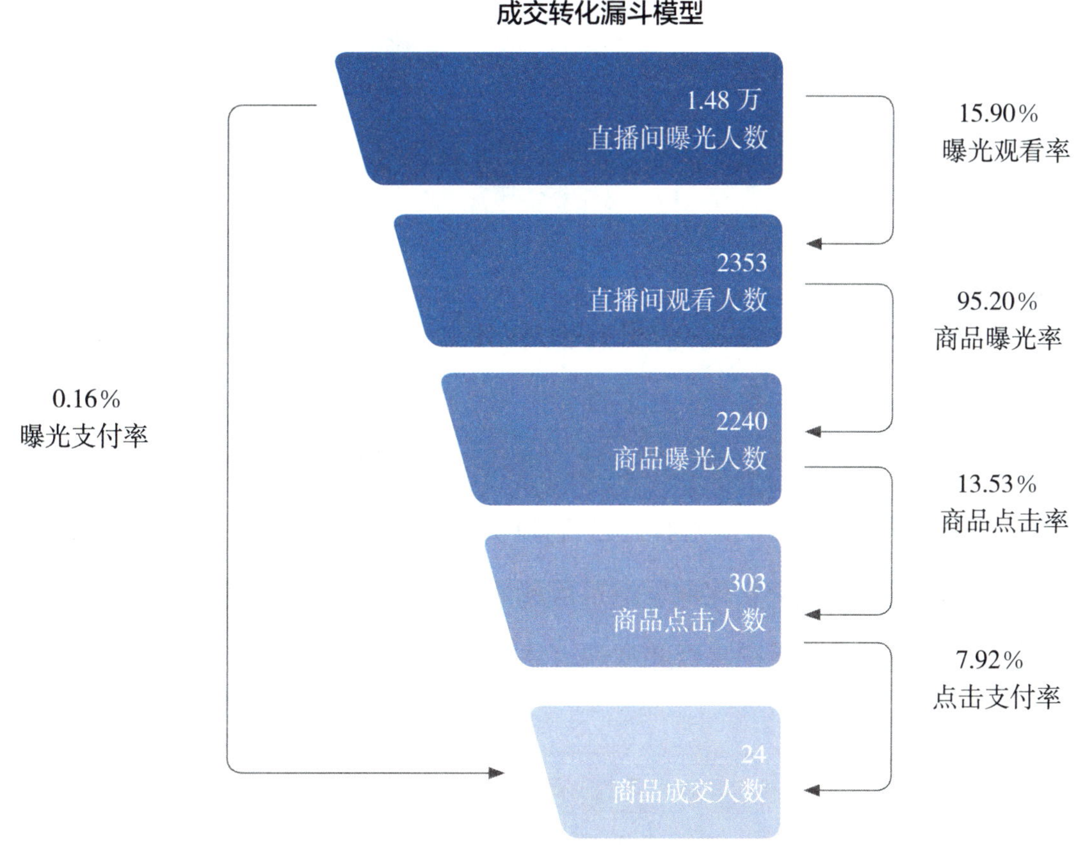

在这个漏斗中，有几个关键数据：直播间曝光人数、直播间观看人数、商品曝光人数、商品点击人数、商品成交人数。

用下一层的数据除以上一层的数据，就能推导出以下几个新的数据：曝光观看率、商品曝光率、商品点击率、点击支付率。

这个流量漏斗模型可以直接解释直播间的自然流量逻辑——**从上至下把每一层的数据做好，才会有更大的流量规模**。也就是说，按照流量获取的决定要素来说，首先做好曝光点击率，其次做好商品曝光率，再次做好商品点击率，最后做好点击支付率。

当然，这并不是决定自然流量获取的唯一因素，因为抖音直播间的流量算法是个黑盒，在实际流量分配过程中，会受到诸多要素的影响。但是实践证明，以上这些数据对电商直播间的自然流量获取起着非常重要的作用。

在电商罗盘里面，我们还会看到一个漏斗模型，叫作互动转化漏斗模型。

互动转化漏斗模型

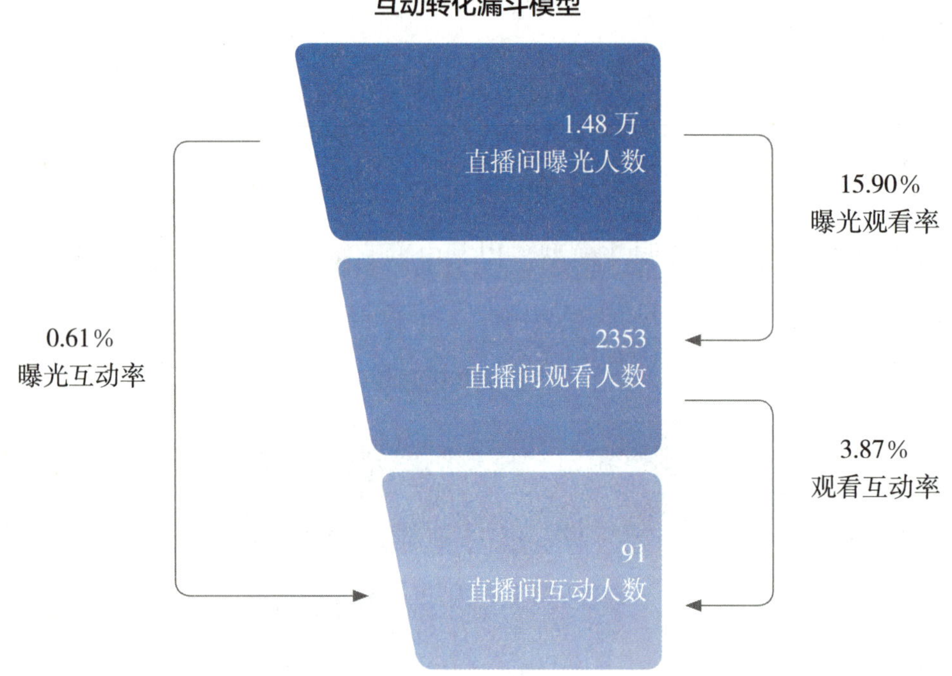

这个漏斗模型一共有三个数据：直播间曝光人数、直播间观看人数和直播间互动人数。用下一层的数据除以上一层的数据，就能推导出两个新的数据：曝光观看率和观看互动率。

这两个漏斗模型是官方明确给出的数据参考指标，任何用户都可以在自己的【**抖店**】→【**直播列表**】→【**直播间详情**】里查看自己直播间的漏斗数据。我们可以理解为，**电商直播间的流量获取与直播间的成交转化数据以及互动转化数据密切相关，前者反映了用户是否愿意购买产品，后者则反映了用户是否愿意观看直播**。

底层逻辑二：曝光量≠直播间的流量

根据流量漏斗模型我们可以看出，直播间的曝光点击率是流量最上层的指标，这就意味着，要想让流量漏斗更宽，就要先提高直播间的曝光点击率。

在这里有一个重要的知识点需要大家了解：做抖音直播，**系统提供给你的不是直播间观看量，而是直播间的曝光量**。

如何理解这一点呢？当我们上下滑动手机屏幕不停地“刷抖音”时，会“刷到”一个又一个视频或直播间。如果刷到视频，我们可能会看一会儿，也可能会觉得无聊选择直接“刷走”，继续看下一个。如果下一个是直播间，我们会看到屏幕上的账号名称、直播间主题等信息，以及在屏幕中间有一行字“点击进入直播间”，这就是系统把直播间曝光给潜在用户的方式。在 100 次曝光里，可能只有 10 个人点击进入了直播间，那么这个直播间的曝光点击率就是 10%，场观就是 10。

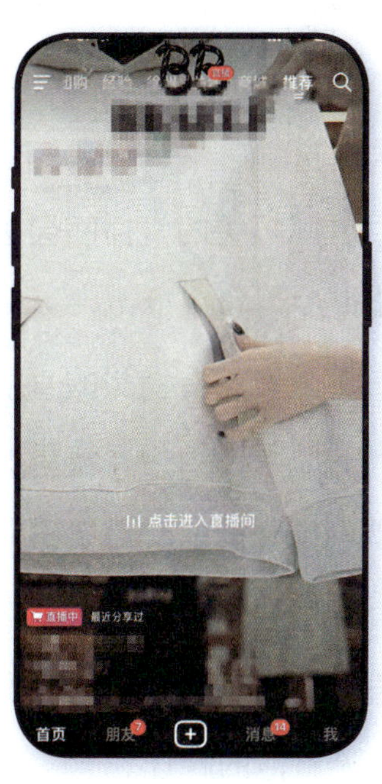

因此，即使两个直播间拥有相同的曝光量，由于曝光点击率的不同，它们之间的流量也会有很大的不同。

请参考下图三个直播间的曝光点击率，可以看到由于点击率的不同，直播间的流量差异也相当显著。

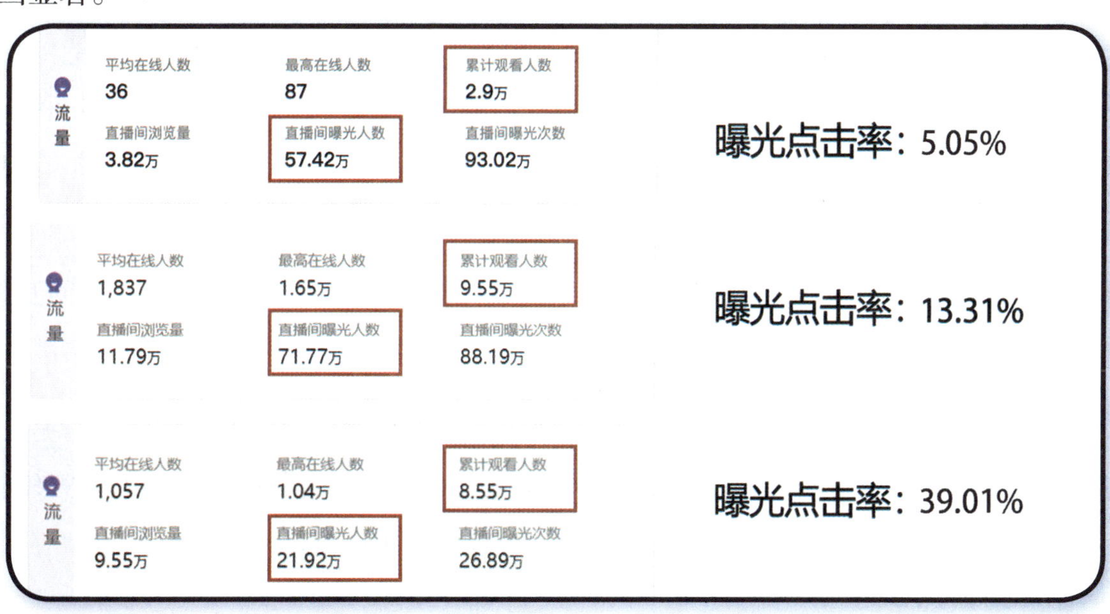

影响直播间流量推送的因素有很多，曝光点击率是重要的因素之一。可以这样理解：只

有先让用户对直播间产生兴趣并点击观看（点击率），才有可能进一步产生购买行为。因此，系统会根据曝光点击率来判断直播间的吸引力，从而决定是否将其继续曝光给更多用户。

底层逻辑三：赛马机制和流量池的跃迁

在抖音平台上，最吸引人的地方在于，你可以通过不断提升给系统的数据反馈来获得流量池的快速跃迁。这意味着，即使是一个第一天开播的新账号，也可以通过掌握一定的运营方法和技巧让直播间快速获得大流量，把直播间的在线人数提升至成千上万人，这可能是其他账号积累了一年才具备的流量池。

抖音直播间的流量机制就是**赛马机制**。同时段、同类目、同等级的直播间会进行实时赛马，谁的数据更好，谁就会在赛马机制中跑赢同行，不断获得更多的流量。

系统会根据直播间的情况实时地进行流量调配，让用户更爱看、更爱买的直播间不断获得更高的曝光量。这也是抖音直播对商家的吸引力如此之大的原因，因为在流量的赛马机制下，没有任何一个账号可以躺在功劳簿上赚钱，所有人都是不进则退的，需要不断迭代和优化人货场，才能获取流量的领先地位。

流量池的跃迁可以在一场直播中完成，也可以在多场直播运营中叠加实现，我们只有了解抖音直播流量推送的底层逻辑，才能通过运营的手段实现流量池的跃迁。

底层逻辑四：先做好流量的上半程，提升用户活跃度

在任何一个直播间，用户的互动行为数据都很重要，不管你是卖货直播间，还是本地同城直播间，归根结底都要**对流量进行转化**。如果我们把流量分为上半程和下半程，那么直播间的互动行为数据就代表流量的上半程，直播间的结果行为数据则代表流量的下半程。

想要拿到流量变现的结果，比如，把货卖掉、吸引更多客户资源、卖掉更多团购券或者吸引更多打赏，先拿到直播间的互动行为数据就非常重要。

直播间的互动行为数据包括曝光点击率、用户停留时长、用户点赞数量、直播间互动率、直播间转粉率、直播间加团率、直播间转发率等。

抛开流量转化不谈，这些数据决定你的直播间能否引发用户的兴趣。抖音电商最早也叫“兴趣电商”，就是指商家通过好的“人货场”激发用户兴趣，以引导用户下单。“兴趣”的逻辑贯穿抖音直播流量分配的始终，你做的所有事情都要能吸引目标用户的停留、点赞、转粉和互动。

因此，我们在策划直播间内容和话术的时候，要想尽一切办法先拿到用户的互动行为数

据，让系统给直播间推送更多的流量。

底层逻辑五：再做好流量的下半程，提升转化成交率

做好流量的下半程就是做好转化，即拿到直播间的结果行为数据。在不同的直播间里，结果数据的参考指标不太一样，如在电商直播间里，参考指标包括商品曝光点击率、千次观看成交金额、UV 价值、观看转化率等。

一个直播间要想拿到更多的自然流量推送，就要**做好直播间的互动行为数据**，还要**做好直播间的结果行为数据**，也就是促使用户产生最终的流量转化行为——下单、支付和留资等。

有的直播间互动行为数据做得好，但结果行为数据做得不好，就会导致直播间流量和场观很大，但是 UV 价值和千次观看成交金额（GPM）很低，有很多明星的直播间就是这种情况，也就是看的人多，买的人少。

有的直播间虽然流量不多，但 UV 价值和千次观看成交金额很高，说明进来的用户成交率高，之所以无法撬动大的场观和流量，是因为互动行为数据不好。

再强调一遍，直播间的流量算法是个黑盒，市面上没有任何人能详细拆解出单运营指标在影响流量分配过程中的绝对数值，但是流量的底层逻辑却从来没有变过。

例如，每年高考的本科一批和二批的分数相差较大，几乎没有人能作出准确的预估，但如果你根据本校历年的录取情况，再结合自己的年级排名，就能大致推算出自己能否上本科线，道理都是一样的。

综上所述，只要我们了解了影响直播间流量推送的关键因素是什么，就可以在直播运营过程中对其进行不断的优化，以便给系统带来正反馈。而所谓的优化，就包括话术、选品、排品等具体环节。

6.3 做好6个热度数据指标持续获得流量推送

曝光观看率（CTR）

计算公式：曝光观看率 = 观看次数 / 曝光次数 ×100%。

曝光观看率反映了所有看到直播间的用户中，有多少比例的人实际点击进入了直播间。较高的曝光观看率通常意味着直播间的内容、封面、标题或者直播预告等吸引了用户的注意，促使他们点击进入观看。

为了提高曝光观看率，直播内容需要具有吸引力。通过优化直播标题与封面，以及提升直播内容质量，可以有效吸引观众。在这个过程中，直播间的场景起到至关重要的作用。

很多直播间为了获得更高的曝光观看率，通常会在工厂、户外、线下门店、产地源头、地标性建筑等地方开播，或者打造差异化的场景。有些秀场直播会设计很精美的服化道和舞台背景，就是因为好的场景可以带来更高的观看率，还能带来更多的停留时长。随着抖音直播的日益普及，许多同质化的绿幕直播间场景已逐渐丧失其独特性，难以再获得有竞争优势的曝光观看率。

除了场景之外，主播的表现力也是提升曝光观看率的重要因素，主播本身自带情绪和能量，让用户看到就好奇地点击进来，也是获得更高曝光观看率的核心因素。

人均观看时长

抖音直播间的人均观看时长是指在一定时间内，进入直播间的每个用户平均观看的时长。这个指标对于评估直播内容的吸引力和观众的参与度非常关键。

计算公式：人均观看时长 = 所有观众观看总时长 / 观看的总人数。

例如，一场直播的所有观众观看总时长是3600秒（即1小时），而在直播时有60个不同的观众进入直播间，那么人均观看时长就是3600秒除以60，等于60秒。这意味着平均每个观众在直播间停留了1分钟。

提升人均观看时长的策略包括提供高质量的直播内容、增强与观众的互动、优化直播时间和提高直播的宣传效果。比如，可以通过抽奖、发红包、提问互动等方式吸引观众停留更长时间。一些数据报告显示，优秀的主播一场直播的人均观看时长可以达到3分钟以上，但是大部分店铺直播间的人均观看时长连50秒都没有。

平均评论次数

抖音直播的平均评论次数是一个衡量直播间互动活跃度的指标，它表示在一场直播中，平均每位观众参与评论的次数。这个数据可以用来评估直播内容的吸引力和观众的参与度。如果一场直播的平均评论次数较高，通常意味着观众对直播内容感兴趣，愿意与主播或其他观众进行交流和讨论。

计算公式：平均评论次数＝总评论次数/观看直播的总人数。

例如，一场直播总共收到了1000条评论，而观看这场直播的独立观众总数为2000人，那么平均评论次数就是0.5次/人。

需要注意的是，这个指标可能会受到多种因素的影响，包括直播内容的质量、主播与观众的互动方式、直播期间的互动活动（如提问、投票、抽奖等）以及观众群体的特性等。通过分析平均评论次数，主播和直播运营团队可以更好地了解观众喜好，优化直播内容和互动策略，从而提高直播的吸引力和观众的参与度。

观看互动率

抖音直播间的观看互动率是衡量直播效果的一个重要指标，它反映了观众在直播过程中与主播之间互动的频率。观看互动率的高低可以影响直播间的热度和观众的参与度，进而影响直播间在抖音平台上的流量推荐。

观看互动率的计算方法通常是将一定时间内的互动次数（如点赞、评论、分享、送礼物等）除以同一时间内的观看人次，然后乘以100%，得到百分比形式的观看互动率。

计算公式：观看互动率＝互动次数/观看人次 ×100%。

提升抖音直播间的观看互动率可以采用以下方法：

◎ 主播积极与观众互动，及时回应评论和提问，增加观众的参与感。

◎ 利用抖音平台提供的互动工具，如福袋、红包等，激励观众参与互动。

◎ 主动引导营造互动氛围，激发用户评论。

直播间的观看互动率作为判断电商直播流量的重要指标，提升观看互动率能够大大提高直播间被潜在用户看到的概率。通过主播引导互动、用户心理挖掘和平台营销工具的运用，可以有效提升直播间的观看互动率。

此外，观看互动率的提升不仅是为了增加直播间的热度，还能够正向推动流量和成交总额（GMV）的增长。因此，主播和直播运营团队应该重视观看互动率的优化和提升。

观看关注率

抖音直播间的观看关注率是指在一场直播中，观众进入直播间后选择关注主播的比率。这个指标反映了主播吸引新粉丝的能力以及直播内容对观众的吸引力。

计算公式：观看关注率 = 新增关注人数 / 直播间观看总人数 ×100%。

提升观看关注率的方法有很多，但是核心还是要生产有价值的直播内容，获得用户的认可和持续了解的意愿，并且主播的里也要经常埋藏引导关注的钩子，时不时地提醒用户点关注。

需要注意的是，由于抖音直播间有一系列的违规惩罚政策，通过诱导等方式让用户点关注是违规行为，所以主播要避免诱导话术，不要有前后因果关系，比如，类似“不点关注不放货”“点关注优先发货”等都是常见的违规话术。

观看加直播团率

抖音直播间的观看加直播团率是一个衡量直播间观众参与度的指标，它反映了观众在观看直播的同时，加入主播粉丝团的比率。这个数据可以帮助主播了解观众的忠诚度和参与度，同时也是评估直播间氛围和主播吸引力的一个重要参数。

计算公式：观看加直播团率 = 加入粉丝团的人数 / 直播间观看总人数 ×100%。

提升观看加直播团率的方法包括提供高质量的直播内容、增强与观众的互动、提供专属粉丝团福利、定期举办粉丝团专属活动等，以此来增加观众加入粉丝团的意愿。其中，在发福袋的时候设置加粉丝团才能参与活动是提升观看加直播团率最有效的方法。因此，福袋是一种非常好用的工具，能够有效提升用户的停留时间、互动频率、关注度和加直播团率。

6.4 做好三个转化数据引爆直播间自然流量

千次观看成交金额（GPM）

抖音直播间的千次观看成交金额（GPM）是指在抖音平台上，每千次观看所带来的成交金额。它反映了直播间的卖货能力，即每 1000 次观看能够带来的成交量。

计算公式：千次观看成交金额 (GPM)= 直播期间累计成交金额 (GMV)/ 总观看次数（PV）×1000。

这个指标越高，说明主播流量转化能力越强，即直播间的卖货能力越强。例如，一场直播的 GMV 是 10000 元，而这场直播的总观看次数是 10000 次，那么千次观看成交金额就是 1000 元。

在实际应用中，这个指标可以帮助主播和运营团队评估直播带货的效果，优化直播策略，提升直播的商业价值。需要注意的是，千次观看成交金额的合格水平会受到多种因素的影响，包括直播内容的质量、主播的表现力、商品的吸引力等。因此，除关注千次观看成交金额外，还需要综合考虑其他数据指标，如直播间人均在线时长、直播间商品转化率等，来全面评估和优化直播效果。

观看成交率

抖音直播的观看成交率是一个衡量直播带货效果的指标，它表示在一定时间内，观看直播的观众中有多少比例的人进行了购买行为。这个比率可以帮助主播和商家了解直播内容对观众的吸引力以及销售转化的效果。

计算公式：观看成交率 = 成交人数（或成交订单数）/ 直播间观看总人数 ×100%。

例如，一场直播有 1000 人观看，其中有 10 人完成了购买，那么观看成交率就是 1%。

提升观看成交率是拿到直播流量变现结果的重要考核指标，也是权重很高的指标之一，代表你直播间的“流量坑产”。对系统来说，总是倾向于把流量分配给转化更好的直播间，这样才能不浪费流量。

提升观看成交率的关键是提升商品的吸引力，选择有竞争力的商品，提供有吸引力的价格和促销活动，或者通过主播的塑品能力激发用户对商品的兴趣。

商品点击成交率

抖音直播的商品点击成交率是电商直播中的关键指标，用来衡量直播间商品的吸引力和转化效率。它表示在直播期间，点击商品链接的观众中有多少比例的人最终完成了购买。

计算公式：商品点击成交率 = 通过点击商品链接完成购买的订单数 / 商品链接的总点击次数 ×100%。

这个指标反映了观众对商品的兴趣程度以及商品页面的转化能力。一个高的商品点击成交率通常意味着商品对观众有足够的吸引力，且商品的展示和描述能够有效地促使观众进行购买。

第 7 招

开播引流技巧——视频流量

7.1 视频流量的定义和特点

什么是抖音直播间的视频流量？就是在直播期间，通过点击短视频头像进入直播间看直播的用户数量。通过电商罗盘可以清晰地看到本场直播的来源，除自然流量外，还有一个重要的流量来源——视频流量。

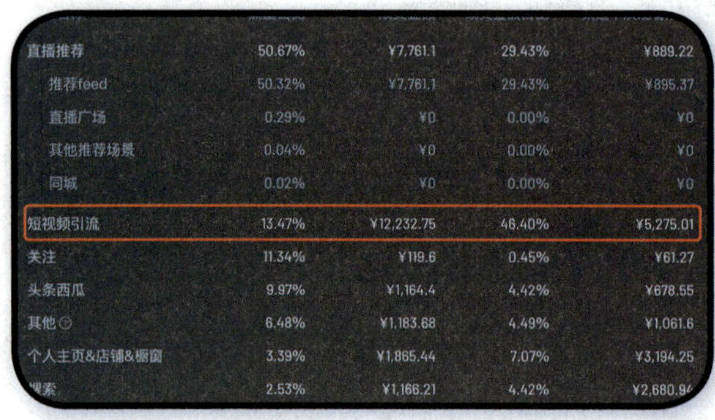

直播推荐	50.67%	¥7,761.1	29.43%	¥889.22
推荐feed	50.32%	¥7,761.1	29.43%	¥895.37
直播广场	0.29%	¥0	0.00%	¥0
其他推荐场景	0.04%	¥0	0.00%	¥0
同城	0.02%	¥0	0.00%	¥0
短视频引流	13.47%	¥12,232.75	46.40%	¥5,275.01
关注	11.34%	¥119.6	0.45%	¥61.27
头条西瓜	9.97%	¥1,164.4	4.42%	¥678.55
其他	6.48%	¥1,183.68	4.49%	¥1,061.6
个人主页&店铺&橱窗	3.39%	¥1,865.44	7.07%	¥3,194.25
搜索	2.53%	¥1,166.21	4.42%	¥2,680.9

▲ 直播大屏里的流量来源：明确显示直播期间“短视频引流”的流量占比、成交金额等数据。

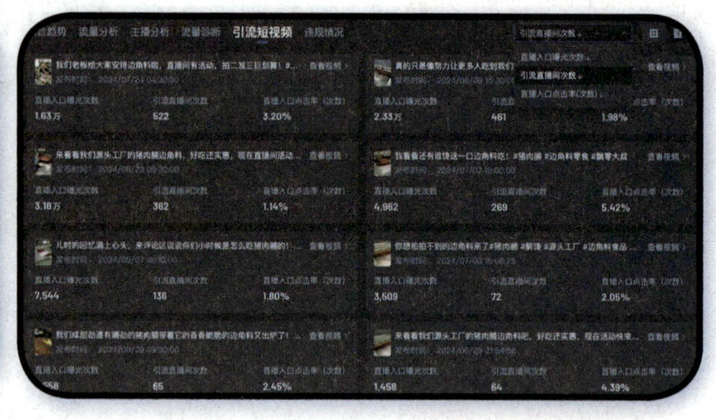

▲ 直播大屏里可以清晰地看到引流短视频的直播入口曝光次数、引流直播间次数等数据。

抖音电商的雏形是内容电商，所以内容流量在流量结构中占很大的比重，优质的短视频可以长期稳定地为直播间带来精准流量。抖音直播间的视频流量有以下特点。

直播会刺激视频流量曝光

很多做直播的商家都有一个共同的体验：在直播未开始的时候，其首页的视频播放量通常稳定在一个水平，如1000次。一旦直播开始，这些视频就会获得额外的曝光量，甚至从1000次直接跃迁到5万次（也有可能是1万次或者10万次）。这种现象背后的原因是，系统在直播开始时会通过额外“加热”你的首页视频，来增加直播间的曝光量，提升流量转化效率，而这个“加热”动作是系统自发的、免费的。

这种机制是抖音平台特有的，通过短视频导流至直播间。为什么要这么做？因为除直播广场的自然流量入口外，短视频导流直播间也是抖音直播的主要流量入口，充分体现了抖音内容变现的生态特点。

正因为有这种流量推送机制，所以产生了一种流行的流量玩法，叫作“短视频打爆直播间”。其核心是通过在直播期间不间断地发布爆款短视频到账号首页，然后将短视频流量转化为直播间流量。

然而，值得注意的是，平台会优先选择首页上较新和较热的视频进行加热，这样做既保证了内容的时效性，又提升了内容的转化率。因此，为了获得更好的视频导流效果，商家需要不断更新视频内容，生产出更优质的转化型短视频。

内容池和电商池的流量互联互通

电商商家想要做好内容，必须重新理解抖音电商的流量机制。2024年，抖音电商的流量机制迎来一次重大升级：**电商内容将同时在交易池和内容池获得分发——交易池的流量分发精准，电商转化效果好；内容池的兴趣广泛，流量天花板高。**

这一切都源于抖音电商于2024年9月发布了全新的经营方法论CORE。C——价优货全，是**经营基础**；O——全域内容，是**撬动流量的筹码**；R——营销放大，是**生意的放大器**；E——体验提升，是**经营底线**。

其中，全域内容是做好抖音电商最大的机会，也是流量的核心竞争力。这四者相互关联、相互促进，共同推动生意的发展。

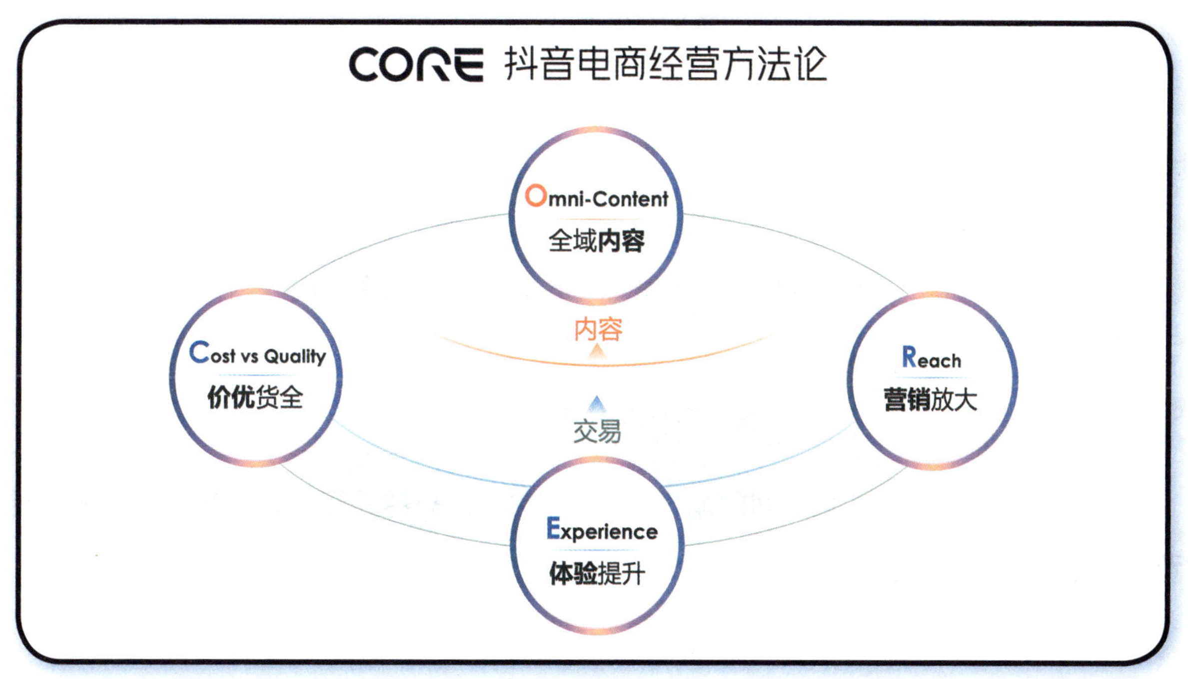

可能很多人不理解什么是交易池和内容池，我给大家详细拆解一下：

◎ 在抖音平台上，存在三个流量池，分别是内容流量池、电商流量池和商业化流量池（也就是付费广告的流量池）。通常情况下，这三个流量池单独运作，较难打破彼此之间的壁垒。这主要是因为抖音平台在电商生态发展初期，为了保证平台用户的体验，会单独划分一小部分流量专门给电商商家以及付费商家，以便那些对购物不感兴趣的用户在内容流量池获得更好的浏览体验。然而，这种做法导致电商流量池和广告流量池的竞争越来越激烈，因为僧多粥少，优质用户越来越不够分。

◎ 交易池，也就是电商流量池，是过去的电商内容的主要流量来源。然而，随着交易内容的增加，用户的需求逐渐饱和，因此交易内容存在上限。但内容流量池无上限，“好内容”将成为生意增长的关键动力，也是直播间不断上涨的流量来源。因此，在新的经营方法论的指导下，做好全域内容的关键在于不断探索用户爱看的内容形式，激发内容行为数据，让用户既爱看又爱买，这是实现破圈爆发的关键。

◎ 为了使自己的营销内容在更大的流量池中畅游，商家需要不惜投入，精心制作优质内容，其中，短视频内容是重要的流量来源，这对商家提出了更高的要求。也就是说，除交易指标外，视频的热度指标越好，越有可能实现内容流量池和电商流量池的互联互通。

直播间的视频流量和视频转化率强相关

直播间的视频流量和视频转化率强相关，这一逻辑和自然流量的推送机制相同，视频导流直播间人数的规模取决于视频流量的转化率。例如，在直播期间，系统将视频曝光给了 1000 个人，其中有 100 个人点击右上角的头像进入直播间，那么直播间的视频点击率就是 1/10。如果这 100 个人里有 10 个人购买了产品，那么视频转化率就是 1/100。

在同时段内，同类目同等级的直播间会进行实时赛马，赛马数据包括各渠道流量的转化率。因此，视频流量的转化率直接决定了系统是否会持续加强主页内容的推荐和曝光。

付费投放可以撬动更多视频流量

想要通过付费投放增加直播间的流量，有两种方法：**一种是直投直播间画面，另一种是付费投放短视频导流直播间**。

在抖音短视频创作领域，一直有一个重要的分支，那就是通过生产高转化率的付费视频往直播间导流。而且，好的素材通过付费工具可以放大十倍甚至百倍的效果。

7.2 电商短视频和娱乐短视频的区别和创作差异

抖音上的内容形式多种多样，我们的目标应该是制作能直接带来转化效果的内容，即具有营销性质的内容。这些内容和普通的娱乐短视频在生产目的和变现方式上存在显著差异。很多新手在刚开始做内容的时候，会单纯追求视频的火爆程度，但视频火爆并不能达到预期的转化效果。能够变现的流量才是有价值的流量，而无法变现的流量都只是自我满足。

接下来让我们来看看电商短视频与娱乐短视频之间的区别和创作差异。

目的性

电商短视频的目的性很强，主要是为了推广商品和增加销售量，内容通常围绕产品特点、使用场景和购买链接进行设计。相应的考核指标包括视频转化率、视频点击率、购物车点击率等。

娱乐短视频的目的性相对较弱，更多是为了吸引用户注意力及提供娱乐价值，并且在这个过程中积累账号粉丝和人设信任。其主要考核指标包括视频的播放量、点赞、评论、转发和加粉数据等。

需要注意的是，电商短视频的转化效果未必和视频的播放量和互动数据强相关。因为电商短视频的目标人群比娱乐短视频的目标人群窄了很多，如果一味追求视频的互动数据，未必能实现很好的转化效果。

变现方式

电商短视频的变现方式有**视频挂车、挂店铺、导流直播间等多种方式**。总之，短视频作为流量入口，主要是为了筛选精准用户、传递产品和品牌差异化卖点，最终通过产品成交实现变现。

娱乐短视频通常为用户提供娱乐价值和情绪价值，增加账号的互动数据和粉丝量。变现方式为接星图广告、帮助品牌实现人群曝光和产品推广，以及一些娱乐主播可以通过直播间的虚拟礼物打赏获得收益。

总的来说，电商短视频更注重商品推广和销售转化，而娱乐短视频更注重内容创意和用户娱乐体验。两者在抖音平台上各有特点和优势，商家和内容创作者应根据自身目标和资源选择适合的内容形式和应用策略。

运营技巧

电商短视频和娱乐短视频在创作方式上并没有太大差异，无论是用手机拍摄还是用相机拍摄，关键因素在于素材本身的质量，以及能否吸引目标受众。然而，在账号的发布和运营方面，电商短视频的发布频率远高于娱乐短视频。由于大部分的营销内容都会面临用户画像窄、流量破圈难的问题，所以在运营技巧上就不能追求单条内容上热门，做成大爆款，而应该追求“用数量对抗质量的不确定性”。这意味着需要频繁拍摄和发布内容，对数据好的内容进行多次创作，效果不佳的内容则及时调整或隐藏。

7.3 如何创作高效导流直播间的短视频

导流直播间的短视频通常在视频下方不挂任何组件，将素材完全视为流量入口，再导流直播间进行转化成交。爆款短视频的制作步骤：**找选题—拍摄剪辑—发布运营**。

找选题

◎ **寻找热点话题**。虽然大部分导流直播间的素材都与电商带货产品息息相关，但根据2024年最新的抖音电商经营方法论和流量分配指导策略，如果能借势爆款选题来拍摄视频，就会有更好的内容破圈。因此，提前找到自带热度的视频选题就变得至关重要。借助相关工具找到当下的“热点事件”和“热点词”对创作很有帮助。大家可以通过巨量算数、巨量云图、蝉妈妈、考古加等平台找到正在流量趋势上的热门视频话题。

◎ **模仿同行**。不知道如何拍摄和剪辑素材怎么办？可以模仿同行已经火了的营销内容。关于怎么做好内容，很多新人都会走入一个误区，认为原创的才是好内容。然而，原创本身就是内容行业最稀缺的能力。换句话说，当你打算跟别人竞争原创的时候，你可能还没开始就已经失败了，因为这需要极强的天赋和经验积累，且很难复制。在抖音上，有持续内容原创能力的人不超过1%。

对于新人来说，做好内容的关键就是放弃原创，直接模仿选题、文案、场景和剪辑。二次创作做好了，可能会比原创还火！正确的模仿会让我们生产内容的成本变低，且有大量复制的可能性。当我们选择用内容的数量来对抗质量的不稳定性时，我们才能真正走上低成本内容引流之路。

◎ **模仿“古早内容”**，应避免被平台判定内容同质化。在模仿这件事上也有技巧，因为现在平台对原创的保护很严格，稍有不慎就会被平台判定为内容同质化，并引起用户的审美疲劳。之所以要模仿古早的爆款内容，是因为所有的爆款内容都有一个规律：所有曾经火过的内容都会再次火起来，一遍又一遍。翻拍历史爆款内容就相当于掌握了低成本生产内容的流量密码。

接下来以使用考古加工具为例，从模仿古早爆款内容到运营发布的详细步骤如下：

寻找内容。找内容要善用工具，通过一些主流的第三方平台找到历史爆款视频。比如，在考古加的界面可以直接搜索到平台长达 730 天的历史短视频。

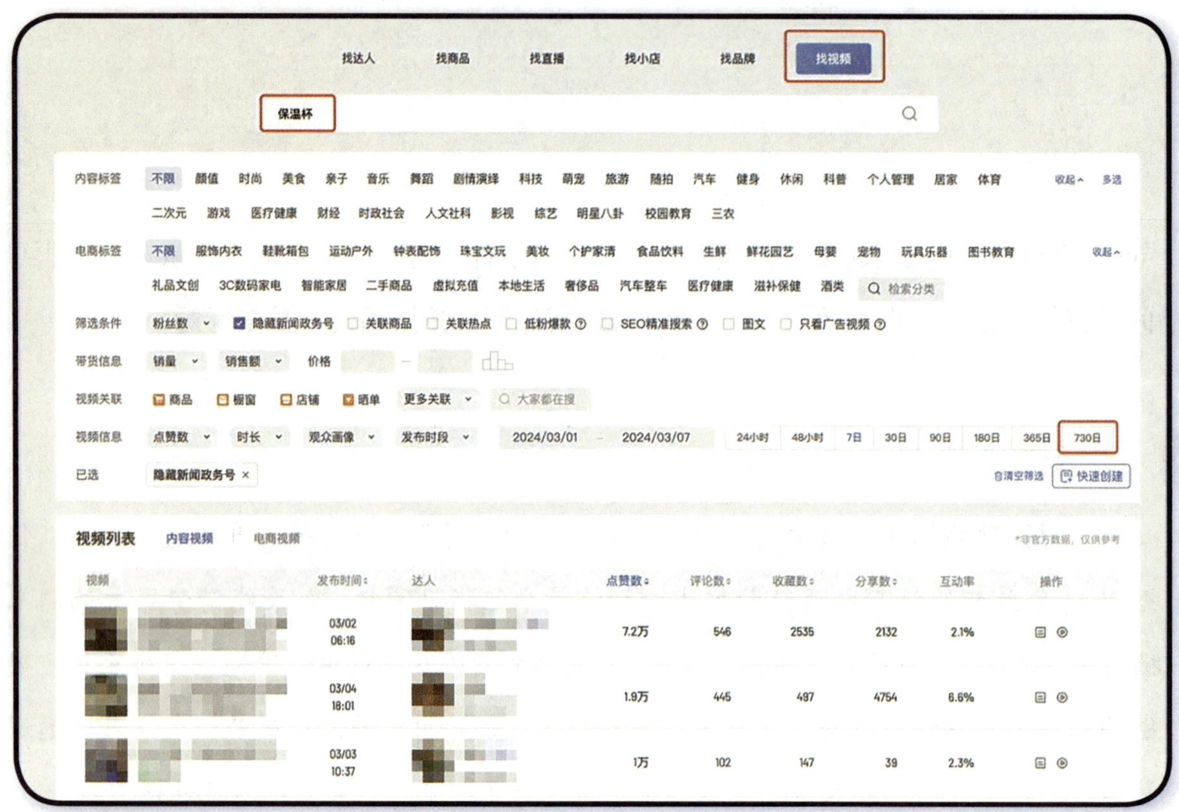

这就相当于直接在你面前翻开了爆款内容流量的密码，而且因为历史久远，不太会有撞车风险。在选内容的时候注意避免有时效性的社会热点内容，而应选择普适性内容。普适性内容就是那些能击中人类通用情感的内容，如引发自豪、焦虑、快乐、亲情等情绪的内容。

考古加的电商内容视频可以下探到四级类目，满足不同类目商家的模仿需求。

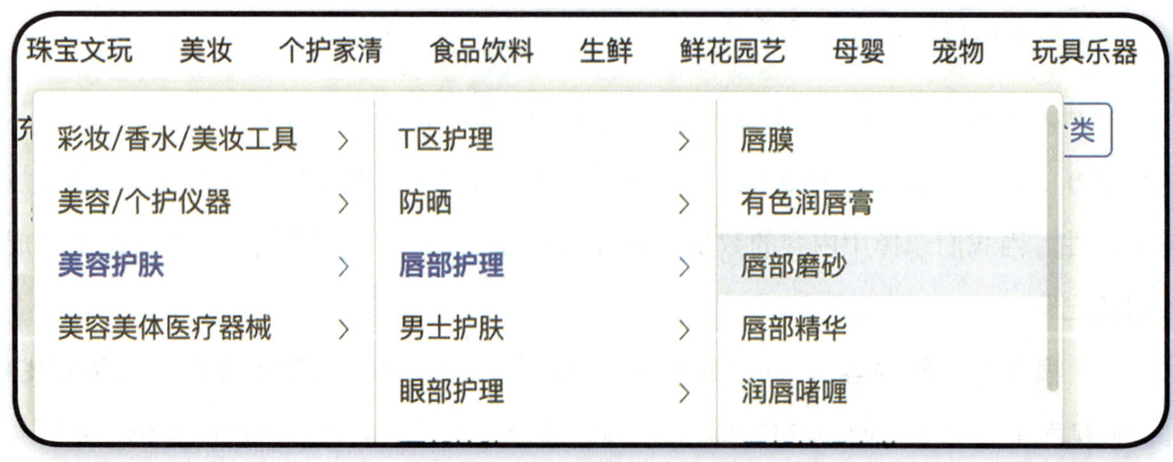

如果是本地团购和需求型内容还可以关联组件搜索，帮助商家找到非电商类爆款视频。在搜索爆款视频时，勾选“低粉爆款”标签，以排除大号的视频权重和粉丝加成因素，找到真正靠内容出圈的好内容。通过这些技巧，每天找到10个以上的适合模仿的视频模板并不难。

清洗脚本。找到好的内容后，不要原封不动地照抄，因为文案照抄会有查重风险，更关键的是有可能会被系统判定为非原创首发，导致视频流量降权。常规操作是先用考古加的文案提取工具一键提取和复制视频文案，然后再通过 AI 网站进行内容改写。网上有很多这种工具，大家可以自行搜索。在文案改写的时候可以明确地提出改写要求、目的、格式以及目标读者。经过多次调整，内容的完成度和可用度会非常高。

通过这些技巧，可以配合不同的画面剪辑制作出多个矩阵账号内容。

翻拍内容。在翻拍内容方面只有一个技巧，那就是多拍多测。翻拍爆款视频的好处是数据已经证明原内容有明确爆点，可以带来流量，因此，想要更好的数据无非就是换人拍和用投放纠正人群标签。视频发出后要及时观察数据，并对评论区进行操作和运营。考古加还有个工具叫作**神评论**，可以挖掘视频里的高点赞评论，这些评论往往比视频还好看，因为它们充满幽默和网感，所以非常适合找不到感觉的内容创作者进行评论区的二次创作。

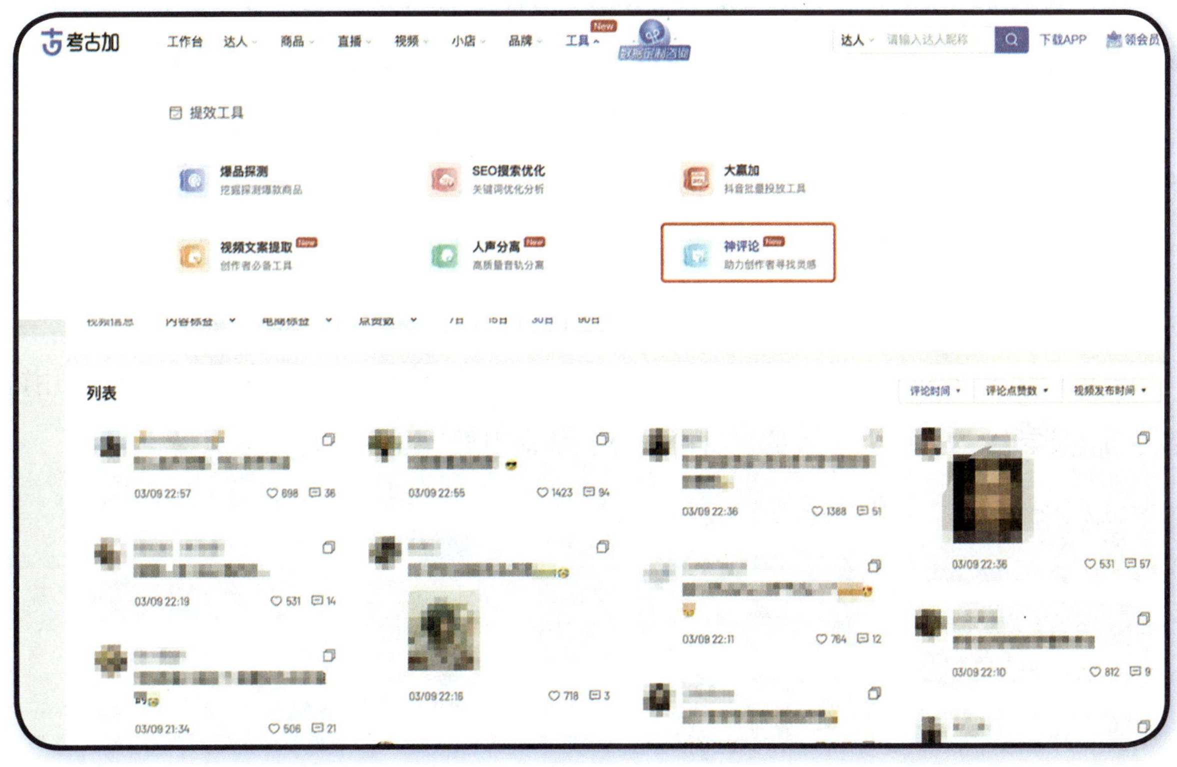

全域联动。最后，想要激发评论区的置顶搜索小蓝词，也可以通过工具查找爆款内容进行模仿。考古加有个“大家都在搜”的查找功能，输入关键词就可以看到哪些爆款内容激发了关键词搜索置顶。这非常适合电商商家通过内容实现产品关键词搜索，最后在货架场成交，实现全域联动。

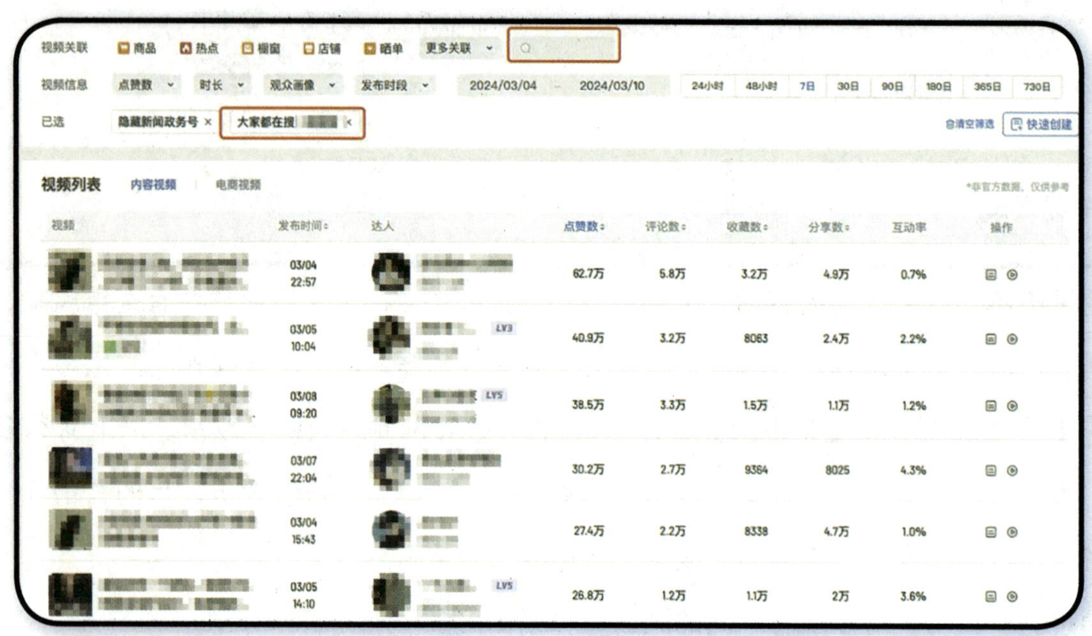

拍摄剪辑

一个出色的抖音导流短视频脚本应包含**开头、中间段和结尾引导**三个关键部分。开头旨在迅速吸引用户的注意力；中间段则重点展示产品的卖点，取得用户信任；结尾引导旨在发出指令，促使用户做出相应的动作。

开头：最好能在前三秒就抓住用户的眼球，可以参考价格利益、身份推荐、直击人群、直陈痛点、直陈效果、引发好奇、提出疑问、正话反说、塑造情绪这 9 种结构技巧。

中间段：要突出产品的卖点，可以使用产品外观、产品材料、产品工艺、产品功能、产品价格、使用方法、使用场景、产品地域、人群圈定、产品背书、产品情怀、产品稀缺这 12 种结构。可以选择单卖点模式或多卖点模式，如果是多卖点模式，需要确定主次关系，并将主卖点前置。

结尾引导：要引导用户采取行动，例如，点击左下角下单或进入直播间。可以使用饥饿营销、优惠诱导、艾特（@）人群、身份推荐、从众引导这 5 种技巧。

开头	→	中间卖点	→	结尾引导
价格利益		产品外观		饥饿营销
身份推荐		产品材料		优惠诱导
直击人群		产品工艺		艾特（@）人群
直陈痛点		产品功能		身份推荐
直陈效果		产品价格		从众引导
引发好奇		使用方法		
提出疑问	→	使用场景	→	
正话反说		产品地域		
塑造情绪		人群圈定		
		产品背书		
		产品情怀		
		产品稀缺		

发布运营

对于通过直播变现的商家而言，视频的发布节奏完全可以对齐直播间的开播节奏。大主播可以在开播前的1~3天开始直播预热；而小商家和小达人则可以在开播当天集中进行预热。

在直播过程中，建议持续发布与产品相关的内容到账号首页，以增加短视频曝光和引流直播间的概率。需要注意的是，视频发布的数量和间隔没有明确的禁忌，但应避免大量发布低质重复内容到账号首页，以免降低账号权重，影响内容的曝光。

在这里教给大家一个判断标准：如果你发布的多条素材平均播放量都不超过500次，也就是没有破初级的流量池，就不建议再进行素材的高频发布了，这意味着你的内容质量和粉丝基础都不达标，一味地发布内容也不会对提升流量起到太大的作用。

通过付费投放提升营销素材的转化率

正如之前所述，优质内容结合付费投放，可以快速扩大视频流量的规模和突破流量上限。如果是电商类的营销视频，可以通过“小店随心推”或者“巨量千川”的电商投放工具来增加视频的流量，吸引更多精准用户。如果是本地行业的商家，可以通过“巨量本地推”工具来为账号吸引更多目标人群。如果是线索类目商家，可以通过投放DOU+来获取潜在客户线索。

7.4 抖音电商优质内容判定和标准

平台认定的优质内容标准

关键词

- **真实：**源自内心的客观表达，让消费者所见即所得。
- **可信：**持续践行承诺，沉淀消费者信赖。
- **专业：**传递专业领域文化，赋予内容和商品层次信息价值。
- **有趣：**内容新颖友好，满足消费者多元喜好。

质量判断维度

- “电商内容质量分级体系”旨在明确抖音平台所倡导和限制的**创作形式与内容**，为创作者提供**了解平台内容标准**的指南，并引导他们创作出**高质量的内容**，提升用户体验。

- “电商内容质量分级体系”中，直播/图文包含6个一级维度，短视频包含5个一级维度。其中声画质量是基本门槛，**信息价值、直播交互、图片质量、文本质量是核心维度**，作者影响力、品牌价值、商品品质是加分项（示意图如下）。

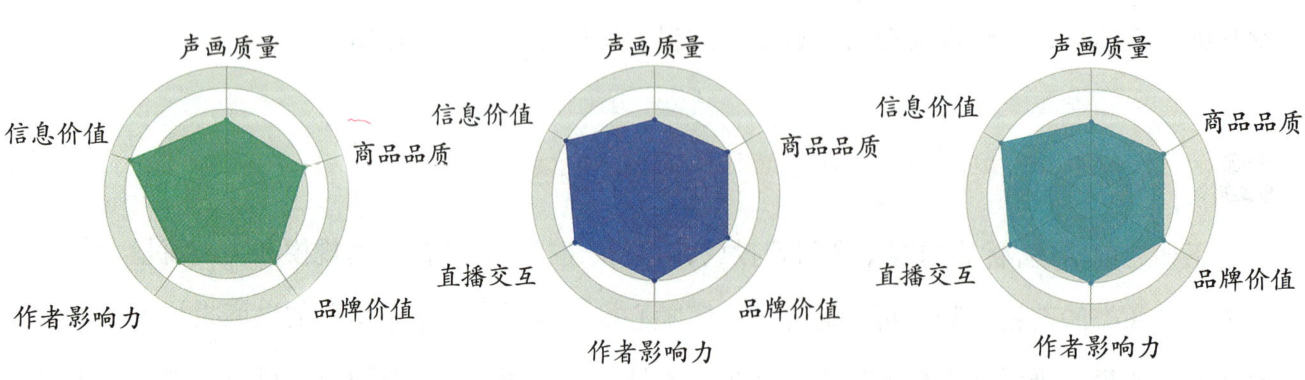

【短视频】内容质量分级标准权重示例　【直播】内容质量分级标准权重示例　【图文】内容质量分级标准权重示例

其中，“信息价值”的一级判断纬度下：“信息含量—专业度”“信息输出—脚本策划 / 制作”“场景化 / 商品卖点—场景化介绍”这三个维度对短视频 GPM 影响显著，判断权重也高于其他二级维度。

质量判断方式

内容质量整体分为优质、普通和低质三大类，判断方式如下：

- **优质**：内容在所有维度上的表现均为“好 / 正向”，则内容评级为优质。
- **普通**：内容在任何维度上的表现没有“较差 / 负向”，但未达到优质标准的，则内容评级为普通。
- **低质**：内容在任意维度上的表现均为“较差 / 负向”，则内容评级为低质。

质量标准简述（仅以挂车直播为例）

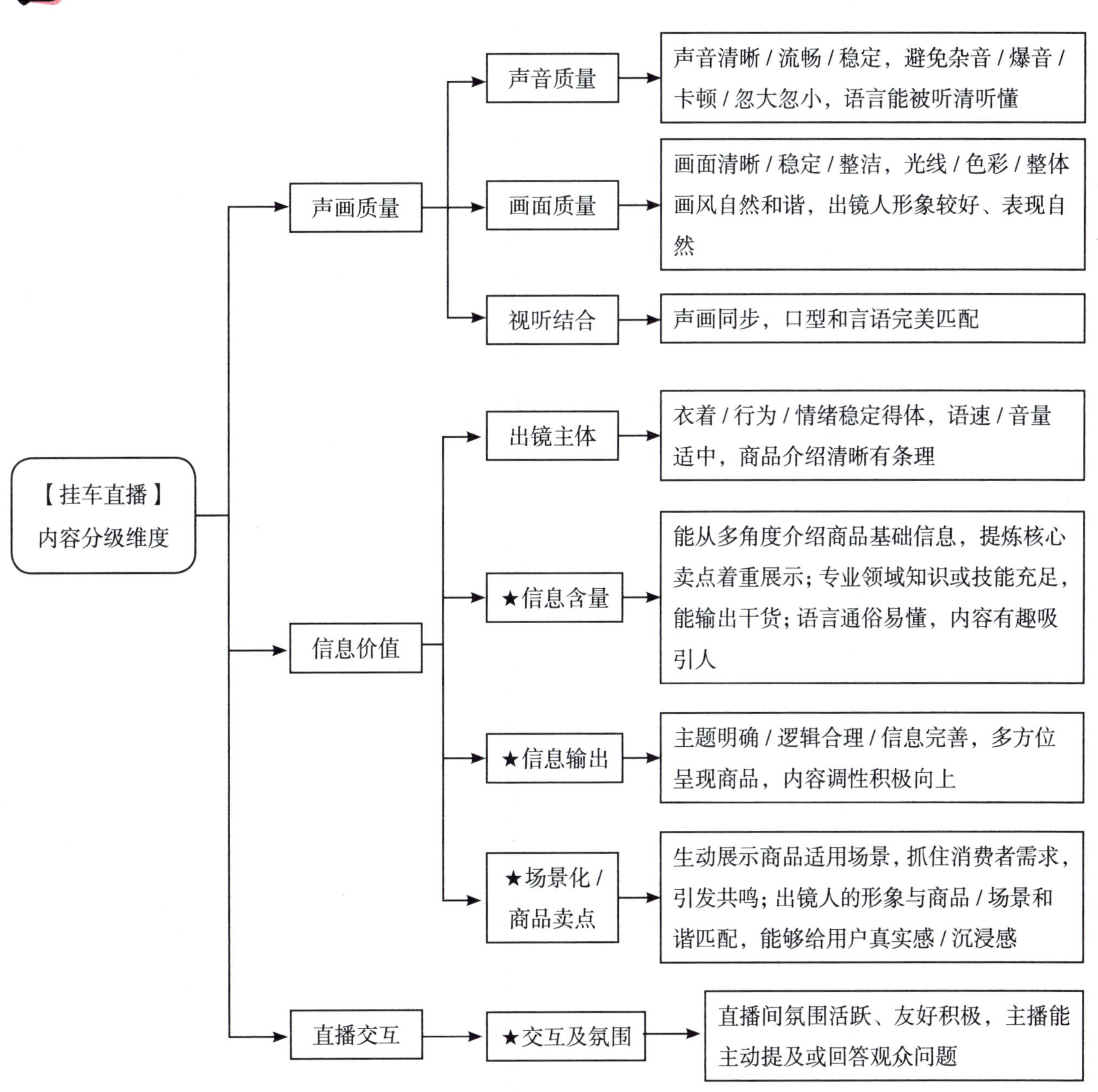

质量标准详解（仅以挂车直播为例）

<table>
<tr><th colspan="5">【挂车直播】内容质量标准详解</th></tr>
<tr><th colspan="3">判断维度</th><th>标准解读</th><th>优质内容表现</th><th>普通内容表现</th><th>低质内容表现</th></tr>
<tr><td colspan="3">平台底线</td><td>内容不涉及违法违规问题，包括但不限于低俗色情、不良价值观以及其他不符合平台规则或违反法规的元素</td><td colspan="3">不涉及平台安全、严重内容违规问题，符合内容安全标准；不涉及虚假宣传、站外引流、违规营销、售卖违禁品、假货等违规问题，符合电商内容安全标准</td></tr>
<tr><td rowspan="4">声画质量</td><td rowspan="2">声音质量</td><td>清晰流畅度</td><td>【判断核心】听觉质量怎么样，是否有噪声 / 卡顿，问题是否影响用户进一步了解信息。
a. 清晰度：有无杂音 / 爆音 / 卡顿问题（如明显的喷麦声 / 电流杂音等）；
b. 稳定流畅：有无声音时大时小问题；
c. 音量：有无音量过大或过小问题</td><td colspan="2">清晰度好：
a. 音质非常清晰，无任何杂音 / 爆音 / 卡顿；
b. 声音非常稳定流畅，无时大时小问题；
c. 音量非常正常，无过大或过小问题</td><td>清晰度差：
a. 存在多处连续杂音 / 爆音 / 卡顿，影响收听；
b. 存在多处连续音量过大或过小问题，影响收听效果</td></tr>
<tr><td>可读性</td><td>【判断核心】主播说的话，能否被用户听清楚听明白；是否使用普通话，如使用方言是否搭配字幕帮助理解</td><td colspan="2">可读性好：
主播使用普通话，如存在方言或其他表述方式，需搭配普通话字幕</td><td>可读性差：
主播连续或多次使用方言或其他不便于理解的表述方式，且未搭配对应的普通话字幕</td></tr>
<tr><td rowspan="2">画面质量</td><td>清晰度</td><td>【判断核心】视觉质量怎么样（看起来是否清晰流畅），是否影响用户观看。
a. 画面清晰：是否存在光斑 / 噪点 / 模糊，影响画质的情况；
b. 稳定流畅：是否存在画面卡顿问题，以及卡顿的程度如何</td><td>清晰度好：
a. 画面非常清晰，超清画质（分辨率不低于1920×1080）；
b. 无任何影响画质的噪点 / 光斑 / 模糊问题，画面流畅不卡顿</td><td>清晰度一般：
画面无明显噪点 / 光斑 / 模糊问题</td><td>清晰度差：
a. 画面模糊，或标清画质（分辨率低于1280×720）
b. 存在噪点或光斑问题，影响观看</td></tr>
<tr><td>稳定度</td><td>【判断核心】主要看画面稳定性，是否影响信息表达，抖动是否合理；画面抖动程度如何，以及抖动问题是否合理（如拍摄第一视角奔跑镜头，这里的“抖动”是合理的）</td><td colspan="2">稳定性好：
画面稳定，无任何不合理的抖动、卡顿问题</td><td>稳定性差：
画面稳定性较差，出现3次及以上不合理的抖动或卡顿的情况（或抖动卡顿画面累计时长≥3秒）</td></tr>
</table>

续表

<table>
<tr><td rowspan="5">声音质量</td><td rowspan="4">画面质量</td><td>整洁度</td><td>【判断核心】画面是否整洁美观，美观程度如何；
画面是否被马赛克、贴纸、logo、花字等元素大面积遮挡，是否影响画面美观度或信息传递</td><td>整洁度高：
画面非常整洁，出镜的商品或人物主体清晰可见，无贴纸、字幕、马赛克等大面积遮挡问题（遮挡面积不超过5%）</td><td>整洁度一般：
画面无明显遮挡，不影响出镜主体展示</td><td>整洁度差：
画面被贴纸、字幕、马赛克、花字等遮挡，且面积超过30%，影响出镜主体展示</td></tr>
<tr><td>色彩曝光</td><td>【判断核心】结合视频整体的内容场景看，画面的色彩和曝光是否正常（反例：口红试色时添加过度美颜滤镜，导致实物色差明显），如出现局部的色彩或曝光问题，情况是否合理（如4K技术还原“清朝末年的百姓生活”，虽然画质色彩一般，但该情况合理）。
a. 曝光：是否太亮或太暗影响观看；
b. 色彩：是否存在不合理的灰暗，影响色彩辨别或物品展示</td><td colspan="2">色彩曝光好：
a. 画面的明暗正常，光线自然适中；
b. 色彩正常，不添加失真的滤镜</td><td>色彩曝光差：
a. 画面曝光不合理，存在太亮或太暗的问题；
b. 色彩色调失真，影响颜色辨别或出镜主体的展示</td></tr>
<tr><td rowspan="2">主体形象/背景场地</td><td rowspan="2">【判断核心】出镜的商品形象、主播形象、背景场地怎么样。
a. 商品形象：是否陈列有序；
b. 人物形象：主播的穿着和言行举止等，是否整洁、得体、自然；
c. 场地背景：是否干净整洁（反例：背景板杂乱张贴大字报、杂乱的卧室/储物间等）</td><td colspan="2">主体形象好：
a. 商品陈列有序，且整体和细节的信息能被较好地展示；
b. 主播形象整洁、得体、自然</td><td>主体形象差：
a. 商品陈列不整齐、杂乱无章；
b. 主播形象不整洁、不得体、不自然</td></tr>
<tr><td colspan="2">背景场地好：
a. 背景整洁：开播背景干净整洁，背景和商品可以明确区分开来；
b. 场地专业：开播场景或场地与商品搭配和谐不突兀</td><td>背景场地差：
a. 背景杂乱：背景杂乱（如商品随意堆砌）；
b. 场地较差：开播场地影响主播或商品的展示（如杂乱的室外、楼道拍摄等）</td></tr>
<tr><td>视听结合</td><td>声画同步</td><td>【判断核心】声音和口型/画面是否同步，是否影响用户视听观感</td><td colspan="2">声画同步好：
声音和画面可以对得上，不存在任何声音画面错位问题</td><td>声画同步差：
存在3次及以上声画不同步，或该问题累计时长≥3秒，影响观看</td></tr>
<tr><td>直播交互</td><td>交互及氛围</td><td>直播间氛围</td><td>【判断核心】直播间氛围怎么样，是否活跃/友好。
主播与观众互动：是否主动解答用户问题，直播间氛围是否活跃友好</td><td>直播间氛围好：
主播主动提问或回答观众问题，互动友好积极</td><td>直播间氛围一般：主播与观众互动频次一般，直播间氛围一般</td><td>直播间氛围差：
直播间氛围较差，主播与观众无互动或存在不友善问题</td></tr>
</table>

续表

信息价值	出镜主体	专业度	【判断核心】出镜人以及物品的形象，作为出镜主体是否合适。 a. 主播着装：是否得体（不夸张、不低俗、干净整洁）； b. 主播谈吐：语速和音量是否适中，介绍是否有条理性； c. 主播情绪：是否积极稳定； d. 物品陈列是否整齐，是否存在令人不适的言行或低俗言语等问题	专业度高： 主播表达语速和音量适中，介绍详细有条理，情绪积极稳定		专业度差： 主播表达语速过快或过慢和音量过高或过低，商品介绍缺少条理性，情绪消极或不稳定
	信息含量	专业度	【判断核心】是否可持续进行正向的知识输出，让用户获得增益（如加深对商品的了解、学到知识等）。 a. 商品决策属性的信息含量（如服装的款式 / 面料 / 搭配方式，美妆个护的功效 / 成分 / 使用方式，食品的色香味 / 产地 / 成分等）是否充足，即能否将商品卖点 / 重要信息讲透（如好或不好，好在哪，不好在哪）； b. 相关领域专业性观点含量是否到位； c. 画面和音频信息是否相互配合（如描述细节时画面展示商品细节、描述整体时画面展示整体外观）	专业度高： a. 能多角度介绍商品优势和卖点，分享相关领域的专业知识； b. 画面和音频配合度高	专业度一般： 有商品基本信息介绍	专业度差： 无专业性讲解，仅展示商品外观
	信息含量	可读性	【判断核心】信息是否便于用户理解。 语言表达：展示的案例和介绍的信息是否通俗易懂，在用户理解层面是否具有高门槛	可读性好： 语言通俗，普通观众可以听懂，涉及专业词汇或案例需加以解释		可读性差： 大量使用普通观众无法理解、难以理解或容易造成误解的词汇、语句、案例等
		趣味性	【判断核心】是否为一个合格的直播间。 直播内容是否传递有价值的信息（反例：挂机）	趣味性达标： 符合基本的直播要素（如讲解、互动 / 展示 / 表演等）		趣味性差： 内容形式或互动环节容易让用户厌烦（如挂机）
	信息输出	价值观	【判断核心】内容本身所传达的价值观是否正确。 传达的观点、认知、理解、判断是否存在问题（反例：认可或借用拜金、炫富、小三、出轨等负面话题博人眼球）	符合主流价值观： 内容传递的观点和认知可以被认同理解，不借用非主流情节（拜金、炫富等负面话题）博人眼球		不符合主流价值观： 宣扬奇葩观点言论，或借用非主流情节博人眼球

续表

信息价值	场景化/商品卖点	场景化介绍	【判断核心】商品适用场景信息的丰富程度如何。 a. 适用场景描述：商品适合使用的场景描述方面，丰富度和形象程度如何（如季节、场合、肤质、喜好、使用习惯等）； b. 人货场匹配度："出镜形象、场景/环境、商品"三者是否违和，能否给消费者带来真实感和沉浸感	场景化好： 针对商品适合使用的场景以及适合的人群，有丰富、形象的介绍（如季节、场合、肤质、使用方式、注意事项等）	场景化一般： 简单介绍商品直观功效或作用，无其他重要信息拓展（如保湿面霜仅介绍"功效为保湿"，无适合干皮或油皮等皮肤质的介绍）	场景化差： 缺少商品适合使用的场景介绍或展示（如仅展示商品的外观）

7.5 抖音巨量千川短视频带货场景优质素材规则

平台认定的优质内容标准

判断维度				【优质素材】表现
审核要求	巨量千川审核规则			内容符合《中华人民共和国广告法》《中华人民共和国电子商务法》《抖音社区自律公约》等要求，不涉及相关违规内容场景
内容质量	声画质量	声音质量	清晰流畅度	清晰流畅度好：a. 音质清晰，无杂音 / 爆音 / 卡顿；b. 音量稳定 / 流畅，无时大 / 时小问题；c. 音量正常，无过大 / 过小问题
			可读性	可读性好：视频原声 / 配音使用普通话（如特殊场景必须使用部分方言或其他表述方式，要搭配普通话字幕）
		画面质量	清晰度	清晰度好：a. 画面清晰；b. 无噪点、光斑
			稳定度	稳定性好：a. 画面稳定无抖动；b. 视频流畅不卡顿
			整洁度	整洁度高：画面整洁，出镜的商品或人物主体清晰可见，无贴纸、字幕、马赛克等大面积遮挡（占比不超过 5%），无镜像反字等
			色彩曝光	色彩曝光好：a. 画面明暗亮度正常，光线适中；b. 色彩正常，不添加失真滤镜
			主体形象 / 背景场地	主体形象好：a. 商品陈列有序，商品整体 / 细节信息被较好展示；b. 商品外观得体 / 整洁 / 自然；c. 出镜主播语速音量适中，介绍详细有条理性，情绪积极 / 稳定
				背景场地好：a. 拍摄背景干净整洁，背景、商品可以明确区分；b. 拍摄场景 / 场地与商品搭配和谐，不突兀
	信息价值	视听结合		声画同步好：a. 声音和画面可以对得上，不存在声音画面错位问题；b. 画面 / 音频配合度高（如介绍容量展示容量、介绍外观展示外观）
		信息含量	专业度	专业度高：多角度介绍商品优势和卖点，分享相关领域的专业知识
			理解性	容易理解：语言通俗，普通用户可以听懂，涉及专业词汇或案例需加以解释

续表

内容质量	信息价值	信息含量	脚本策划	脚本策划好：a. 内容主题鲜明或垂直度高（如春季穿搭新势力、XXX家乡美食、夏日甜品烘焙等）；b. 介绍完整丰富（口播介绍 / 画面展示均可），通过横纵评测、知识科普、技能教学等全方位呈现商品
		信息输出	趣味性	趣味性达标：满足短视频构成要素（如有镜头 / 景别变化、叙事逻辑清晰），避免图片轮播、生硬拼接、画面单一、带货与剧情结合生硬、内容不完整、低成本制作等
		场景化介绍		场景化好：a. 商品使用场景及适用人群介绍丰富（如季节、场合、肤质、喜好、使用习惯等）；b. 人货场匹配度：出镜形象、场景 / 环境、商品三者和谐无违和感，给消费者以真实感 / 沉浸感
		价值观		符合主流价值观：内容传递的观点和认知可以被认同理解，符合平台价值观导向，不借用非主流情节（如拜金、卖惨、炫富等）博人眼球
互动表现	播放类			3 秒完播率、5 秒完播率、整体完播率、播放时长等指标较好
	互动类			点击率（CTR）、点赞率、评论率、转发率等互动指标较好

第8招

开播引流技巧——付费流量

8.1 付费流量的定义和特点

付费流量的定义

抖音直播间的付费流量是指通过付费方式获得的流量，包括通过抖音平台的广告系统投放的广告进行视频或直播间推广等方式。这些付费流量可以帮助直播间快速增加曝光和观众数量，从而提高直播间的人气和销售额。

抖音平台的付费广告主要有两种：**品牌广告和竞价广告**（也称效果广告）。前者以品牌曝光为主（如开屏广告），后者以转化效果为主（如信息流广告）。大多数中小商家和品牌投放的广告都是效果广告，因为它不仅可以快速且精准地推广“视频 / 直播 / 图文 / 商城”，还能直观地了解每一笔付费广告的效果。

付费流量的特点

精准定位：付费流量通常可以更精准地定位目标用户群体，提高广告投放的效果。

提升权重：付费流量可以为直播间带来种子流量，通过提升用户互动、关注、下单转化等行为数据，提高直播间在平台算法中的权重，从而获得更多的免费流量。

扩大自然流量：付费流量可以撬动自然流量，即在付费流量的基础上，吸引更多的自然用户进入直播间，形成良性循环。

数据反馈：付费流量的数据表现会直接影响平台的推流策略。如果付费流量带来的用户在直播间表现良好（如高留存时长、高转化率），平台会进一步增加对该直播间的流量推送。

成本控制：付费流量虽然可以快速增加直播间流量，但也需要合理控制成本，避免过度依赖付费流量而忽视对自然流量的培养。

8.2 付费投放广告的6个底层逻辑

抖音的付费投放有其底层逻辑，随着抖音付费投放工具的不断迭代和进化，如今付费投放的门槛已经大大降低，易于上手。在深入了解付费投放工具的具体介绍和使用方法之前，我们先来探讨一下有关付费流量的一些底层逻辑。底层逻辑是“道”，具体的执行操作是“术”，“术”层面的内容可以在很短的时间内习得，但是“道”层面的知识则需要时间和金钱的投入，以及亲身经历才能真正理解。

我们以巨量千川投放的底层逻辑为例，分享在投入了上亿元广告费后领悟到的重要逻辑。

底层逻辑一：影响付费投放效果的三要素

影响付费投放效果的三要素：**ECPM、内容互动指标、投放GPM**，这也是付费流量的底层逻辑。在诸多不确定的事情当中，唯一确定的是，关注这三类指标做好投放，就能实现生意的快速增长和持续放大。

1.ECPM=转化出价 × 预估点击率 × 预估转化率 × 1000。这个数值可以预估你的广告竞争力是否足够强，是否可以迅速跑量。这个指标的本质是在竞争内容质量，除了出价，更重要的是广告每1000次曝光后，**用户的点击率和转化率是否具有竞争优势**。因此，仅靠出高价抢量，是无法转化流量的。

以电商为例，你投“成交”，则考核购物车点击和成交；投“涨粉”，则考核涨粉转化。因此，应通过加强内容、商品优势、直播节奏和视频质量，来提升用户的点击与转化。整个公式是一个动态平衡，如果不想抬高出价，还想获得更强的跑量能力，建议大家做好内容和转化。

许多账号即使有资金也难以实现有效投放，主要问题是素材质量差或历史转化率不理想。抖音平台似乎认为，如果账号自身能力不行，投入更多的资金只会导致更大的亏损，这种持续的亏损对任何运营者来说都是难以承受的。

2. 内容互动指标，主要关注的是直播间停留时长及关注、短视频完播和点赞等数据。这些指标直接影响抖音的推荐算法，视频的内容质量越高，上热门的潜力越大，投放的效果也会越好。因此，优化内容是提升投放效果的基础。

3. 投放 GPM：指千次购物车曝光 PV 产生的平均 GMV，用来衡量直播间卖货能力。同样的流量在不同的直播间产生的转化率不同，类似于老师可能更愿意给成绩好的学生额外的关注，因为这样的投入更有可能带来积极的结果。

有人可能会问，为什么除提升广告 ECPM 指标外，还要关注内容互动指标和投放 GPM？因为优化后面两个指标可以有效提升投放竞争力，既能降低广告成本，又能促进自然经营，实现双赢。

这三个因素相互补充、共同作用，抖音平台为表现优秀的账号提供了丰厚的奖励——那些运作得当的账号能够以更低的成本获得更多的流量。

底层逻辑二：付费投放不会压制自然流量

“付费投放会压制自然流量”这一观点，可能是近几年有关抖音投放最大的误解。正因如此，许多直播间宁愿长期忍受流量匮乏的煎熬，也不愿意接受“未来有可能不花钱就没流量”的现实。

有些直播间在开始付费投放后，发现自然流量逐渐减少，同时长期以来的费比（广告成本与销售额的比率）也居高不下。然而，这些只是现象，存在先后关系，而非因果关系。要解释这一现象，我们需要回到流量分发的本质——赛马机制和流量转化。

直播间缺少自然流量的唯一可能是自然流量的转化效果不佳，导致系统减少了对该直播间的自然流量推送。为什么转化不了？问题不在于付费投放本身，而是因为付费投放直播间的流程、话术和产品天生是为付费转化设计的，从而忽略了自然流量的转化。

不考虑达人直播间，大部分的付费投放直播间由以下要素构成：

品牌复读机主播（人）+ 高毛利单品（货）+ 绿幕店播场景（场）+ 产品投放视频（内容）+ 直播间单品循环（流程）。

这样的直播间大概率只能转化看了产品宣传视频感兴趣的精准用户，转化不了自然流量的用户，因为自然流量相较付费流量来说更宽泛，对“人货场”的包容度更低。能转化自然流量的直播间由以下要素构成：

能燃烧自己的主播（人）+ 低客单泛爆品（货）+ 精心设计的原生场景（场）+ 精心策划的直播间内容（内容）+ 多 SKU 过款（流程）。

在选择付费投放时，大部分人都习惯性选择了付费直播间的所有要素，由此推导出“付费投放压制自然流量”这种错误的结论。

	千川单品直播间	多品自然流量直播间
主播	独立脚本话术，门槛低，复制容易	多产品多脚本串联，需要一定的控场能力
流量	千川 + 短视频爆品引流，流量精准	多渠道流量，且比较广泛
场景	高清摄像头 + 绿幕场景（店播场景）	手机摄像头 + 达人送礼场景（原生场景）
内容	爆品产品循环播放（直播间 + 短视频）	“一环一扣”内容
产品	单一爆品循环憋单，把一个产品卖给1000人	多SKU连单，把1000个产品卖给一个人

底层逻辑三：付费投放是“人货场”的试金石

付费投放不仅能帮助账号带来精准流量，还能检验“人货场”的优劣。如果直播间转化不了自然流量我们可能会认为“因为人群不准”。但如果付费流量也转化不了，那就不是抖音平台的问题了，而是直播间自身的问题。然而，有这个认知的人却寥寥无几，抖音平台最不缺的就是流量，且流量入口极多，内容场、货架场和营销场，每个场景下的流量都充足，总有一款适合你。谁能转化流量，谁就能进一步获得流量。

归根结底，转化才是解决流量问题的关键。

高效转化需要两个条件：人群精准和“人货场”承接。当两个变量同时存在的时候，我们就难以找到问题的根源，但是抖音平台的投放工具可以让流量的不确定性消失。以巨量千川为例，如今有类似“全域推广”这种投放产品，你只要填上你的投放预算和预期ROI，其余的都可以直接交给系统来操作，既简单又省事，获得的流量也非常精准，如果这样都不能转化，那大概率就是“人货场”没有承接能力了。

记住，巨量千川投放是优质“人货场”的放大器，只有你本身足够优秀，它才能锦上添花。

底层逻辑四：付费投放可以撬动自然流量

我们刚才分析过，付费投放是“人货场”的试金石，是优质“人货场”的放大器，同时，它还是自然流量的杠杆，可以撬动自然流量的滚雪球效应。这里的“杠杆”指的是用小力撬动大力，与自然流量协同合作，共同壮大。

其背后的原理是，我们承认直播间的停留、互动和转化数据对整体流速有影响。当我们投入付费流量时，自然流量也会进入直播间，付费流量带来的精准用户会引发更多数据正反馈，使直播间的付费和自然流速同比增加。同时，付费用户的行为也会影响自然流量用户的停留和决策。然后，我们优化付费流量和自然流量的转化。最后，两个通道的兴趣数据和成交数据都实现正反馈，流量进一步获得推送（二次推送和多次推送）。

很多人无法实现这一过程，是因为没抓住自然流量初始配送和流速增加的机会，只转化了付费流量，或者两者都没转化好，导致资金无法有效利用。

想要撬动自然流量并非易事，需要持续优化话术、选品和流程，否则只会有一波流量，且流量会越来越少。下图是某场直播的流量数据图，用数字标出的是关键动作节点。通过图片内容，我们可以明显看到这个直播间的流量被付费投放拉起来以后，自然流量获得了一波又一波的推送。

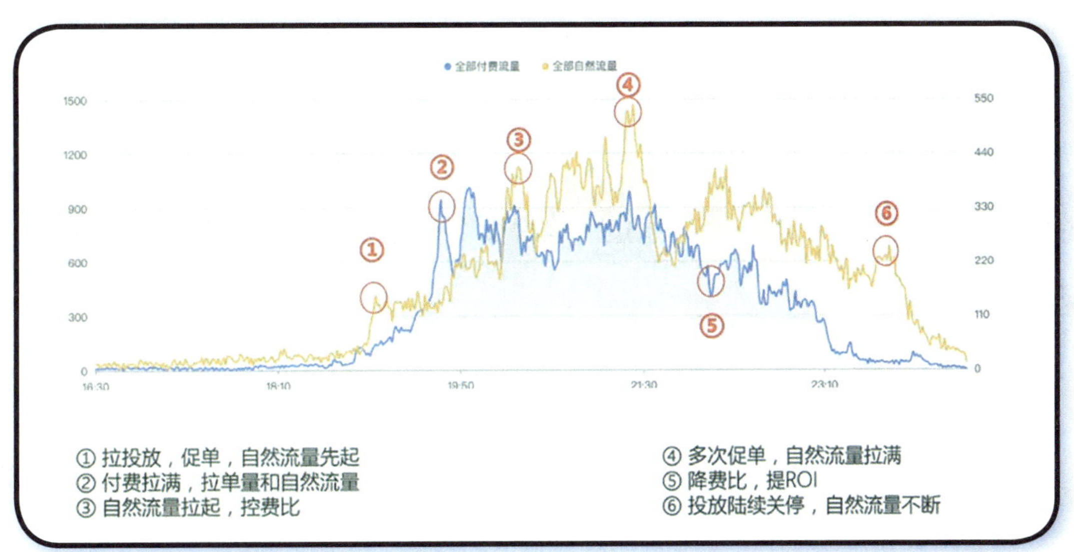

底层逻辑五：关注过程指标，才能获得结果指标

要想在抖音直播间取得成果，关键在于对“过程”的重视。结果指标如 ROI 和 GMV 是每个商家都追求的目标，但过度关注这些结果可能会导致忽视重要细节，从而错失长期回报。因此，我们得出以下结论：

1. 过于追求即时 ROI，会忽略过程指标带来的长期回报，导致运营策略偏差。
2. 过于追求即时 ROI，会使系统人群标签过窄，无法获取大流量。
3. 投放时应关注整体 ROI，而非仅限于付费 ROI。

总之，我们要理解系统推流的本质，聪明的做法是持续刺激抖音分发机制，**基于转化数据来持续放大并校准流量池。**

底层逻辑六：新手投放切忌通投拉满

许多抖音直播新手可能对“通投拉满”这个词不太熟悉，但它在过去几年非常流行，它的字面意思是不设置任何人群定向，并且将投放预算最大化。

通投拉满实际上是一个人群定向问题，其核心逻辑是将推送人群机制交给系统，让系统帮你寻找目标用户。这种方式通常适用于权重很高的账号和直播间，他们拥有非常精准的人群模型和强大的内容承接能力。然而，对于新账号来说，通投拉满可能并不合适，除非你愿意承担一定的风险。关于这个问题，我们要理解三点：

1. 人群定向应适度，避免过宽或过窄，遵循由窄到宽，由精准到逐渐放宽的原则。

2. 对于新手直播间，应先选择专业投放量来打开流量口子，并测试出转化成本，再选择控成本投放，以最低的成本实现收益。

3. 如果“人货场”已经没有太多迭代空间，可以尝试通投拉满，测试直播间流量承接的极限。

以上原则适用于“电商 / 本地 / 线索获客”行业。总之，提升内容质量和商品 / 服务竞争力，可以提高广告的“点击和转化”率。通过掌握售卖节奏，可以提升转化效率。最后，投放技巧的运用也是关键。

8.3 抖音平台付费投放工具解析

巨量引擎

巨量引擎是由字节跳动公司推出的一个面向广告主的营销平台。它依托字节跳动旗下的多个产品，包括今日头条、抖音、西瓜视频、懂车帝等多个知名应用，为广告主提供“一站式”的广告投放和营销服务。

巨量千川

巨量千川是字节跳动旗下的一款电商广告平台，也是全域兴趣电商的一体化智能营销平台，它专为电商行业打造营销解决方案。千川平台整合了字节跳动旗下多个应用（如今日头条、抖音、西瓜视频等）的流量资源，旨在帮助商家在字节跳动的生态系统中实现商品推广和销售转化。以下是巨量千川的全景图：

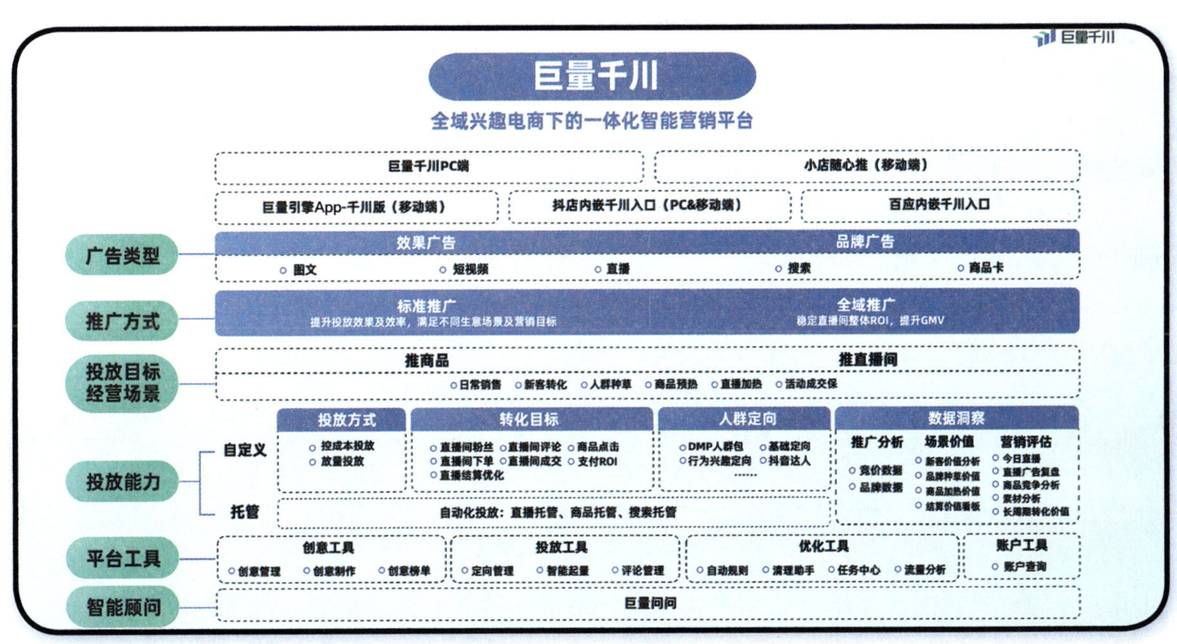

巨量本地推

巨量本地推是字节跳动旗下的一款针对本地商家和服务的广告推广平台，目标是帮助本地商家在竞争激烈的市场中提升知名度，吸引周边潜在顾客，从而促进线下门店的客流和销售。通过字节跳动旗下应用的广泛覆盖，巨量本地推能够帮助商家有效地触达目标消费者，实现本地生意的增长。

常用投放工具

1. 小店随心推

小店随心推（简称随心推），是一种旨在方便电商用户在抖音端操作的推广工具，尤其适合新手 / 中小商家 / 电商达人使用，当直播间、短视频场景挂载“小黄车”时，即可投放随心推。

- **核心优势：** 手机端也可查看观看、互动、停留、转化、ROI 等效果数据。**100 元起投**，门槛低，试错成本低，无须充值，随用随投。手机端操作极简，只需简单几步即可完成操作。
- **投放门槛：** 实名认证即可投放。若选择企业身份投放，则需要营业执照、对公验证。

身份	对应的抖音用户类型	开户资质要求	上传要求
商家	认证为抖音官方账号的达人	用户资质：复用店铺主体资质； 对公验证：复用店铺对公验证； 投放、行业资质：复用店铺商品资质	默认拉取店铺的主体资质和对公验证结果，无须二次上传
电商达人	开通了电商橱窗权限的达人	开户资质：复用商品橱窗主体资质； 对公验证：a. 主体资质企业，复用商品橱窗对公验证；b. 主体资质为个人，无要求； 投放、行业资质，无要求	默认拉取开通电商橱窗的主体资质和对公验证结果，无须二次上传
普通达人	未开通电商橱窗权限的达人	开户资质：抖音实名认证 + 身份证正反面；投放、行业资质：无要求	需完成抖音实名认证 + 上传身份证正反面

- **投放入口**

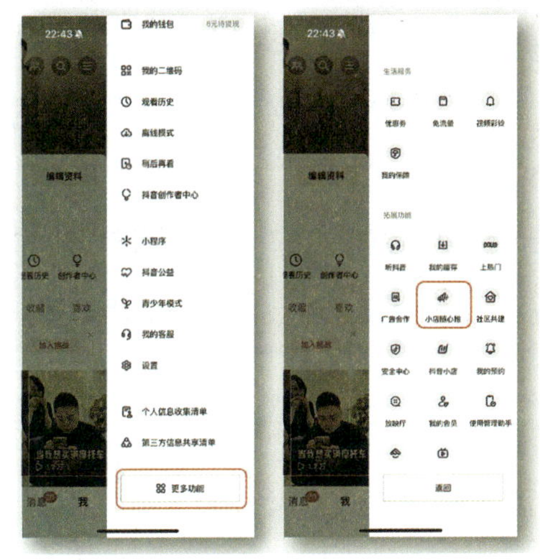

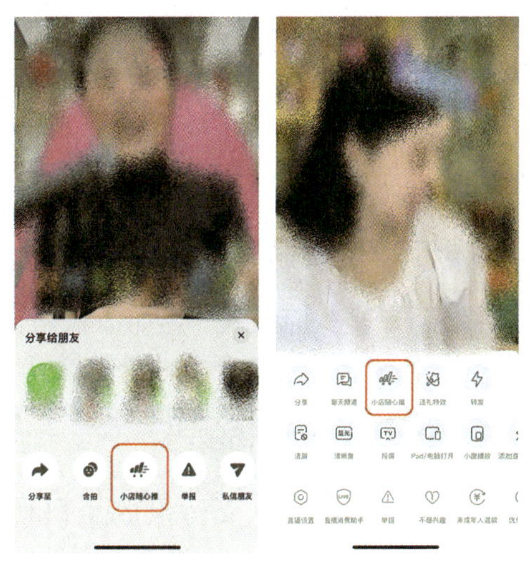

▲ 抖音—我—右上角三条线—更多功能—小店随心推

▲ 选择挂车视频 / 带货直播间—右下角分享按钮

- **核心功能：**基于“投放目标、投放人群、预算、投放方式”等设置，提升推广效果。

- **套餐包投放：**新手投放可以选择小店随心推的“套餐包”，直接选择 ROI 提升和直播成交两个目标，省时省力，非常方便。官方数据表明，套餐包可以有效延长投放周期，同时让投放更稳定。使用套餐包的用户在 ROI 提升方面表现显著，实现 ROI 提升的客户比例较高。

2. 巨量千川 PC 端

巨量千川 PC 端（简称千川），是巨量引擎旗下针对电商用户带货推广的工具。操作入口为电脑端，小店随心推则是千川的移动版。相比移动版，电脑端在功能上更专业、更多元、更精细。

- **核心优势：**除小店随心推的功能外，千川功能更全面，包括数据分析、广告管理、人群筛选、投放场景、智能创意等方面，能帮助商家实现更精细化的精准营销。

- **入驻门槛 & 资质：** **300元起投**，且需要提前充值，个人和企业均可以使用。投放时若内容涉及商标、明星肖像的则需补充授权资质，不涉及则不用补充。登录入口除巨量千川官网平台外，抖店、巨量百应均可登录。

- **品牌广告：** 中小商家以竞价广告为主，品牌广告通常以品宣为目的，是以保量投放的方式拿稳定的流量，下单多少流量就一定可以获得多少流量，通常是预算充足的品牌商家使用较多。

3. 巨量千川——商品卡

商品卡推广，是首款支持投放至抖音商城的产品，旨在帮助商家打通人找货的场景，以实现更广泛的市场覆盖和更高的转化率。

- **商品卡样式 & 流量渠道：** 商品卡是一种在货架场景中展现商品信息的卡片形式。商家发布商品后，商品卡即可获得直接曝光，还有机会获得抖音商城猜你喜欢（商城推荐）、抖音搜索结果页等黄金流量位，触达有较高购买潜力的人群。

- **投放建议：** 优先选择能够进入"猜你喜欢"推荐池的商品（投放时会有标签提醒），或通过商品榜单及蓝海商机挑选具有潜力的新品进行推广。

4. 巨量千川——搜索推广

搜索推广是基于巨量千川平台，为商家和达人提供搜索场景下的营销推广，通过获取更精准的搜索流量，提升营销效率。

- **搜索优势：** 用户基于自身需求搜索关键词，对商家来说，搜索流量更精准，且ROI高、长周期转化价值突出。

- **投放建议**
  - ◎ **一致性：** 关键词与直播间商品、标签一致、与短视频文案一致。
  - ◎ **关键词数量：** 500+，含"产品词、品类词、品牌词、竞品词、行业词、功效词……"
  - ◎ **找词工具：** 千川以词推词、巨量广告平台词包推词等。
  - ◎ **计划设置：** 搜索计划建议3～5条，出价高于通投5%～20%，人群定向不限。

- **找词策略**
  - ◎ **流量预测：** 巨量广告平台—工具—排查流量归因或提前做营销节点规划。
  - ◎ **热搜词：** 行业TOP500检索量高的热词、词根。
  - ◎ **高跑量词：** 重点关注7天跑量正排序的词。
  - ◎ **飙升词：** 近期搜索需求量呈上升趋势的关键词，通常反映了当前市场的热点和用户兴趣的变化。

◎ **最近热点词：**在特定时期内引起广泛关注和讨论的词汇或短语。

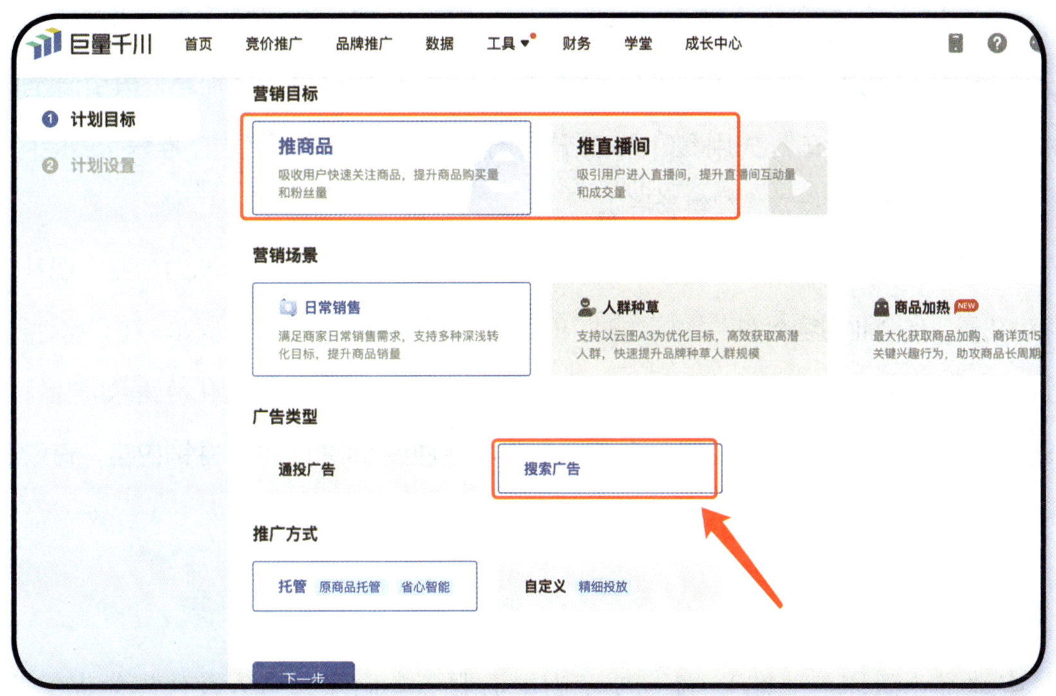

▲ 千川搜索：直播 & 视频

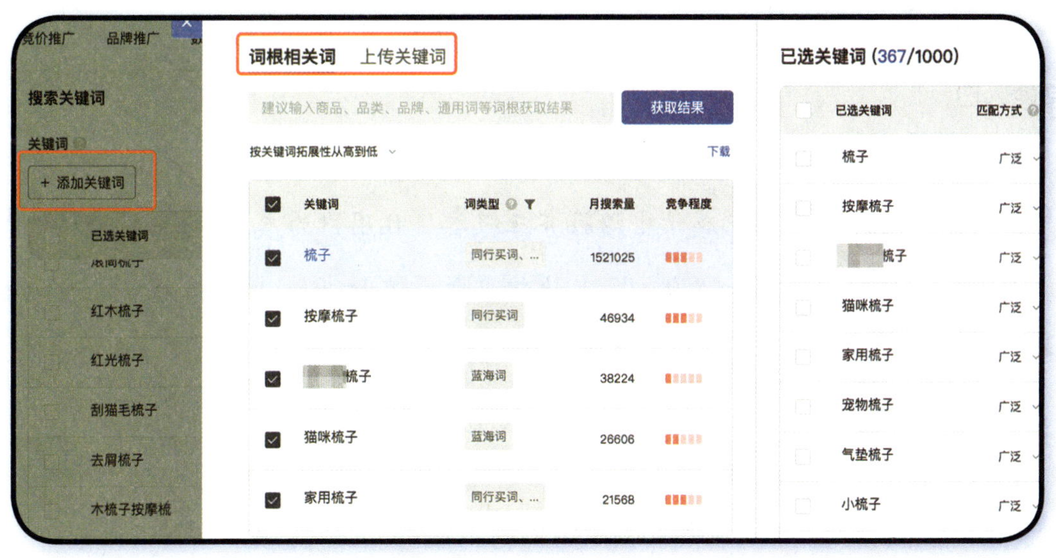

▲ 找词方式

● **展示渠道：**在抖音搜索结果页下，综合 tab、视频 tab、商品 tab、直播 tab 下均支持投放，有广告位。另外，在商城搜索结果中也包含广告位，以及在头条等产品结果页下也有广告位。

5.DOU+

DOU+ 是抖音平台的一款内容加热与营销推广工具。其核心优势是投放门槛较低，用户无须资质，大部分行业都可以投放，且 100 元起投，试错成本相对较低。

● **电商场景**

对电商商家而言，在直播或短视频不挂购物车的场景中，内容以非立刻带货为目的，则可以用DOU+先加热内容（比如，先通过DOU+投放“不挂车”的视频做内容种草，再引流至直播间拔草；或者在直播初期“不挂车”，先用DOU+提升人气，待人气上来后再及时“挂车”做转化，“挂车”后即可投放小店随心推；以上方式仅供参考）。

对有营销诉求的企业客户而言，DOU+不仅提供基础的推广服务，还能助力企业实现升级转型。升级的优势在于，当企业内容含有营销属性时，即可获得营销推广的资格。例如，在“房地产、汽车、装修”等这种以获取客户线索为核心目标的行业中，DOU+提供更深入的转化链路，如抖音私信留资、落地页留资、电话咨询留资等定制化营销功能，帮助企业通过DOU+推广营销内容，有效获取潜在客户线索。

6. 巨量本地推

巨量本地推（简称本地推），是一项专为生活服务类商家、达人及代理商提供便捷的广告投放服务。通过推广短视频或直播间，实现门店获客、团购成单、抖音号涨粉等营销目的，有效解决了本地商家线上引流难、投放不专业、操作不便捷等问题。

● **开通要求：**本地商家、团购达人/普通达人均可使用。只要符合以下任一场景，都将展示本地推抖音端入口。

①在短视频或直播间挂本地专属锚点；

②短视频挂的POI锚点属于生活服务三级类目且用户为本地身份；

③在抖音搜索以下任一关键词：本地推、巨量本地推、本地推入口、本地推开户、本地推下单、抖音本地推、本地推投放、本地推广，即可点击进入抖音端巨量本地推。

● **投放入口：**抖音来客App、抖音来客电脑端、抖音个人中心、直播或视频页。

8.4 在账号冷启动期间通过投放起号的 5 个技巧

技巧一：先优化人货场，再进行付费投放

我们在之前的章节中多次强调，投放是锦上添花，而非雪中送炭。因此，付费投放只能帮助优质的直播间快速被用户发现，快速扩大流量和增加业绩。想要获得更好的投放效果，以及通过付费投放来实现冷启动，首先要做的是**优化自己的“人货场”**。

如何评估“人货场”的优质程度且是否符合付费投放的标准？以下是一些参考指标：

1. 让自然流量先行测试。自然流量是抖音上的免费流量，虽然很多人认为自然流量规模有限且不够精准，但实际上，如果你的直播间画面远超同行，是可以实现首播就通过自然流量起号的。当然，很多读者不具备这个能力，但是我们可以把自然流量的转化数据作为检验直播间内容质量的试金石。这个转化数据既包括热度数据，也包括转化数据。通常，能充分利用自然流量的，付费投放效果也不会差。若自然流量转化不了，付费 ROI 也不会太高。

2. 付费数据不佳时，及时止损。很多人在付费投放时误以为人群标签是需要慢慢探索的，账号也是需要慢慢养成的。虽然账号积累非一日之功，但付费投放的结果反馈非常及时。若直播间停留和转化不佳，即便人群精准也无法转化。此时应停止投放，立刻调整“人货场”和话术，而非盲目探索。做抖音直播，如果不做任何优化就期待结果发生变化，无异于天方夜谭。

技巧二：新号投放先建立人群标签

在账号冷启动阶段，投放的首要目标就是**给账号打上人群标签**。账号人群标签是指系统会根据你账号的粉丝画像、短视频和直播间的内容风格、购买产品用户的画像等信息，为账号打上相应的标签。例如，若你是一个“给 30 岁以上宝妈推荐儿童教育读物的专家”，系统会将你的标签与其他具备此需求标签的用户进行匹配，也就是帮你找到对你的内容和产品感兴趣的潜在人群。

随着账号运营的深入，账号标签会越来越牢固，系统也会更清楚我们会吸引什么样的用户，进而更精准地推送目标用户。

然而，在账号运营初期，由于缺乏内容、粉丝和账号的成交数据，系统很难判断出我们的账号会吸引哪些用户，只能从一些表面内容读取我们的基础信息。因此，我们需要通过在付费工具里圈选精准人群的方式来让系统尽快帮我们找到想要的用户，并且通过成交来巩固人群标签。

在建立账号的人群标签时，可以使用小店随心推或者巨量千川：

1. 使用小店随心推投放“达人相似粉丝”。此功能在【小店随心推】→【投放人群】→【达人相似粉丝】→【更多】→【选择达人】里可以看到。此时，我们只要把已经积累了账号标签的账号名称添加到投放列表里，就可以批量投放给这些账号的用户了。有很多同行做得比我们早，运营得比我们好，如果我们认为他的粉丝就是我们的目标用户，就可以用这种方法将自己的直播间曝光给这些人群，快速实现自己账号的冷启动。使用小店随心推投放达人相似粉丝是建立账号标签最快捷的方式。

2. 用巨量千川投放“达人相似粉丝”或圈选精准用户。除手机端的小店随心推有投放达人相似粉丝的功能外，巨量千川 PC 版本也有这样的功能。我们可以在起号初期，通过巨量千川更细分的人群画像圈选来找到自己产品的目标用户。

技巧三：有成交量以后可以切全域推广

巨量千川的“全域推广”，特别适合那些已经明确目标人群的商家，在抖音直播整体 ROI 达成的基础上，进一步探索更多提升直播间成交额的投放方式。这种工具不仅智能，而且操作便捷。

建议大家使用全域推广，主要原因是机器投放的效果往往优于人工。人工投放和盯盘靠的是专业能力，需要了解直播运营知识和付费投放实操，同时需要极大的耐心和责任心。因为直播间是实时动态的，“人货场”的转化率和流量之间相互关联，相互影响。所以一个有经验的投手需要根据直播间的转化和流量情况实时干预投放出价和消耗。例如，在流量好、转化率高的时候要调高预算，以争取获得更多流量；在流量差、转化率低的时候要调低预算，以免浪费。

而全域推广可以自动完成这些工作。它可以根据直播间的流量和转化情况实时调整投放消耗，确保商家的 ROI 稳定。同时，系统还可以根据流量分布以及流量变化实时预测和规划全部流量，形成流量间的互补。简单来说，全域推广就像一辆自动驾驶的汽车，能够全自动观测、调节，智能判断何时提速。使用此工具，可以比人工操作更快、更有效地达成目标。

下面用一张图展示全域推广在探索流量和人群成交上的优势：

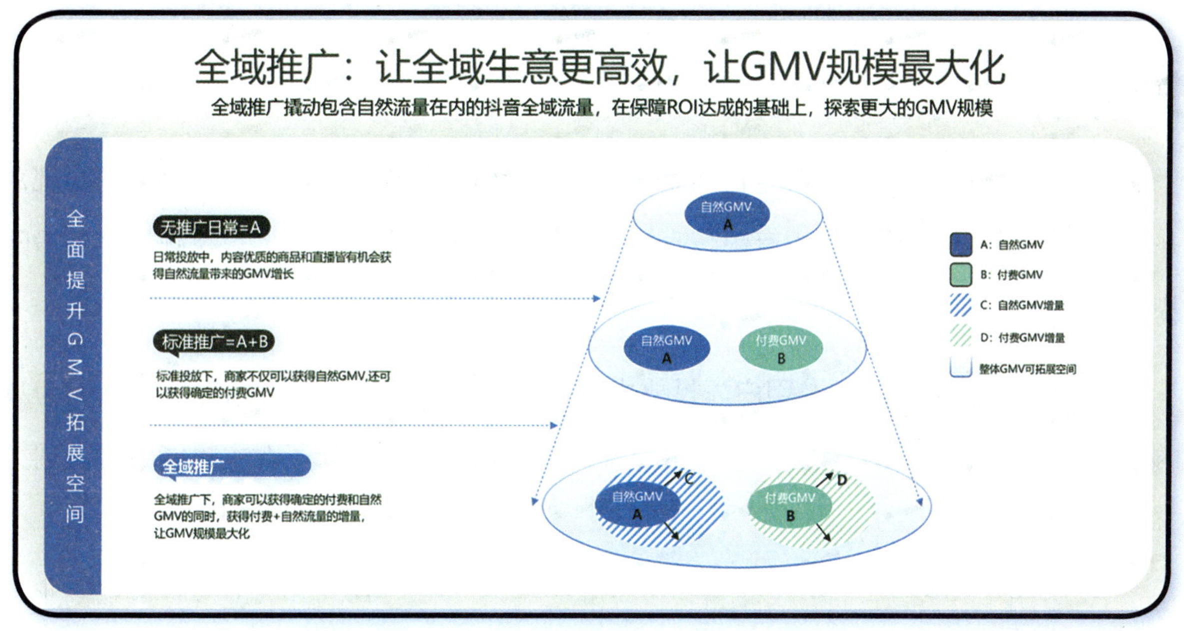

技巧四：场景好 X 直投直播间

抖音的直投直播间是一种高效的广告推广方式，它允许商家将直播间的内容直接展示到抖音的信息流中，让用户在浏览视频时即可看到直播间的实时内容，并通过点击直接进入直播间。这种投放方式适合产品丰富、主播讲解能力强的直播间，可以快速提升直播间的曝光度和观众数量。

关于直投直播间的效果是否优于短视频投放，并没有确切的答案。很多超级头部主播和达人的直播间都是通过直投的方式快速起量的。直投直播间的优势包括：

- **实时性：** 直投直播间展示的是直播间的实时内容，用户看到的是正在发生的直播。
- **高效引流：** 通过信息流直接引流，用户无须离开推荐页即可进入直播间，提高了观看的便利性。
- **无须额外素材：** 与短视频引流不同，直投直播间无须额外制作视频素材，节省了制作成本。

直投直播间的优势在于能够为直播间快速带来流量，尤其适合具有较强直播内容生产能力和互动能力的主播。通过精准的人群定向功能，直投直播间可以帮助主播触达潜在的目标观众，提高转化率。同时，直投直播间的投放效果可以通过数据分析工具进行跟踪和优化，以便广告主根据实时数据调整投放策略。

在进行直投直播间的投放时，主播和运营团队需要**精心策划直播内容，优化直播间的互动环节和话术**，确保直播间能够吸引用户并促成交易。同时，也要注意直播间的视觉效果和商品展示，以提高用户的购买意愿。

技巧五：内容好 X 投放短视频

通过投放短视频导流至抖音直播间是一种有效的营销策略，它可以增加直播间的观众数量并提高互动率。对于主播能力有限、直播场景一般的团队来说，投放短视频导流直播间的优势也很明显。

- **通过视频提前筛选精准用户**。投放中的短视频已经提前筛选过精准用户，因为只有对内容和产品感兴趣的用户才会点击进入直播间，所以进一步降低了对主播能力和表现力的要求。
- **投放效果更稳定**。一条好的爆量素材可以持续地给直播间带来精准流量，也非常有助于付费消耗。因此，在素材完全衰退之前，投放短视频可以带来比较好的成交效果。相较于直投直播间，排除了主播状态和直播间画面的不稳定性，因此一般通过短视频导流至直播间的效果更好。

如果你的直播间主播和场景更强，用直投直播间的方式起号会更快。但如果你的直播间主播能力一般，可以把时间和精力花在拍摄大量短视频上，测试出爆款素材来提升账号冷启动的速度。

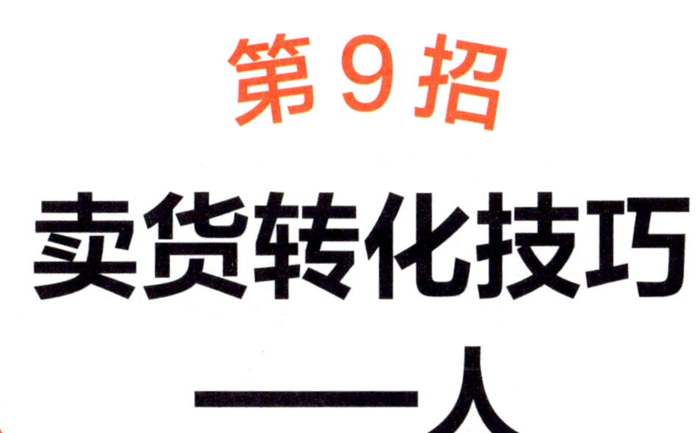

第9招

卖货转化技巧——人

9.1
抖音直播间流量转化三要素之一：人（主播）

直播间的“人货场”，是直播电商领域的一个核心概念，它代表了直播间的三个基本要素。

- **人：**指的是主播和团队。主播是直播间的灵魂，他们通过个人魅力、专业知识和销售技巧来吸引和留住观众，将其转化成买家。团队则包括助播、运营、场控等，他们共同确保直播的顺利进行。
- **货：**指的是直播间销售的产品。产品需要有吸引力，满足观众的需求，可以是性价比高、具有差异化或者有知名度的商品。好的产品能够增加观众的购买欲望，提高转化率。
- **场：**指的是直播的环境和场景。包括直播间的布置、氛围、视觉效果等，这些都是影响观众停留时长和购买决策的因素。一个舒适、专业、有吸引力的直播环境能够提升观众的观看体验，增加他们在直播间的停留时长。

“人货场”三者的结合，共同构成了直播间的核心竞争力。一个成功的直播间，需要主播和团队的专业运作、优质的产品供应以及良好的直播环境，这三者相辅相成、缺一不可。

用户的加粉、互动、停留乃至下单行为，都是由主播引导的，由此可见主播在直播间起到至关重要的作用。

主播的能力存在显著差异，优秀的主播和普通的主播在直播间的表现力和转化结果上有天壤之别。因此，我们需要了解如何判断一个人是否具备成为优秀主播的潜力，并通过学习掌握做好主播的相关知识，帮助自己与他人更好地实现直播转化。

9.2 有关抖音主播的4个真相

在学习掌握具体的主播能力之前，我们先来揭示抖音主播行业的一些真相。

1. 优秀主播的职责不仅是传递信息，更重要的是传递能量。

在电商领域，直播无疑是转化率最高的营销方式，其效果远超于短视频带货和传统的静态页成交。这主要是因为高转化率的直播间都有吸引人的丰富内容，而这些内容需要通过主播来呈现和传达。

许多人渴望成为高薪主播，同时有人则急于寻找优秀主播。但现实是，市面上大部分主播并未接受过任何专业的培训，而是自学成才。这导致主播的能力和薪资水平有巨大差异。

有的主播只能获得几千元的底薪，甚至无法获得提成。而有的主播则年入千万元，个人占据了团队利润的80%以上，团队也只能围绕他工作。造成这种差距的根本原因在于——

有些主播是"印钞机"，有些则像复读机。前者以生命之力换取财富，后者仅获得时薪。那么，主播的能力是否可以培养？高转化的主播为什么如此稀缺？**核心还是因为主播在直播间传递的不仅仅是信息，更是能量**。冰冷的详情页和循环播放的短视频远不如一个活生生的人所携带的能量强大。这种能量是历史经验、学习能力、性格特点、当前情绪状态等多种因素的综合体现。归根结底，主播的能力可以培养，但传递能量的能力并非朝夕可成。

有些人天生就具备高能量和影响力，而大部分人则成为被影响者。优秀的主播往往是70%的天赋加上30%的后天努力。他们天生携带高能量基因，拥有不断进取和学习的能力。

这就直接筛选掉了90%以上的人。对于之前的问题，答案是——**万里挑一的主播是通过筛选而非培养出来的**。

判断一个人是否具备成为天赋型主播的潜力，只需观察其日常生活中是否能影响他人。优秀的主播往往具备超常的自信和决断力，以及一定的独断性。说服人心的关键在于能否以笃定的语气传达自己的想法。至于直播话术、运营流程和直播节奏的练习，虽然重要，但相对次要。

然而，市面上几乎所有的主播培训课程都专注于这些细节，鲜有老师会指出成为顶尖主播需要具备哪些能力。

我认识一对在抖音直播的夫妻，丈夫负责运营，妻子担任主播，他们在2022年通过抖音的自然流量赚取了一笔可观的收入，现在他们正在一个小县城过着平静的生活。这一切都得益于妻子在直播间出色的表现力和无与伦比的卖货气场。她在直播间里控场能力强，在日常生活中也是如此。她的“独断专行”让丈夫和粉丝都对她“言听计从”，这帮助她成功转化了很多从未在抖音下单的新用户。平台算法也毫不吝啬地用大量的流量灌溉了他们，以此奖励他们帮助平台攻克了难题。

2. 稳定的主播可以对抗不稳定的流量。

在直播电商行业里，有一个快速获取他人直播间转化率、ROI和人群的方法，就是给别人的直播间投小店随心推。这样，我们就可以获取到顶级主播直播间的数据。观察这些数据，我们会发现一个现象：优秀的主播直播的时候，直播间的停留时长、转化率和ROI都远超其他直播间，而且数据非常稳定，与其他主播形成了鲜明对比。优秀的主播可以直接把一个个位数在线的直播间提升为几千人甚至上万人的高在线量。因此，不稳定的从来都不是流量，而是主播的表现力。主播表现稳定，转化率和ROI自然稳定。

这一现象进一步验证了一个观点：不存在无效的流量，只有不匹配的人、货、场关系。没有不精准的人群，只有与产品不匹配且表现平庸的主播。

3. 长期绑定一位如摇钱树般的主播是不切实际的。

追求并试图长期绑定一位如摇钱树般的主播，实际上并不现实。很多老板担心一旦账号壮大，主播可能会选择离开。

首先，我们都应该明白，这是人性驱动和利益导向下的普遍结果。其次，在现行的法律体系下，公司很难追讨合同中约定的违约金。因此，如果这是必然结果，就不要再费尽心思想着如何防范了，而是要把自己该做的事情做好，该给的待遇给足，打开格局成就主播。同时不断招募和筛选新人才，并提供更好的服务。

人员流动是常态，总会有新的人才填补空缺，为公司创造价值，这种变动本身就是一种稳定。如果你不想总是为人员的离职而感到焦虑和伤心，唯一的方法就是做一个不依赖特定主播的直播间。

那么什么样的直播间能够不依赖主播呢？答案是有一整套完善自运营流量系统的直播间，即有高转化的普适性爆品，有持续导流直播间的付费投放的短视频，有精细化运营无限循环的直播节奏，以及依靠内容和资金驱动的稳定直播流量。好产品和精细化的运营能力实现了转化，使任何主播上台都能保持成交效果。

因此，要么深谙主播心理，引导他们创造佳绩，要么精通用户心理，亲自操盘以实现目标。

4. 达人型主播和店播主播本质上是两种不同的存在。

达人型主播拥有鲜明的人设和出色的表现力，他们能在直播间有效提升运营数据。而店播主播通常是被品牌和商家招募到直播间里赚取时薪的主播。有不少人从店播主播入行，最后经过自己的学习和努力成长为达人型主播，我们在招募和培训主播的时候要非常清晰地认识到这两种主播的差异，明确自己的目的和需求。

达人型主播也叫运营型主播，除了有丰富的表现力，还非常精通抖音直播的运营，以及了解流量分配的底层逻辑和各种渠道流量的特点，可以根据直播间的用户画像和情况做出相应的话术调整，来刺激系统推荐，获得更多流量。这类人很难靠公开的社会招募吸纳，他们通常会选择自己单干。这类主播的薪资普遍较高，遇到合适的团队，月薪可以拿到几万元甚至几十万元不等。

然而，随着抖音直播的竞争日益加剧，许多达人型主播发展到后面也要面临付费投放的垫资压力、团队扩张和管理压力等问题，认知和能力有限的个人很快就会触及抖音直播的“瓶颈”。因此，这也为许多商家提供了机会，只要商家能为主播提供好的货盘和供应链资源、良好的团队支撑和管理服务，并帮助解决各种资金周转问题，仍然有很大机会与这些优秀主播合作。

除达人型主播外，还有一种主播是传统的店播主播。这类主播的本质是直播间销售员，他们只需要按照直播间的选品和话术来讲解产品即可。直播间大部分的运营工作和流量获取都是由背后的团队完成的，这类主播的月薪普遍在几千元到几万元。以上海为例，我们原来招聘的店播主播时薪在150~250元。对于形象要求较高的类目，如女装、大牌美妆等，时薪可以达到300~500元。然而，随着直播电商的不断发展，越来越多的人跨行来当主播，店播主播的生存环境也在不断面临更多挑战。

9.3 做好抖音主播的四大能力要求

1. 表现力

抖音主播的表现力，指的是其在直播过程中有效传递信息和表达情感的能力，包括主播的沟通能力、表情、肢体语言、声音的感染力及与观众互动的技巧。它直接影响用户的观看体验、互动意愿及最终的购买决策。一个表现力强的主播能够更好地吸引和留住观众，提高直播间的互动率和观看时长，从而对直播间的流量和销售产生积极影响。

◎ **语言表达：**主播需要通过清晰、有感染力的语言介绍产品、与观众互动。这不仅要求主播控制说话的速度和音量，更重要的是语言的节奏、情感色彩及如何用词来吸引观众的注意力。早期的抖音直播间要求主播的语速较快，通常是其他平台的两倍，保证在单位时间内输出比较多的信息，才能对抗用户的流失率。但是随着抖音直播的不断发展和用户习惯的改变，现在的竞争已转向主播的综合表现力而非单纯的语速了。

◎ **情感传递：**在前面我们已经提过，直播是情感传递的过程，也是能量传输的重要渠道。有些主播卖货不靠塑品，而是靠情绪传递。当产品缺乏差异化时，影响用户情绪就成了获得信任的重要手段。主播需要通过自己的情感表达如热情、亲切、真诚等，来影响观众，这些都是建立观众信任感的重要因素。这要求主播必须情感丰富且情绪饱满，以便在直播中有效地感染用户。

◎ **视觉呈现：**直播的视觉元素也很重要，包括主播的着装、表情、肢体语言及直播间的布置等。这些都需要与直播内容和目标受众相匹配，以增强观众的观看体验。很多专业主播在开播前都会花很多时间准备自己的服化道，让自己有一个完美的状态面对镜头。相反，有些不专业的主播着装过于随意，不够精致，这可能给观众带来不佳的视觉体验。

◎ **互动能力：**主播需有效地与观众进行互动，如及时回应评论、提问等，让观众感受到被重视，从而提高观众的参与度和忠诚度。直播间里有很多数据是需要主播带动用户完成的，因此主播与用户之间的高频互动也能激发直播间的数据反馈。抛开转化率不谈，“点关注”和“加粉丝团”这两种行为很大程度上依赖主播的话术和互动技巧。

◎ **专业知识和技能**：对于带货主播来说，对产品的了解和推荐能力也非常重要。主播需要能够准确、生动地传达产品信息，并提供专业的购买建议。对自己销售的产品足够了解、专业储备足够丰富是一个带货主播最基本的责任和素养。

总体而言，抖音主播的表现力是多方面能力的综合体现，需要主播在直播中不断练习和优化，以便更好地吸引和留住观众，实现直播带货的目标。

想要提升主播的表现力有以下几个方法和技巧。

◎ **风格模仿与个性化创新**：成为一名优秀的主播最快的方式就是模仿行业内的成功主播。首先，让主播找到自己喜欢的主播作为模仿对象，学习他们的语气、语速和肢体风格。但仅仅模仿是不够的，主播还需要结合自己的性格，在直播间形成独特的记忆点。比如，可以通过特别的开场白、互动方式或者个人故事来打造自己的风格。

◎ **场景与身份定位**：好的主播通常拥有明确的“身份”和“经历”，比如你是谁，你之前做过什么，你为什么给大家推荐这款产品，你对这个行业比普通人懂多少，等等，这些信息共同构成了主播的身份背书。主播的身份背书也需要和场景密切结合，场景不仅仅是背景设置，更是展现主播身份的一部分。如果主播定位是工厂老板，那么场景应该包含工厂元素；如果主播定位是美食博主，那么场景可能是居家厨房风格。清晰的身份定位和相应的场景设置，能够增强主播的专业性和观众的代入感。

◎ **情绪调动**：除了解专业知识外，主播还需要有同理心，要学会调动观众的情绪，无论是喜悦、愤怒、哀伤还是其他情绪，都是吸引观众注意力的关键。在直播中，可以通过讲述感人故事、展示产品独特卖点或进行有趣的互动游戏来调动观众情绪。

◎ **实操经验积累**：主播的表现力提升还需要大量的实操经验积累。通过不断的直播实践，主播可以更好地掌握直播节奏、观众喜好和产品展示技巧。播过100场的主播肯定和播过10场的主播表现力不同，播过500场的主播也会和播过100场的主播拉开差距。但需要注意的是，如果你一直在一个毫无变化的店播直播间做直播复读机，那么不管你播多少场都不会有进步。

2. 表达力

抖音主播的表达力，指的是主播在直播过程中有效传达信息、情感和态度的能力。这包括语言表达、非语言表达（如肢体语言、面部表情）及与观众互动的能力。一个表达力强的主播能够更好地吸引观众、建立信任并促进销售。以下是一些提升表达力的关键要素。

◎ **清晰的语言表达**：主播需要具备清晰、准确的发音和流畅的语言组织能力，确保观众能够轻松理解主播所传达的信息。在抖音上有很多乡村主播的普通话虽然不够标准，但是有真实感和地方特色，只要观众能听清楚，有点口音也不是太大的问题。

◎ **丰富的情感表达**：通过语调、语速和声音的抑扬顿挫，主播可以传达不同的情感，如热情、激动、温馨或严肃，以增强信息的感染力。这要求主播本人是一个情感丰富的人，能够将情感融入每一场直播中。

◎ **肢体语言的运用**：肢体语言是表达力的重要组成部分。通过手势、面部表情和身体动作，主播可以增强信息的直观性和吸引力。肢体语言也是配合语言表达的辅助手段，动作越放松，幅度越大，给用户带来的视觉效果就越强。

◎ **个性化的风格**：做抖音主播最怕的就是千篇一律，如果能凸显自己的个性和差异化的风格，就更容易被用户记住。因此主播可以挖掘并放大自己的特点，这有助于在众多主播中脱颖而出，吸引特定的观众群体。

◎ **适应性和灵活性**：主播需要根据直播的实际情况和观众反馈，灵活调整自己的表达方式和内容，以保持观众的兴趣和参与度，也就是说主播要有临场发挥和应变的能力，能够应对各种突发情况。

综上所述，抖音主播的表达力是影响直播效果和观众互动的关键因素，需要主播在多方面进行不断的练习和提升。

提升抖音主播的表达力可以从以下几个方面入手。

◎ **话术训练**：主播需要通过不断的话术训练来提升自己的语言表达能力，这包括产品介绍、互动问答、氛围营造等方面。可以通过录制自己的直播，观看回放检查并改进。熟悉自己直播间的话术并能在任何时候表达流畅和解答用户的疑惑是每个主播的基本功。

◎ **肢体语言**：肢体语言是表达力的重要组成部分。主播应该学会使用灵活的身体姿态、适当的手势和面部表情来增强语言的表达效果。如果不知道怎么做，可以直接录屏大主播的直播间，通过模仿练习的方式来锻炼自己的表达力。

◎ **持续学习**：主播应该不断学习新的表达技巧和行业知识，以提升自己的专业素养和表达能力。不同主播的成长速度存在差异，关键在于学习能力的强弱。在任何一个行业都要不断地学习、迭代和进步，哪怕直播间每天卖的产品是一样的，说的话术是一样的，主播也要不断提升自己的表现力和表达力，否则即使播了500场也可能止步不前。

◎ **情绪管理**：主播必须学会有效管理自己的情绪，保持积极乐观的态度，即使在面对挑战和压力时，也能保持出色的表达力。成熟的主播不会因在线人数的波动而影响自身状态，无论观众数量多少，都应保持热情和专业。直播间的在线人数和主播的状态是相互影响的，主播的状态越好，越能吸引观众，从而提升直播间的数据表现。

◎ **声音训练：**声音的音质、音调、语速等因素都会直接影响观众的听觉体验。通过专业的声音训练，主播可以学习如何优化自己的声音，使其更具吸引力和表现力。这些课程通常会提供系统的训练方法，通过一定量的练习，主播可以提升自己的声音质量，从而增强直播的感染力和观众的参与度。

3. 销售力

抖音主播的销售力，指的是主播在直播过程中促进产品销售的能力，包括主播对产品的熟悉程度、说服观众购买的能力及创造销售机会的技巧。一个销售力强的主播能够有效地转化观众为买家，实现直播的商业目标。以下是一些构成销售力的关键要素。

◎ **产品知识：**主播需要对推广的产品有深入的了解，包括产品的特点、优势和使用方法等，这样方能有效解答观众的疑问并说服他们购买。主播的专业度和自信是赢得用户信任的关键，专业能力的提升不仅增强了表达力和表现力，同时促进了销售力的增长。

◎ **说服技巧：**主播需要具备出色的说服技巧，能够通过精准的语言表达和丰富的情感投入，让消费者相信产品的价值并产生购买欲望。说服技巧是可以通过系统的学习和不断的练习获得很大提升的。在直播行业中，借鉴和模仿高转化率直播间的话术，可以有效提高主播的说服能力。

◎ **互动能力：**与观众的有效互动是提升销售力的关键。主播应擅长与观众建立联系，洞察他们的需求和疑虑，并提供恰当的解决方案。互动是有技巧的，无论是否与真人互动，还是在人多或人少的时候互动，都会影响看播用户的心理决策。因此，优秀的主播不仅要回答问题，还要适时和巧妙地回答问题。

◎ **促销策略：**主播需要掌握各种促销策略，如限时优惠、买一送一、抽奖等，以刺激观众的购买行为。这些策略涉及电商知识和运营知识，一般由运营设计好后跟主播沟通和共创。

◎ **故事讲述能力：**通过讲述与产品相关的故事，主播可以增加产品的吸引力，使观众产生共鸣，从而提高销售转化率。讲故事的能力也是销售转化的过程，由于个人表现力的差异，故事讲得好有助力效果，讲得不好也容易起到反作用，会让用户觉得主播虚伪且不真诚。因此，在这个过程中应该把握好分寸，以免产生负面效果。

◎ **快速响应能力：**在直播过程中，主播需要快速响应观众的评论和问题，提供及时的帮助和信息，以促进销售。一般来说，低在线的直播间可以通过一对一回答公屏来转化精准用户，高在线的直播间应该通过高转化的话术实现批量成交。如果高在线的直播间还要一对一地服务个性化的问题，就会影响直播间的节奏和转化。对主播来说，什么问题可以回答，什么时候要回答，都是在考验主播的快速反应能力。

◎ **数据分析能力：**主播要能够分析直播数据，了解哪些内容或策略更有效，从而不断优化销售策略。优秀主播都会关注直播数据，而具备数据分析能力也是一个带货主播成长为运营型主播的重要条件。

4. 运营力

有的主播只会卖货，有的主播不仅会卖货，还懂运营和直播，他们既是主播，又是直播间的操盘手。一个懂流量的主播可以更快更好地提升自己的能力，给系统更多数据反馈，刺激流量推送。目前，市面上懂运营的主播少之又少，大部分都是老板自己或者操盘手亲自上阵。提升抖音主播的运营力，主要涉及直播策划、内容创意、数据分析、粉丝运营等方面。以下是一些具体的方法：

◎ **直播策划：**主播需要具备良好的直播策划能力，包括确定直播主题、制定直播流程、安排直播内容等。这有助于提高直播的吸引力和观众的参与度。

◎ **内容创意：**创意是提升运营能力的关键。主播需要不断挖掘和创造有趣、有价值的内容，吸引和留住观众。主播在直播间生产内容，俗称"整活"，也就是通过各种手段留住用户，如讲故事、做实验、制造矛盾冲突等。优秀的运营型主播也是直播间的导演和策划师，自编自导自演，将最好的直播效果呈现给用户。

◎ **数据分析：**主播需要具备一定的数据分析能力，通过分析直播数据，了解观众的喜好和行为，以便调整直播策略，提高直播效果。要想做好主播，一定要懂得直播大屏的数据意义，并会通过数据复盘的方式来提升自己直播间的数据表现和转化。

◎ **粉丝运营：**主播需要重视粉丝运营，通过建立粉丝群、定期与粉丝互动等方式，提高粉丝的忠诚度和活跃度。在抖音上有很多工具可以辅助直播间进行粉丝维护和运营。主播要比任何人都更了解直播间用户的需求和画像，以及了解老粉的消费习惯和个性特征，这些都是维护粉丝忠诚度的有效手段。

9.4 熟练使用三个方法写出拉停留和互动的直播话术

写出拉停留和互动的直播话术，关键在于激发观众的好奇心、参与感和期待感。以下是一些写话术的技巧。

1. 引起好奇和停留

使用引人入胜的开场白，主播一定要配合自己的表现力，来激发用户的好奇心和停留。以下话术供参考：

"我现场给大家做一个实验，如果实现不了 3 秒去污的效果，直播间有多少人，我每个人都送一瓶。"

"大家信不信我用 5 分钟就可以把直播间拉到 1000 人在线，信的人扣个'信'，不信的人扣个'不信'。"

"我们店最贵的东西是什么，你们知道吗？有没有老粉知道的？这么多年他们让我卖，我都不舍得卖的，你们知道是什么吗？说真的，如果不是一年一次的活动，我是不会舍得拿出来的，有人知道的话打在公屏上。"

"接下来我会随机读出公屏互动的用户名字，凡是被我读到名字的，你们直接找客服领一个小礼盒，准备好开始了吗？"

"大家想不想看一下我关掉美颜滤镜是什么样子的，想不想知道我素颜的样子？想的话留在直播间不要走。"

"今天我邀请到一位神秘嘉宾，我相信每个人都很想见到他，你们猜猜他是谁！"

"你们知道在不投放的情况下，如何在一天时间里把直播间在线人数从 0 增加到 1000 吗？今天我把亲身实战的经验告诉大家，全部都是真实的后台截图和效果，有没有人想知道的？"

“我现在发 10 个红包，第 8 个抢到红包的朋友，我将送他一份来自 1 号链接的特别礼物，大家想知道是谁中奖了吗？”

“这样，我们做个小实验，让你们感受一下玻尿酸的吸水能力，这个实验你们一定没看过！”

2. 提升互动

“大家猜一下我是哪一年出生的，稍后我会展示身份证给大家验证，猜对的观众我会送你们一份精美的套盒！”

“大家觉得这款产品贵不贵？觉得贵的在公屏打个‘贵’字，如果普遍觉得贵我就再找老板‘砍一刀’！”

“有没有人能猜出来我手里拿的这个是什么？第一个猜对的朋友我直接送他一份，快在公屏打出来吧。”

“有没有人跟我一样的，40 岁看起来却像 30 岁的，跟我一样的姐妹公屏互动一下。”

“大家把自己的年龄打在公屏上，我看下咱们直播间的姐妹都是多大年龄的，我根据直播间姐妹的需求给你们放福利。”

“如果觉得主播很大方的在公屏扣个‘1’，觉得主播小气的在公屏扣个‘2’，我看看有多少人真正支持我。”

“新来的姐妹是不是不放心，是不是担心上当受骗？如果你有这些困扰，请在公屏上告诉我。”

“这样吧，真的想要这个产品的朋友给我说一下，有多少人要我就上多少单。”

“这款衣服有 3 种颜色，喜欢哪种颜色就在公屏扣什么颜色，我们后台统计一下，精准上库存。”

“统计一下大家的尺码，大家把尺码飘在公屏上，助理来看看后台数量设置对不对。”

“今天为了宠粉，1 号、2 号、3 号三个地板价格的福利品，大家想要哪个？评论区告诉我。”

“我们直播间人也不是很多，我跟大家说句实话，我们干抖音什么也不懂，就靠送福利跟大家交朋友，我们不是大网红，像 10W+ 那种福利你压根抢不到，今天就是真实、真诚地宠粉，喜欢这个福利的朋友可以把你想要的尺码飘在公屏上，我给大家上一波活动。”

“我们发快递正常是用三通一达，如果想要升级快递，发某东，发某丰，可以在公屏飘‘升级’，我让运营统计和备注，不然就随机发物流了。”

3. 增加关注和加粉丝团

“我今天不为赚钱，只为赚粉丝，能不能给我点个关注，你们帮我点关注，我就豁出去了！”

“我们老板说了，今天拿 30W 出来涨粉，货我可以送，但是粉丝涨不上去我回去就别干了。”

“你们能不能给我点个关注，我今天有个任务，粉丝涨到 8000。这样吧，我自掏腰包买你们的关注行不行，我现在就给粉丝送东西了。”

“你们点了关注，遇到任何售后问题都能找到人，来直播间找我或者找客服都行。”

“听说点关注抽中福袋的概率更高，你们不信的话可以试一下。”

“我今天只宠粉丝，你们都不给我点关注，我也没法给大家发福利啊，你们说是不是？”

“你们信不信我用 3 分钟就可以让旁边这个姐姐看起来年轻 3 岁？不信的话点个关注，你们慢慢看。”

“真的已经没有库存了，我真愁死了，这样行不行？你们帮我点个关注，我去问老板还能不能加一些货。”

“这点货根本不够卖的，大家都知道我今天卖得有多便宜，你点个关注，明天这个时间再来抢。”

“这个产品今天只送不卖，我给所有粉丝体验一下，但前提你得是我的粉丝，不然送不出去。”

“看到这位粉丝亮了灯牌，来，运营给她安排一单送 1 号链接！我只宠自己家的粉丝。”

“刚刚有没有没抢到的？要不要加单？不知道怎么报名的，我再教一遍怎么卡灯牌。”

“来抖音买东西，不要便宜就买，我们家各个产品都有不同优势，买就买一个合适的。在我的直播间买东西不用着急，可以点关注，多听我讲解一会儿，真的喜欢再买。”

9.5 熟练使用 5 个技巧写出高转化的直播话术

写出高转化的直播话术，关键在于激发观众的需求、信任和购买欲望。以下是一些写出高转化话术的技巧。

1. 突出卖点

明确产品的特点和优势，用简洁明了的语言表达出来，让消费者明白他们为什么需要这款产品。

“亲爱的宝子们，一整根人参都能看到的饮料，你们见过吗？是不是货真价实？别人都是给你微量添加，我直接一整根给你泡进去。”

“咱们这个产品是看得到的高浓度添加，我现在就给你们看一下成分配料表，放大给你们看一下，排在第一位的是不是 XXX，别人家都不敢给你看配方，我求着你看配方。”

“别人家的 XXX 有 1 千克重，但是我们家的这个产品同等功能的情况下只有 280 克，你们看下我桌子上的这个食物秤，感受一下什么是科技狠活和实力。”

“想要分辨海参好不好，有一个诀窍，摄影师把镜头拉近一点，我给大家看一下咱们海参的形状。”

“这个拖把可以在 5 秒钟内把地上的水渍吸干，我现在开始倒计时 5 秒钟，大家看好了，5、4、3、2、1！”

“能不能看到我手指的这个地方，这个地方就是整个 XXX 的精华，也是最贵的，别人家的只有 XX 这么大，但是我们家的足足有这么大。”

“这个猪肉脯我现场撕开给你们看一下，里面全都是清晰可见的肉质和纹理，没有拼接肉，没有合成肉，全部都是精选的猪后腿肉。”

“这个水蜜桃的水分非常充足，我现场给大家挤压，让你们感受一下它的鲜嫩多汁，看好了啊，别眨眼。”

2. 建立信任

通过分享真实的用户体验、产品认证信息等方式，建立观众对产品的信任。

通过直播话术增加用户的信任，关键在于传递真诚、专业和可靠的信息。以下是一些通过直播话术增加用户信任的技巧。

分享真实体验：分享自己或他人使用产品的真实体验和感受，让观众感受到产品的实际效果。

“这是我三年前的照片，大家看我的皮肤是不是又黄又黑，再看看现在的我，我关掉美颜和滤镜给你们看。”

“这是我家孩子读三年级时的考试成绩，这是现在的成绩，我现在就把如何让孩子从学渣变成学霸的方法与你们分享。”

“这是我妈妈以前的照片，头发稀稀拉拉，现在头发又多又亮，没有做过任何植发，全靠养发和护发，你们想知道怎么做的吗？”

“我家猫之前毛糙糙的，现在看看，它身上的毛是不是油亮了很多？我跟你们说，我就给猫用了不到 3 个月的时间。”

“我把身份证都亮出来了，保证今天跟你们说的话都是真实有效的，这是我的真实年龄。”

“我们家、我公司的同事，都在用这个好东西，我给大家看看我们办公室的日常，你们就知道我们有多喜欢这个产品了。”

展示产品认证：介绍产品的认证信息，如质量检测报告、专利证书等，以证明产品的品质和安全性。

“咱们家的产品是有人体测试报告的，你们敢相信吗？卖这么便宜的产品都有人体测试报告，我给你们看一下。”

“咱们的产品是获得国家科学技术二等奖的，白纸黑字盖红章，这个造不了假的，造假是要进去的。”

“这是咱们产品在国外专柜的照片，大家能看到吗？在国外都是经常断货，抢购一空的。”

“这是我们的质检报告，这是我们的 XX 省产业化龙头企业证书，能拿到这个证书就说明咱们工厂是有实力的。”

“这是我们出口欧美国家的认证，大家知道的，欧美国家都是对产品要求非常高的。”

“我们这个产品在抖音爆卖XXX单，销量非常高，这是截图，你们看看。”

“咱们的产品是有美白认证的，叫作美白祛斑特证，这可不是普通化妆品，你们看到我手上的证书了吗？”

“这个产品的效果有真人实测报告，使用14天和28天法令纹改善XXX，鱼尾纹改善XXX，眼角纹改善XXX。”

详细解释产品原理：用易懂的语言解释产品的原理和制作过程，让观众了解产品的科学性和专业性。

“胶原蛋白可以帮助我们的皮肤保持弹性和紧致，但30岁以后，人体内的胶原蛋白将大量流失。”

“玻尿酸的吸水性有多强，我给大家做个实验，你们就能明白这个成分和水结合会发生什么神奇的事。”

“一般的产品只能到达表皮层，没有办法渗透真皮层，大家可以把自己的皮肤想象成一张保护网。”

“有些人吃不多练得多还瘦不下来，这可能是因为你的皮质醇太高了，皮质醇反映了我们身体的压力，它确保你的身体对外界变化及时做出反应。”

“就我们家这款鲨鱼裤，它的材质和设计，是由5年以上工龄的设计师亲自在工厂指导制作的，某些小作坊是绝对做不出这种品质的。”

回答观众问题：积极回答观众提出的问题，展现专业知识和对观众的关心。

“是的，这位姐妹说得很对，如果我们家东西不好，我也不敢给你们这么承诺。”

“没错，公屏老粉说了，我们家的产品既好用又便宜，感谢这位姐妹的反馈和互动。”

“这位粉丝的问题问得非常好，我相信其他人也跟她一样困惑，为什么我们家可以做到这个价格？”

“这位宝子问没有效果怎么办？是不是大家都担心这个问题，担心的给我互动一下。”

“有粉丝说我开了美颜才有这个效果，没关系，我现在关掉美颜滤镜给你们看一下真实的状态。”

“有姐妹问我能否多送一瓶？我真的送不了，除非你们愿意给我推荐用户并给好评，你们可以做到吗？”

提供售后服务保障：明确告知观众产品的售后服务政策，如退换货流程、保修期限等，让观众放心购买。

“咱们家产品有7天无理由退换货，有运费险和过敏险，买不了吃亏买不了上当，大家放心去拍吧。”

“我给你们看一下我们的好评，爆卖100万单，店铺还是5分好评，你们不用担心东西不好用。”

“好用给我推荐客户，不好用你回直播间找我，我亲自给你处理售后。”

“咱们家发货前都是秒退款的，你先把名额占上，不想要了随时可以退，没有关系的。”

“我们家的产品你用了不好用或效果不好，随时来找我，我每天下午都在这里开播。”

“大家看看我们的口碑分和店铺分，全部都是5星，这意味着咱们家产品好、服务好。”

展示用户评价：分享其他用户的正面评价和反馈，增加观众对产品的信任感。

“你们看一下这个粉丝的评价：用了一周就有效果了，非常满意，还会再来。”

“给你们展示一下我们其他平台的用户好评，都是粉丝真实的评价，好不好用买家说了算。”

“我教你们怎么看评价，你们打开某红书，去搜一下我们家关键词，看看是不是好评众多。”

“你可以不相信我，但是你不能不相信1万多用户的好评，这些都是真实的，没有人可以刷这么多好评。”

“咱们家的产品不仅用户觉得好，明星也在用，我给你们看看这就是XX明星平时用我们家产品的照片。”

保持真诚态度：在直播中保持真诚和热情的态度，与观众建立情感连接。

“姐妹，我不会骗你的，我每天都在这里直播，我如果骗人，早就被举报了，你们说是不是？”

“我今年都40岁了，是两个孩子的妈妈了，我在这个平台上卖货就是求一个真实和真诚。”

“我是XXX人，我们XXX人讲究说话做事有一说一，实事求是，大家看我也不太会说话，但是不影响我们家产品好。”

“大家放心，我也是有孩子的人，我们家孩子也在吃，我不可能为了卖点货骗大家的。”

“我在这个行业做了15年了，很多话我都是真心实意地跟你们说，生意想要长久，还得靠人品好。”

“说真的，以前做生意也亏过钱，现在做生意不求快，就求积累一些真实信任我的粉丝。”

“我家产品的确不便宜，因为便宜的产品我们都淘汰了，我们直播间的粉丝都是很懂货的，一分价钱一分货。我们做生意那么久，都是为了回头客，没有演戏也不搞夸张，都是实事求是。”

“我们线下也有很多客户，说心里话，很多客户买了一次就成忠实粉丝了。这一切都因为我们家做的是品质和长久生意。大家都知道现在生意不好做，我们今天就是为了宣传我们的品牌，让大家体验一下我们的产品，把利润款做成福利款和大家交个朋友。”

透明公开价格信息：公开产品的价格构成，让消费者明白价格的合理性。

“我带大家比个价，你们看看某平台卖多少钱，我今天直播间什么价格，你们说划算不划算？”

“这个产品有80%都是营销费用，但是我今天不投广告，不买流量，我直接把价格降到底。”

“别人家运费都要挣你钱，但是我不挣钱，我给大家看一下我们跟快递公司的协议价。”

“这是我的拿货成本，我今天自己贴钱出货，我不怕亏，就怕你们不给我点关注。”

“如果你能在别的地方找到比我更便宜的价格，随时来直播间找我，我给你退差价。”

3. 创造紧迫感

使用限时优惠、库存有限等手段，创造购买的紧迫感，促使观众尽快下单。

在直播话术中创造下单的紧迫感，可以有效地促进观众的购买决策。以下是一些创造紧迫感的技巧。

限时优惠：强调限时折扣或优惠。

“今天晚上8点前下单的朋友，可以享受9折优惠，时间有限，千万不要错过！”

“这样吧，我倒计时1分钟，还没有下单的朋友抓紧时间，不然我就下架了。”

"咱们活动一年就这一次，你错过了就要等明年的双11了，还是今天买划算啊！"

库存提示：提醒观众库存有限。

"这款产品我们只准备了100单，卖完就没有了，想要的朋友赶快下单！"

"不是我不想给你们加单，是这个产品真的没有货了，每天库存都是有限的。"

"咱们再加最后100单现货库存，加完这些库存就只能拍预售了，预售要等15天，能等的再去拍。"

"库存又没了，我这边加不了了，只能把没有付款的订单给踢了，我看一下还能踢多少单。"

快速成交奖励：提供快速下单的额外奖励。

"前100位下单的朋友将获得我们额外赠送的小礼品，先到先得！"

"赠品不多，按照下单顺序先后发货，后面的可能没有赠品了，你们也不要怪我哈。"

"能拍就能送，不能拍的姐妹是因为物流原因，赠品发布了，你们试下能不能下单。"

"刚刚下单的姐妹给我扣个1，我直接额外加赠XXX，还没有拍的姐妹，你们想要吗？"

实时订单播报：在直播中实时播报订单情况。

"刚刚有20位朋友下单了，还剩下30个名额，大家抓紧时间！"

"还剩100单，还剩50单，还剩10单，没有了。"

"红色的已经没有库存，加不了了，S码的还剩13件，大家拼手速了。"

"至尊款今天卖完了，现在只有普通款了，再等的话普通款也要售罄了。"

强调错过遗憾：描述错过这次购买机会的遗憾。

"错过这次优惠，你可能再也找不到这么划算的价格了，不要让自己后悔！"

"明天还卖，但是明天没有赠品了，大家考虑一下是不是今天下单更划算？"

"下次再有这个活动就是过年了，还要等半年啊！姐妹们，今天下单是最划算的了！"

"我们董事长一年就回国一次，今天在直播间给大家送的这个福利以后都不会有了。"

突出产品独特性：强调产品的独特性和不可替代性。

"这是我们家周年庆特惠款，一共就做了1000件，错过这次可能就再也买不到了！"

"这个限量版的，每个产品上面都有编号，每个编号都只有一个，大家别再纠结了。"

"这是原料涨价前的最后一次活动，后面的产品全部都要涨价，因为这些产品是我原来囤的货。"

"今年10月份授权就要被收回去了，以后也不会再做这个品了，真的挣不到钱，喜欢的家人快拍吧。"

"融入国际奢侈品元素，非常潮流，几十个颜色都能选，重点是好看且平价，是一件让别人看不出价格的平替款。"

"买东西肯定是要比价的，我也是这样。买的就是产品和服务，推荐给大家的这款是科技面料，可以称之为皮肤衣，很薄但是保暖效果很好，性价比妥妥的。"

4. 强调价值

不仅要强调产品的价格优势，还要强调产品的实用价值和购买后的收益。

在直播话术中强调产品的价值，可以帮助观众更好地理解产品的优势，从而促进购买。以下是一些强调产品价值的话术技巧。

对比展示: 通过与其他产品的对比，展示你的产品在质量、性能、价格等方面的优势，让观众看到产品的价值。

"给大家看一下，这是我们的重量和个头，大家可以自己做对比。"

"同类产品大家可以看看是不是都卖你 50、60 元，我今天直接 29 元给你发两袋，欢迎去比价。"

"我不相信比别人便宜，比别人货好，你还能无动于衷，大家看下我手上两个产品的对比。"

这是我们家的售后服务，大家可以去对比，谁的价值高一目了然。"

"便宜的 XX 用一次就闲置了，又舍不得扔，放家里还占地方，越看越闹心。所以有一件有质保的 XX 真的很重要，用 3~5 年不成问题。"

解决痛点: 强调产品如何解决用户的痛点问题。

"这款护颈枕采用了人体工学设计，能够有效缓解颈部疲劳，让你每天都能有个好睡眠。"

"咱们这个产品让你 3 秒钟去污，不管是多么顽固的陈年污垢，都可以立刻去除，不伤衣服。"

"早上起不来的打工人看好了，这个产品让你 3 分钟做好一顿早饭，能让你多睡 15 分钟。"

"经常运动的姐妹一定要买这条短裤，它太能装了，你的手机、水壶都可以塞进去。"

生活场景融入: 将产品融入日常生活的场景中，描述它如何提高生活质量。

“想象一下，每天下班回家，打开这款智能灯，温馨的光线瞬间包围你，一天的疲惫都消失了。”

“周末带孩子出门，这个工具包就派上大用场了，因为它真的太能装了！而且一包三用。”

“下午在办公室饿了，又不想喝奶茶，你就吃它，0糖0卡0脂，好吃管饱还不长胖。”

“咱们直播间的哥哥姐姐们，辛苦工作了十几年，带孩子，照顾家人，把什么好的都留给家人，辛苦一年了，新的一年就给自己买点好东西，买点品牌货。”

“每天工作那么累，还要挤地铁，写报告，熬夜。晚上下班回到家必须好好奖励自己，做个SPA，舒缓一天紧张的状态。”

成本构成解释: 解释产品的成本构成，让观众明白价格背后的价值。

“这款产品的价格可能略高于市场同类产品，但这是因为我们使用了更高品质的原材料，确保了产品的耐用性和性能。”

“这个成分号称液体黄金，XXX万元1千克的原料，真的是XXX界的爱马仕了。”

“你们知道24微米的羊毛有多贵吗，我这个还更细，只有16微米，你们理解它的品质了吗？”

“大家都知道富勒烯很贵，但是富勒烯才XXX元/千克，而我们这个原料是XXX元/千克，你们感受出差异了吗？”

“好东西不需要所有人都喜欢，只要我们能欣赏就行，这个产品，就贵在细节和原料，看上去平平无奇，但是用一次就能感受到它带给你的变化。”

价值量化: 如果可能，将产品的价值量化。

“使用这款高效节能灯，一年能为你节省电费XXX元，长期来看是非常划算的投资。”

“一个月XX元钱，每天才不到3元钱，就能买到XXX，大家想想是不是很划算？”

“如果你去店里吃XXX，一顿就要花100多元，但是我给大家配的材料包自己回去做，一顿都花不到30元。”

“这个价格真的绝了，家人们，你们看一下这么多配件加起来也要1000多元了，但是今天在我直播间只要299元。”

5. 引导行动

在直播话术中引导用户行动，是促进销售的关键。以下是一些引导用户行动的话术技巧：

“喜欢这款产品的朋友，现在就点击下方链接购买吧！”

“购买过程只需三步，现在下单，还能赶上今天发货。”

“先占坑，先抢购！我再说一遍，你们可以拍了慢慢考虑，但是错过了就没有了！”

“很多朋友都已经买了这款产品，反馈非常好，不要犹豫了！”

“我等你们填地址，给你们3分钟的时间，3分钟后我就下架了！”

“一定要点左上角的优惠券和红包，咱们不花冤枉钱，领券以后立减100元！”

“所有的宝贝听好了啊，一会儿拍到的宝贝，我再给大家加送一双袜子！”

6. 三种常见直播话术公式

憋单话术公式：用户痛点＋渲染塑品＋制造紧迫感＋发出指令＋售后承诺＋上架抢购

用户痛点：直播间里有没有年纪超过30岁的姐妹？大家有没有发现女性的衰老不是缓慢的，而是一瞬间的？突然有一天我照镜子的时候发现自己眼角纹很明显，脸上的肉也松松垮垮的。记得去年的时候，我看起来还没这么显老，但是一旦过了35岁，就断崖式衰老了！我好焦虑，有没有人跟我一样的，上了年纪以后眼看着自己的皮肤越来越松，越来越垂，去美容院又怕花钱，医美又不敢做，直播间有没有这样的姐妹给我扣个“1”。

渲染塑品：如果你跟我一样有这些问题的话，可以试一下我们家的xxx。给大家看一下，这是我三年前的照片，是不是很显老？这是我现在的样子，马上关掉美颜滤镜给大家看一下我的真实样貌。

随后进行证书展示＋科技展示＋效果展示＋售后展示。

制造紧迫感：所有家人们，我们是新号开播，为了跟大家交朋友，放一波福利，我们家的这款产品正常价格要xxx元，大家看一下市场价也要xxx元，但是今天只要xxx元，不到一顿火锅的价格，而且还包邮。因为我们是新账号，给大家送福利，但我们也不能赔得太多，所以今天这场直播我只准备了200件，放完为止。

发出指令：大家如果喜欢这件宝贝，我们扣个“喜欢”，主播来看一下有多少人喜欢？运营开始统计，大家的热情越高，给到大家的福利就越大。喜欢这件宝贝或者想要更多宝贝的记得点个关注，左上角的灯牌点起来。

售后承诺：今天来我直播间的所有宝宝们，咱家的所有商品，都给大家赠送运费险和过敏险，如果大家收到货觉得不喜欢的，可以直接退换，是7天无理由退换。

上架抢购：运营听好了，开始上库存，后台准备好没？5、4、3、2、1，上链接，所有的宝宝抓紧去拍，后台还有几件？抢到的宝宝回来给主播扣个“抢到”，证明主播确实给大家放单了；想要加急的宝宝拍了回来扣“加急”，给你们加急发货；没抢到的宝宝在公屏上扣个“1”，我看看有多少宝宝没抢到，没有关系，我们再来，3~5分钟放一波。

福利品话术公式：强调价值 + 强调稀缺 + 上架抢购 + 引出其他款

强调价值：这个是福利品，话不多说，因为我怕一会儿人多了你就抢不到了，你去别的平台看看，是不是都要你百八十元，我今天直播间9.9元亏钱秒杀。产品我不多介绍，懂的都懂，这个价格闭眼抢就完事了。

强调稀缺：每单我都亏几十元，这个大家能理解吧，我没法让每个人都抢到，我只能让相信我的人，信任我的人尽可能地感受到我的真诚和给大家的优惠力度。数量确实不多，现在直播间200个人，我给你们上20单，十分之一的概率！一定要检查好自己的收货地址，这个拍了就不能改了。

上架抢购：运营统计一下，发货的时候看一下是不是粉丝，运营检查好库存，不许上超了，上超了你贴钱发货，咱们这几天亏得够多了。3、2、1，上架！

引出其他款：是不是有人没抢到，没抢到的公屏给我扣一下“1”，抢到的给我扣一下“2”。没关系，这个产品数量确实不多，抢不到咱们看下一个，再给你们上一个福利品要不要？下面这个产品比刚才这个福利还要大，我说不亏钱都没人相信，给你们看下它的成本。

高客单话术公式：价值塑造 + 公屏互动 + 比价对标 + 引导下单 + 打消疑虑

价值塑造：下面这个产品有点贵，但是它真的好，很多老粉姐妹问我要好东西。但是我说了，好东西就是贵，一分价钱一分货，因为原料成本和功效摆在这里。我今天把话说清楚，如果你是xx岁以下的姐妹，你不要拍这个，拍1号链接就够你用了。但是如果你是xx岁以上，或者经常感觉到xxx，想快速调养的，你今天一定要拍我下面介绍的这款产品，因为它是我自己用了之后有效果的。

随后进行证书展示 + 科技展示 + 效果展示 + 售后展示。

公屏互动：我看到有人问这个产品和xxx品牌有啥差别，姐妹，我告诉你，是一模一样的，但是咱家只有别人1/5的价格，就只有这一个区别，你能明白吗？

有人问这么贵的东西是不是智商税？姐妹，如果你平时用的是xxx这些大品牌，你买回去试试，咱家产品不说比大品牌好，但是功效不输大品牌。因为咱家只卖给粉丝，不打广告，所以才有这个价格。

还有人问主播，用得不好能退吗？这个你放心，我有信心你拍了以后还会回我直播间复购的，咱卖货卖的是效果、是品质、是人品。

比价对标：我再给大家看下咱们这个产品的原料成本和大品牌的差别，咱们是 xxx，大品牌是 xxx，大家看明白没有，一样的成分，咱们浓度更高。为什么浓度高？因为大品牌照顾大部分用户的感受，它的添加量是有上限的，但是咱家为了效果好，比大牌的浓度还高 xxx。但是你不用担心，只要你不是敏感肌，都可以用。我送你们一个试用装，用了不舒服不满意，直接把正装退回来。

引导下单：这个产品是临时拿上来的，没有多少库存，我是看这么多人需要才上架的。你们如果拍不到，不要生气，我以后再给你们多找一些好东西上架，可以吗？这样吧，有多少人要，我统计一下库存，看看今天够不够发。运营统计好了吗？这么多人要吗，那真的不够抢的，还是限量吧，今天不拍以后也不会上了。

打消疑虑：我们家的产品不便宜，抖音也是根据人群来推荐的，能刷到我们的都是有品质、有调性的。我跟大家讲，这个价格虽然高，但是你想我们家的东西是什么样的品质，几十块钱的也有，你敢买吗？买了有用吗？你们都不敢买，为什么？因为你们知道这几十块钱的东西不可能改善你的问题。你来我直播间，宝宝们都是追求效果的，都是希望不花冤枉钱的。虽然付款那一刻，你是心疼的，但是我跟大家讲，拿回去之后用了见效果，你会非常满意并觉得很值。

9.6 附直播间违禁词及规范表述

广告禁用词

平台禁止的违规内容，即使变换表述依旧会被平台判定违规，频繁刻意地使用隐晦词进行商品分享，存在逃避平台监管之嫌。

禁用词明细	常见虚假宣传表述
包含“最”及相关词语	最、最佳、最具、最赚、最优、最优秀、最好、最大、最大程度、最高、最高级、最高档、最奢侈、最低、最低级、最低价、最便宜、史上最低价、最流行、最受欢迎、最时尚、最聚拢、最符合、最舒适、最先、最先进、最先进科学、最新、最新科技、最新科学、最新技术、最先进加工工艺等用语
包含“一”及相关词语	第一、中国第一、全国第一、全网第一、销量第一、排名第一、第一品牌、行业第一、NO.1、TOP.1、仅此一家、仅此一次（一款）、唯一、独一无二、一流、全国 X 大品牌之一、世界 X 大品牌之一等用语
包含“级 / 极”及相关词语	国家级（相关单位颁发的除外）、全球级、宇宙级、世界级、极品、极佳（绝佳 / 绝对）、极致、顶级、顶尖、尖端、顶级工艺、顶级享受、终极等用语
包含“首 / 家 / 国”及相关词语	首个、首选、全球首发、全国首家、全网首发、首款、首家、独家（未提供依据事实的前提下）、独家配方、全国销量冠军、国家级产品、填补国内空白等用语
表示权威的禁忌词	国家领导人推荐、国家机关推荐、国家机关专供（特供）、国宴专用、政协用酒、人民大会堂、全国人大、军队或相应缩写、政府定价等借国家或国家机关或工作人员名称进行宣传的用语；驰名商标、质量免检、无须国家质量检测、国家免检、免抽检等宣称质量无须检测的用语

续表

虚假承诺和高风险诱导类的词语	包过、一本书学会、一套题学会、一次通过、一次通关、保过、高考升学率、高考移民、不用学直接选、看到直接选、不用读题直接选等；保值、升值、升值回报、立马升值、投资价值、投资回报等
表示绝对、极限且无法考证的词语	世界领先、行业领先、领先上市、世界/全国X大品牌之一、领袖品牌、创领品牌、领导品牌、领导者、缔造者、王者、问鼎、至尊、巅峰、XX之王、性价比之王、顶级工艺、王牌、销量冠军等；绝无仅有、前无古人、史无前例、万能、绝对、永久、无敌等虚假或无法判断真伪的夸张性表述词语
涉迷信宣传的词语	明器、旺夫、旺子、带来好运气、增强第六感、逢凶化吉、避凶、辟邪、防小人、化解小人、增加事业运、招财进宝、健康富贵、提升运气、有助事业、护身、平衡正负能量、消除精神压力、调和气压、时来运转、万事亨通、旺人、旺财、旺宅、镇宅、消灾、挡灾、助吉避凶、转富招福等迷信色彩的用语
与欺诈有关、涉嫌欺诈消费者的词语	点击领奖、恭喜获奖、全民免单、点击有惊喜、点击获取、点击转身、点击试穿、点击翻转、领取奖品、秒杀全网、大亏特亏、非转基因更安全等
与医疗器械/滋补膳食/保健食品类商品有关的词语	评比、排序、指定、推荐、选用、获奖、无效退款、保险公司保险、不反复、三天即愈、无效退款、根治、比手术安全、包治百病、一盒见效、彻底康复、无副作用、痊愈、立马见效、100%有效、零风险、无毒副作用、无依赖、安全、热销、抢购、试用、免费治疗、赠送等

材质规范表述

常见品类/面料及定义		宣称要求	说明
羽绒服	以纺织机织物/针织面料为主要面料，以羽绒为主要填充物生产的各种服装	填充物为羽绒，且绒子含量明示值不得低于50%，以5%为档差递增，并标注羽绒种类	—
羽绒被	以羽绒羽毛为主要填充料，并以各种纺织面料为被壳的羽绒羽毛被	含绒量明示值不得低于50%，且填充物成分为100%羽绒羽毛	注：各种羽绒被的羽绒部分绒子含量不低于50%
混合羽绒被		填充物成分为羽绒羽毛和其他纤维的混合物，其中羽绒羽毛所占比例大于或等于50%，且在羽绒羽毛中含绒量明示值不得低于50%的被类产品	

续表

复合羽绒被	以羽绒羽毛为主要填充料，并以各种纺织面料为被壳的羽绒羽毛被	填充物成分为羽绒羽毛和其他纤维，分层、分区分别填充，其中羽绒羽毛所占比例大于或等于50%。在羽绒羽毛中含绒量明示值不得低于50%的被类产品	注：各种羽绒被的羽绒部分绒子含量不低于50%
丝绸服装	含有蚕丝或绢丝机织丝织物为主要面料生产的丝绸服装	—	—
桑蚕丝针织服装	桑蚕丝与其他纤维混纺、交织的针织服装	—	—
丝绸围巾 / 披肩	蚕丝纯织、蚕丝与其他纱线交织、蚕丝与其他纤维混纺（蚕丝含量30%及以上）的丝织物为主要原料生产的丝绸围巾、披肩类产品，烂花类丝绸围巾	蚕丝含量30%及以上的围巾 / 披肩才可宣称为丝绸围巾 / 披肩	—
蚕丝被	以桑蚕丝绵、柞蚕丝绵为主要原料，经制胎并和胎套固定（包括机缝和手工缝）制作而成的蚕丝被或者以其他蚕丝绵为主要原料制成的蚕丝被	填充物含蚕丝50%及以上的被类产品才可以称为蚕丝被； 优等品：填充物为100%桑蚕丝或100%柞蚕丝； 一等品：填充物含桑蚕丝或（和）柞蚕丝100%	—
真丝	面料名称是相对于仿真丝绸面料而言的，一般指纯蚕丝（桑蚕丝、柞蚕丝、蓖麻蚕丝、木薯蚕丝等）织造而成	蚕丝含量大于等于90%的面料可宣称为真丝	—
香云纱	也称为莨绸，是以100%桑蚕丝织物为原料经薯莨汁浸泡多次后，经过河泥、晾晒等传统手工工艺加工而成的表面呈黑色发亮，底面呈咖啡色正反异色的织物	香云纱的材质成分须为100%桑蚕丝	—
毛针织品	精、粗梳纯羊毛针织品和含羊毛30%及以上的毛混纺针织品，其他动物毛纤维亦可参照	含羊毛30%及以上的毛混纺针织品，才可宣称为羊毛衫	注：（1）山羊绒混纺产品中疑似羊毛不超过山羊绒标称值的5%；
羊绒针织品	精、粗梳纯羊绒针织品和含羊绒30%及以上的羊绒混纺针织品	（1）含羊绒30%及以上的羊绒混纺针织品，才可宣称为羊绒衫； （2）山羊绒含量达95%及以上、“疑似羊毛”≤5%的产品可标示 / 宣称为“100%山羊绒”“纯山羊绒”“全山羊绒”	

续表

<table>
<tr><td>羊绒机织围巾、披肩</td><td>桑蚕丝与其他纤维混纺、交织的针织服装</td><td>（1）含羊绒 30% 及以上的羊绒混纺围巾 / 披肩，才可宣称为羊绒围巾 / 羊绒披肩；
（2）山羊绒含量达 95% 及以上、“疑似羊毛” ≤ 5% 的产品可标示 / 宣称为“100% 山羊绒”“纯山羊绒”“全山羊绒”</td><td rowspan="2">（2）羊毛产品中可含有山羊绒</td></tr>
<tr><td>羊毛、羊绒被</td><td>以纯羊毛、纯山羊绒或羊毛、山羊绒与其他纤维混合的填充物为原料，经制胎并和胎套绗缝(包括机缝和手工缝钉）制作而成的羊毛、羊绒被</td><td>（1）含羊毛 50% 及以上的被可称为羊毛被，含羊毛 100% 的叫纯羊毛被；
（2）含山羊绒 30% 及以上的被称为羊绒被，含山羊绒 95% 及以上的叫纯羊绒被</td></tr>
<tr><td>皮革</td><td>皮革是生皮通过加工、鞣剂变性等处理所获得的一种不易腐烂的天然高分子生物材料。通常用于服饰、箱包、鞋类</td><td>（1）皮革产品规范的材质标称方法是“牛皮革”“羊皮革”，而不是“牛皮”“羊皮”，由于传统称呼已经广为消费者所接受，故二者可以通用；
（2）移膜皮革、剖层皮革材质需要标注“移膜”“剖层”字样，不得与头层混淆(如未标注移膜 / 剖层等，直接宣称牛皮革的，视为头层牛皮）；
（3）鞋类产品规定：使用多种成分复合制成的材料，其中皮革基体厚度不大于总厚度的 60% 的，不能标注为“皮革”或“剖层（皮）革”，可标注为“超厚涂饰革”或“超厚移膜革”等；
（4）背提包和旅行箱包等要求：皮革基体的涂层厚度或覆膜厚度大于皮革基体厚度，不宜单独标注“皮革”，可标注为“复合材料”</td><td>—</td></tr>
<tr><td>毛皮、裘皮、皮草、皮毛</td><td>毛皮、裘皮、皮草、皮毛是完全相同的一种材质的四种名称；“毛皮”是标准名称，“裘皮”“皮草”“皮毛”是俗称</td><td>材质标注规范名称：动物名称 + 毛皮，如狐狸毛皮、貉子毛皮</td><td rowspan="2">注：（1）皮毛一体是指将动物的皮毛一起取下来的处理方式来获得的面料；
（2）复合皮毛一体也叫作皮毛二体，就是经过加工将皮和毛合到一起</td></tr>
<tr><td>毛革</td><td>由革面和毛被组成。从革面来看，与皮革无区别，从毛被来看，与毛皮无区别，是皮革与毛皮一体的特殊面料</td><td>毛革材质准确名称是“毛革 + 具体动物种类 + 毛皮”，如“毛革羊毛皮”</td></tr>
<tr><td>真皮</td><td>材质俗称，是使用动物的皮制作加工而成的，概念上相对于人工使用化学纤维材料制成的人造革</td><td>面层材料 90% 以上使用头层皮革（头层移膜皮革除外），可宣称真皮</td><td>—</td></tr>
</table>

续表

漆皮	一种工艺，指通过在皮胚喷涂各色化工原料后压光或消光加工而成的皮革，具有闪亮涂层	漆皮不可以代替材质名称宣称	—
棉织物	棉织物又称棉布，是以棉纱为原料织造的织物	纯棉 / 全棉 /100% 棉：指产品或产品的某一部分完全由棉纤维组成且纤维含量允差为 0（含微量其他纤维的产品除外，当产品中某种纤维含量或两种及以上纤维总量≤ 0.5% 时，可不计入总量）	—
麻织物	麻是从各种麻类植物取得的纤维；麻织物是指麻纤维（包括苎麻和亚麻）纯纺织物及其混纺或交织物	常见的麻纤维包括大麻、亚麻、苎麻，其中大麻又称汉麻或者火麻（因大麻具有歧义，平台统一禁止宣称，可用汉麻或者火麻替代）	—

需要规范表达的词汇

创作者在口播被提示违规，并不代表这些词不能说，而是营销表述、带货行为不规范导致的违规。注意带货规范用语！部分规范用语如下表。

规范用语	使用规范
秒杀	「实物出镜，展示秒杀信息」 √秒杀活动开始前，需在直播间背景板、OBS 直播组件等场景清晰明确展示秒杀活动具体信息。秒杀活动进行时，商品必须实物出镜
	× 宣传“低价秒杀”“免费送”等福利信息诱骗用户参与“秒杀”互动，实际未兑现或无法兑现的推广行为，或秒杀信息发布不规范的推广行为
原价	「误用存在风险，不鼓励使用」 √根据国家发展改革委关于《禁止价格欺诈行为的规定》有关条款解释的通知，“原价”指商品或服务在推广时前七日内在本交易场所成交的有交易票据的最低交易价格
	× 在第三方平台的成交价、吊牌价、建议零售价、厂商指导价等均不可作为“原价”进行宣传，创作者宣传“商品曾经售价”的，可在符合事实的前提下使用“划线价”代替“原价”，以避免对消费者造成误导； × 创作者可能无法准确理解“原价”的法定含义，误用可能构成价格欺诈，侵害消费者权益，故平台不鼓励创作者在短视频 / 直播及其他场景中使用“原价”进行商品宣传

续表

<table>
<tr><td rowspan="2">京东、天猫、淘宝</td><td>「明确表述，勿引导私下交易」
√创作者在口播中正常提及京东、天猫、淘宝等平台，是不会被平台判定违规的</td></tr>
<tr><td>× 在分享商品过程中，不得以明示或暗示方式引导消费者进行私下交易或存在引导私下交易风险、侵犯消费者合法权益的行为</td></tr>
<tr><td rowspan="2">红血丝、敏感肌、皮脂膜、角质层、细胞</td><td>「不得夸大产品功效」
√推广美妆商品时，需合理描述商品功效，如改善红血丝、敏感肌可用等</td></tr>
<tr><td>× 修复 / 治疗 / 解决等动词 + 各类皮肤病 / 疾病名称，如修复红血丝、永久告别敏感肌等</td></tr>
<tr><td rowspan="2">祛斑、美白、防晒</td><td>「先查商品资质，明确可宣传功效」
√宣传祛斑美白、防晒、防脱发时，需先查商品是否为特殊化妆品。国家对特殊化妆品实行注册管理，未经注册不得生产、进口，宣传时需与商品实际功效信息保持一致</td></tr>
<tr><td>× 如商品为普通化妆品，不得宣传祛斑、美白、防晒功效，仅可宣传祛痘、滋养、修护、清洁、卸妆、保湿、美容修饰、芳香、除臭、抗皱、紧致、舒缓、控油、去角质、爽身、护发、防断发、去屑、发色护理、脱毛、辅助剃须剃毛共 21 种功效</td></tr>
<tr><td rowspan="2">牛皮、羊毛、鸭绒、100% 棉</td><td>「先看商品详情页，商品口播需一致」
√在带货商家商品时，一定要提前了解商品的详细信息，包括羽绒、皮革、棉麻、金银等商品材质，保证直播时宣传商品与商品详情页、商品标题、商品封面内容的信息一致，才不会被平台判定违规</td></tr>
<tr><td>× 不要通过词汇重组、词汇变异、“蒙混”直播词汇，比如“某真某丝”“纯 mian”等宣传商品的材质，如果一味刻意地用隐晦词进行商品分享，反倒有逃避平台监管之嫌</td></tr>
<tr><td rowspan="2">运费险</td><td>「先确认商品是否投保」
√运费险是在用户购物时，商家为用户购买的退货运费保险服务，创作者暂不能独自为带货商品购买运费险服务。需先确认商品已投保，方可宣传“这款商品含运费险”</td></tr>
<tr><td>× 运费险作为一款售后理赔型产品，由保险公司按照一定标准赔付指定金额，即实际赔付金额可能大于 / 等于 / 小于消费者实际退货的运费，不得夸大 / 虚假宣传售后服务范围，如加急送运费险、退换货运费由我承担、不喜欢免费退等</td></tr>
<tr><td rowspan="2">预售、现货秒发、X 天发货</td><td>「关注商品库存，不虚假承诺」
√宣传发货时效时，应关注商品库存情况，描述应和实际情况一致，不虚假承诺</td></tr>
<tr><td>× 如宣传商品为预售，不得虚假承诺，如现货、拍下即发、马上发货等</td></tr>
<tr><td rowspan="2">补水保湿</td><td>「不得超范围宣传」
√普通化妆品，可宣传基础的清洁、补水保湿、镇定肌肤的效果</td></tr>
<tr><td>× 不得超范围宣传，不得明示或暗示化妆品具有医疗效果；不得非特殊用途化妆品宣传特殊功效；不得特殊用途化妆品跨类别宣传</td></tr>
</table>

续表

专利、荣誉、销量、研发单位、效果指数	「有专利，需展示」 √专利 / 荣誉 / 销量 / 研发单位 / 效果指数等商品信息需在商品详情页进行展示。如商品详情页未展示相关信息，创作者宣传专利证书、荣誉获奖证书、品牌授权书、权威单位 / 机构研发证书、检测报告等商品未公开的信息，须在直播间、视频画面等公开位置展示相关证明
	× 创作者宣传商品相关信息，需与商品详情页展示的内容一致，不可夸大或超范围宣传
院线级	「需要举证」 √商品确实是和医院或科研所合作推出的产品需要举证，创作者需要基于事实宣传
	× 不可夸大或超范围宣传，如面膜具有院线级医美功效。不鼓励创作者在短视频 / 直播及其他场景中使用“院线级”描述进行商品宣传
除菌、杀菌、抑菌	「需要举证」 √商品成分、功效、妆效等信息须与商品详情页保持一致；商品详情页未涉及的商品成分、功效、妆效等信息，禁止创作者在推广（包括但不限于通过广告、直播、视频等方式推销商品）时进行宣传，即宣传时，不得超出商品详情页里的商品信息范围
	× 消字号商品不得宣传或以各种形式暗示除“杀菌、抑菌、消毒”以外的任何功效
减脂期、控制期、辟谷期	「不能延伸到减肥」 √宣传商品前需做好商品调研，防止在分享普通食品时进行违规宣传；无法通过具体证明或依据判断商品具有所宣传减肥功效的，建议避免宣传
	× 作者在分享普通食品以及其他不具有减肥功效商品时，不能使用减肥、快速减脂、体重不反弹、无须保持健康合理膳食和运动就能瘦等词汇进行违规宣传
有机	「需要展示」 √需要在视频内容页或商品详情页醒目地展示，宣称有机产品，需展示有机产品认证证书
	× 宣传时，不得超出商品详情页里的商品信息范围
零添加、无添加	「禁止单说无添加」 √禁止单说无添加，单纯描述“无添加食品”的；如描述时需同时标记注释未添加的元素，如不添加防腐剂
	× 不得只说“无添加”
孕妇，哺乳期妇女可用	「与商品详情页一致」 √看商品详情页是否有对应的展示信息，如果有适用孕妇描述就没问题
	× 宣传时，不得超出商品详情页里的商品信息范围

需要规范表达的词汇

违规原因	违规表述	变体表述依旧违规
广告禁用词（迷信宣传）	招财、招财进宝	招米、招什么财进什么宝、招什么财辟什么邪、避避挡挡
广告禁用词（高风险诱导）	保值、升值	保什么值、升什么值、买回去就能生票子
功效虚假（涉医功效）	明示或暗示普通商品具有医疗、保健等功效	糖人糖友（暗示糖尿病）、这也高那也高（暗示高血压）、护肝、促进消化、通便 、促进肠胃蠕动、消化、治咳嗽、发育长高、医学背景、助眠
功效虚假	抗老、抗衰、抗氧化（以食品行业为主）	k老、k衰、k氧化（以食品行业为主）
功效虚假	可以瘦、吃瘦、暗示减肥	瘦子菌
效果保证	效果保证	国家级营养师推荐、医院都在用、提高发芽率、一喷即白、墙面问题一摇一喷轻松解决、防水补漏、只需3步
效果保证	时效保证	48小时就好，7天搞定体臭
功效虚假	灭火、消炎	k火、消火火
功效虚假	新陈代谢	新城代谢
功效虚假	养颜	—
功效虚假	意想不到的收获	—
功效虚假	治病、解决疾病	—

常见功效表述条件

行业	创作者提问			官方答疑
	疑问词	使用场景	是否能说	备注
美妆行业	敏感肌	有机构认证、实验报告时，说明产品效果	可以说	—
	鱼尾纹	有机构认证、实验报告时，说明产品效果	可以说	—
	法令纹	有机构认证、实验报告时，说明产品效果	可以说	—
	改善	有机构认证、实验报告时，说明产品效果	可以说	—
	紧致	有机构认证、实验报告时，说明产品效果	可以说	—
	修护	有机构认证、实验报告时，说明产品效果	可以说	—
	淡化	有机构认证、实验报告时，说明产品效果	可以说	—
	强化	有机构认证、实验报告时，说明产品效果	可以说	—
	舒缓	有机构认证、实验报告时，说明产品效果	可以说	—
	层层渗透	有机构认证、实验报告时，说明产品效果	可以说	—
	水油平衡	有机构认证、实验报告时，说明产品效果	可以说	—
	清理肌底	有机构认证、实验报告时，说明产品效果	可以说	—
	全方位	有机构认证、实验报告时，说明产品效果	不可以说	—
	遮瑕	有机构认证、实验报告时，说明产品效果	可以说	不得通过视频剪辑等方式夸大产品效果
	美白	商品有特化证明时，说明产品效果	可以说	非美白特化商品不可宣传或暗示美白效果，特化商品亦不可超范围夸张宣传
	祛黑斑	可消除 3 年黑斑，10 年天生黑，20 年老年黑斑	不可以说	
	防蓝光	介绍产品能防电脑、手机屏幕蓝光的伤害	不可以说	化妆品防蓝光尚无科学定论，存在虚假宣传风险

续表

服饰行业	显瘦	介绍服饰穿着效果时	可以说	—
	显高	介绍服饰穿着效果时	可以说	—
	塑身	介绍服饰穿着效果时	可以说	—
	提臀	介绍服饰穿着效果时	可以说	—
食品饮料	三倍蛋白	依照商品详情，宣传商品卖点	可以说	—
	补充胶原蛋白	依照商品详情，宣传商品卖点	可以说	—
	有用	秋冬喝点秋梨膏特别有用	可以说	不得宣传或暗示食品有医疗功效
	吸收	—	可以说	不得宣传或暗示食品有医疗功效
	药食同源	—	不可以说	不得宣传或暗示食品有医疗功效
	控卡	—	可以说	不得宣传或暗示食品有减肥功效
	体重管理	—	可以说	不得宣传或暗示食品有减肥功效
	变化	坚持吃一个月你会有不一样的变化	不建议说	不得无依据对商品做出保证性承诺
	溶解脂肪	—	不可以说	不得宣传或暗示食品有减肥功效
滋补膳食	补充维生素	—	可以说	不得宣传或暗示食品有医疗功效
	早晚各一次	—	可以说	—
	没负担 / 无负担	—	可以说	—
	安全	宣传食品非常安全	不可以说	滋补膳食不一定适合所有年龄段
其他	增白	小白鞋清洗剂组合中，宣传清洁净白和强化增白两个效果产品	可以说	不得通过视频剪辑等方式，夸大产品效果
	除臭	—	可以说	—
	净味	—	可以说	—
	植物除甲醛	绿萝可24小时持续除甲醛	不可以说	靠植物除甲醛未有科学依据证明
	耐磨耐踩	—	可以说	—

续表

其他	消毒	售卖消毒柜，有二星消毒证明，商品详情页也有展示	可以说	需要在视频内容或商品详情页展示消毒证明
	恒温技术	—	可以说	—
	恢复	宣传商品可以恢复因积炭导致的动力不足，油耗增加，怠速不稳	可以说	—
	都能粘	宣传免钉胶，金银铜铁铝，玻璃瓷砖大理石，统统都能粘	可以说	—
	防水层	宣传使用商品后，可形成一道防水层	可以说	—
	补漏	宣传商品效果，轻松补漏不费劲	可以说	—
	专业效果	宣传商品能达到专业效果，不用专门请补漏工人来做防水	不可以说	—

“不规范用语”的违规处罚

违规情节	处罚措施
情节轻微	警告
情节一般	扣除信用分 0.5 ～ 2 分
情节严重	扣除信用分 2 ～ 12 分
情节特别严重	扣除信用分 12 分

此外，抖音平台将根据违规类型及违规内容的性质（如是否违法、是否损害消费者权益、是否破坏平台生态等）以及违规行为造成的后果影响对违规情形进行综合判定，并基于不同违规情形和程度采取处罚措施。例如：

◎ 减少曝光。

◎ 暂时或永久关闭商品分享功能（包括但不限于橱窗权限、购物车权限及直播商品分享功能权限)。

◎ 扣罚违约金。

◎ 暂时或永久封禁抖音账号。

◎ 冻结部分或全部账号保证金。

◎ 提高保证金应缴额。

◎ 冻结部分或全部未结算 / 未提现商品分享佣金。

◎ 限制提报营销活动。

为消除不利影响和维护消费者合法权益，用户发生违规行为的，除采取相应处罚措施外，抖音平台有权单独或同时采取纠正管控措施，包括但不限于警告、下架违规商品、对该账号下的单条或全部视频作**仅个人主页可见**处理、阻断直播等。

第 10 招

卖货转化技巧——货

10.1 抖音直播间流量转化三要素之二：货

不管什么行业，要想在抖音上做好生意，一定要掌握两个底层逻辑：做好内容和选对产品。这是因为，内容和产品直接决定了抖音生意的流量规模和转化率。好内容是抖音生意的基础，它解决了流量的前半程问题——提升曝光率和点击率，激发更高的曝光量级。而好产品是抖音生意的核心和本质，它解决了流量的后半程问题——提高转化率，确保流量的持续推送。

关于直播间的选品有以下核心逻辑供大家参考。

1. 卖爆款是做好抖音直播带货的捷径

如果说在抖音上做生意有什么捷径，我认为挖掘并跟进爆款是排第一位的。做抖音代运营这么多年，我有一个非常深刻的感受：很多时候不是你不够努力，而是你的产品太难卖了！我把抖音上的产品分为以下4个等级。

A等级的产品是自带流量的稀缺货，无需复杂的运营技巧，上架即卖爆。例如低于市场价的茅台、奢侈品等大牌产品。

B等级的产品自带爆款潜力，极易通过内容营销展现产品卖点，只需要掌握一定运营技巧就能轻松售卖出去。比如大闸蟹、年货等应季热门商品，受众广泛，通过优质内容很容易激发用户下单。

C等级的产品差异化不强，但是通过好的主播和话术，也能实现转化。比如，大部分的消费品，虽然产品平平无奇，但只要能满足目标用户的需求，配合好话术和场景也能成功卖掉。

D等级的产品几乎不具备竞争优势，不管是产品功能还是性价比，都毫无吸引力。比如，没有任何品牌背书、脱离市场需求且价格昂贵的消费品。

对于在抖音上做生意的人来说，最快的捷径就是制造爆款或者跟进爆款。销售难以推广的产品不仅是在给自己增加难度，也是在浪费时间。

2. 不能自产爆款，就跟对爆款

在抖音上卖对产品分为两种，一种是自己制造爆款，另一种是跟风卖爆款。制造爆款需要具备精准的市场预测能力、强大的供应链管理能力和对用户需求的感知力，非一般人所能及。而跟对爆款则相对简单，它能让我们“吃”到眼前的流量红利。

在抖音上做生意，随时都能被产品赋能，因此把握流量的节奏十分重要。因为大部分爆款都有一定的生命周期，越早跟进，越能“吃”到更多的自然流量。很多品牌方可能会觉得，这个策略不适合自己，因为选品早已固定，很难灵活调整。然而，品牌方仍然可以通过选择匹配目标人群的爆品在直播间引流，再转化自身的主推品。

从这个角度看，在选品时，既要考虑中长期爆款潜力，也要把握短周期选品红利。对于注重内容和流量的团队来说，持续跟进销售爆款就是一种稳妥又聪明的赚钱策略。对于品牌方而言，提前预测并策划自身的长周期爆品，同时利用短期爆品为自己引流，是一种聪明的营销手段。

3. 好产品自带流量

好产品可以激发直播间的流量推送，主要是因为它能够提升直播间的互动数据、转化率和用户停留时长，这些都是平台算法用来决定是否推送更多流量的关键指标。以下是好产品如何激发直播间流量推送的详细解释：

◎ **提升互动数据：** 高质量的产品能够激发用户的兴趣，增加他们在直播间的互动行为，如评论、点赞和分享。这些互动行为会被平台视为直播间内容受欢迎的信号，从而增加流量推送。

◎ **提高转化率：** 好产品更容易激发用户的购买欲望，从而提高直播间的销售转化率。高转化率意味着直播间能够有效地将流量转化为销售额，这是平台衡量直播间商业价值的关键指标。

◎ **增加用户停留时长：** 高质量的产品能够吸引观众在直播间停留更长的时间，这会向平台算法传达直播间内容具有吸引力的信息。用户停留时长是平台算法评估直播间内容价值的重要依据。

◎ **形成正向反馈循环：** 当直播间因为好产品而获得更多流量时，又会吸引更多观众，进一步增加直播间的互动和转化，形成正向反馈循环。平台算法会识别这种正向循环，并倾向于推送更多流量给表现良好的直播间。

◎ **满足用户需求：**好产品能够更好地满足用户需求，提供良好的购物体验。满意的用户可能再次访问直播间，这有助于建立稳定的观众群，从而获得更稳定的流量推送。因此，选择和推广好产品是增加直播间流量推送的关键策略之一。通过不断优化产品组合和提升产品质量，直播间可以有效地吸引和留住观众，从而获得平台更多的流量扶持。

10.2 如何选品

符合抖音电商产品力要求的好货

在抖音电商平台，哪些产品更易于销售？许多商家可能认为，只要产品质量上乘，就可以算作好产品，并且更容易销售。然而，事实并非如此。

前面说过，抖音电商 2024 年推出了全新的方法论——CORE。C——价优货全，是**经营基础**；O——全域内容，是**撬动流量的筹码**；R——营销放大，是**生意的放大器**；E——体验提升，是**经营底线**。

其中，“价优货全”的产品力至关重要，它直接影响着流量的转化率。但是很多人对好产品的定义是狭隘的，过于主观。根据抖音电商官方发布的好产品要求，可以看到，抖音电商界定的有商品优势的产品，就是精准对接了市场需求或者填补了市场空白的产品。它们上架以后就能获得大量自然流量的曝光，达人也更倾向于销售这些产品。在这种情况下，即使是新店的上架产品也能获得很好的销售业绩，通过直播间销售可以进一步扩大其影响力。

以下是两类典型具备销售优势的商品：

◎ 第一种是**占据用户心智的爆品**——已占据用户心智、稀缺的商品。如新款手机，或用户主动在平台上搜索、但目前供给并不多的平台热搜品 / 热销品，大家可以通过**【抖店】→【商机补品】**来发现这些产品的线索。

◎ 第二种是**低价爆款**——也就是热销同款产品，但是你这里的价格更低。如爆款面霜，大家同样可以通过**【抖店】→【爆款竞价】**来发掘这一类具有商机的产品。

使用工具发现爆款趋势

有很多工具和平台可以帮助我们发现抖音上的爆款趋势，官方工具有电商罗盘、巨量云图、巨量算数等，第三方平台有蝉妈妈、飞瓜、考古加等。

以巨量算数为例，教大家如何通过工具挖掘并紧跟爆款趋势。

巨量算数的**电商榜**是一个全免费平台，汇聚各细分类目的爆款趋势，是抖音官方的数据信息和工具平台，已经在抖音、今日头条、微信小程序上线。该榜单可以为品牌方及商家带来透彻、高效、便捷的消费偏好参考，帮助商家做出选品决策。

巨量算数电商榜相较于市面上其他第三方机构榜单的优势在于：

◎ 平台发布，免费且权威。

◎ 专为电商用户设计的爆品榜单，入口简单，操作便捷。

扫描下方小程序二维码可以体验。

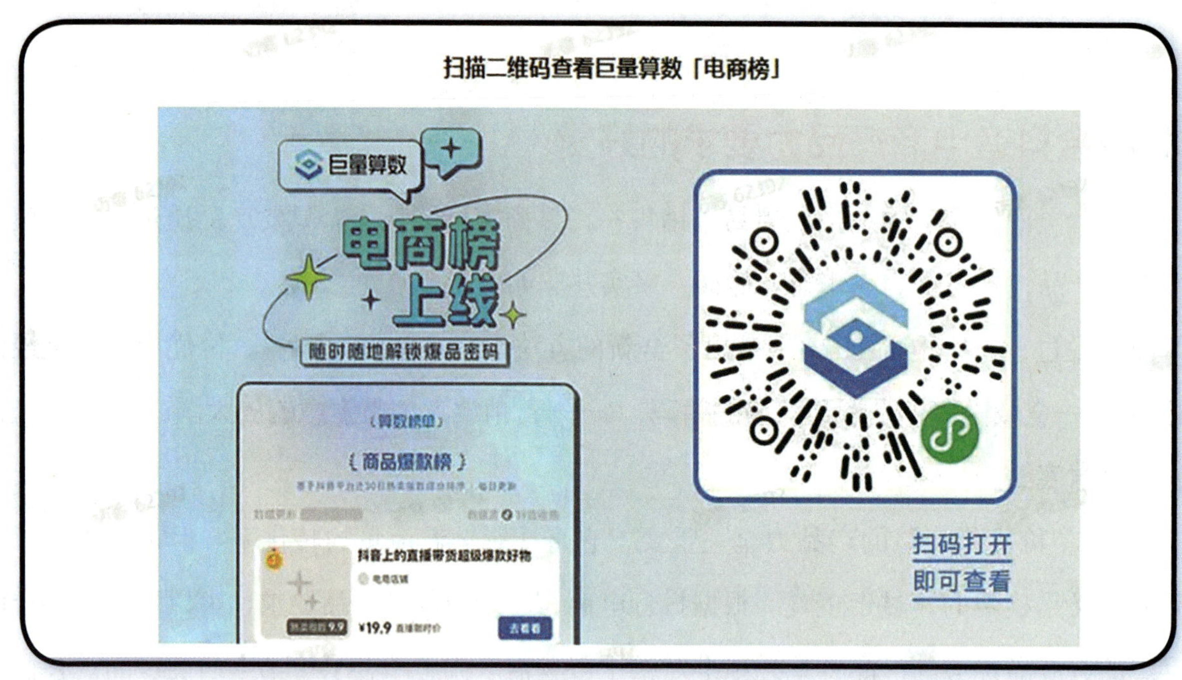

巨量算数电商榜能看什么

首先，能看各个行业的热卖榜单，这些行业包括服饰箱包、家居家电、美妆、亲子生活、食品健康、个护家清、珠宝潮奢、3C 数码等。巨量算数电商榜基本上可以为全行业商家提前获得爆款趋势信息。

其次，还可以进行精准搜索，比如，可以根据产品或者类目的关键词搜索爆卖产品。如果你想知道最近哪个品牌的防晒霜卖得好，直接搜索“防晒霜”就能精准匹配，不受所选品类限制。

最后还可以看细分品类的爆款榜，比如，搜索关键词，可以看到该产品在抖音的爆款商品榜上的位置和热卖指数。总的来说，不管你想了解什么产品的爆款趋势，都可以在这个榜单上找到自己需要的信息，且该数据是基于抖音平台近 30 日真实销售额综合排序，数据精准且专业。

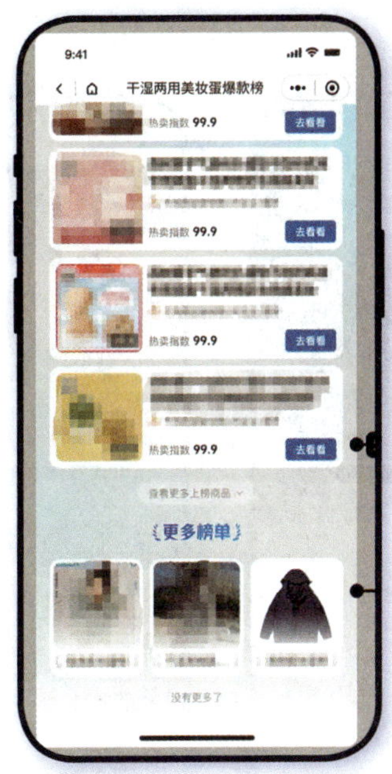

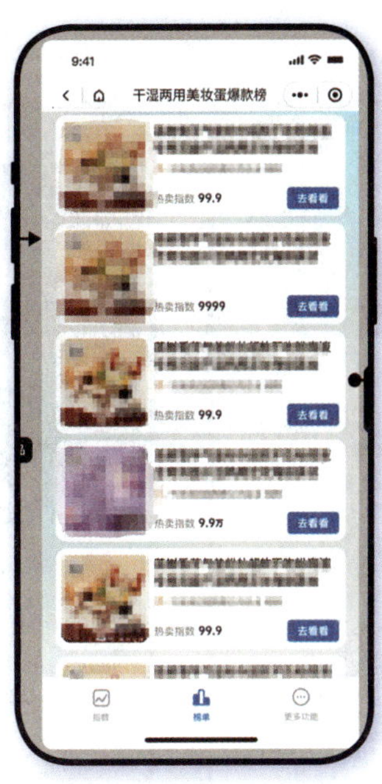

品牌和商家该如何有效利用巨量算数电商榜？除爆款趋势外，我们还能从电商榜上获得哪些信息？

下面给大家提供使用电商榜的三个建议。

通过电商榜获取爆款信息，指导组品，实现精准引流。

电商榜提供的是各个细分类目下的最新爆款产品，能帮助商家第一时间掌握产品销量趋势。遵循“什么火卖什么”的原则，通过卖爆款产品，迅速获得流量的正反馈。特别是对于很多急需破冷启动的商家来说，可以通过电商榜及时筛选出爆款产品，用于直播间引流。

例如，我们团队曾合作过一个卖国产护肤品的客户，他们在起号阶段就去市场上找与目标用户契合的美容小家电当作赠品，如各种各样成本在百元以内的美容仪、冷暖光化妆镜、面膜小冰箱等。这些产品自带流量，通过在直播间发福袋和满赠的方式，有效提升了用户的停留时长和转化率。

通过爆品销售趋势反推达人矩阵，用更有优势的产品取代竞品。

一般来说，很多爆款背后都对应着达人矩阵的爆发。大家常说，在抖音上做生意是开卷考试，因为你可以通过爆品销售趋势反推竞品的运营和营销策略。通过电商榜单的实时数据，发现潜在的爆款，再通过抖音的反向搜索功能，查找其关联的达人信息。这样一来，可以即时监测到同行的起号运营思路，快速找到爆品的运营策略。

例如，我身边一位卖母婴产品的源头商家，他们达人主播占比份额超过 80%，团队不超过 5 个人，月销售额超 500 万元。他们成功的秘诀就是去找已经把同行产品卖爆的那些达人，然后通过自降价格和提升佣金的方式让达人销售自家产品快速取代竞品。因为他们是源头工厂，对产品和利润有更高的把控度，所以这个方法屡试不爽。

下面是我从电商榜上发现的某蛋黄酥卖家，蛋黄酥销售量高达 77 万单。在抖音 App 内点击链接可以发现，此单品的达人矩阵非常丰富，通过达人秀可以直接看到达人内容和账号。这不仅为同行内容创作提供了思路，也为达人建联提供了思路。

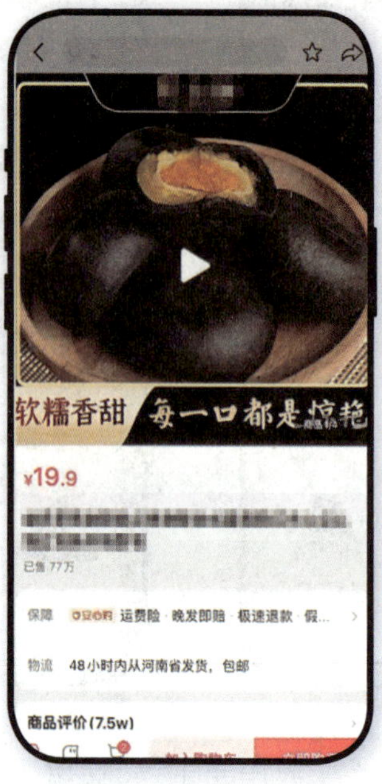

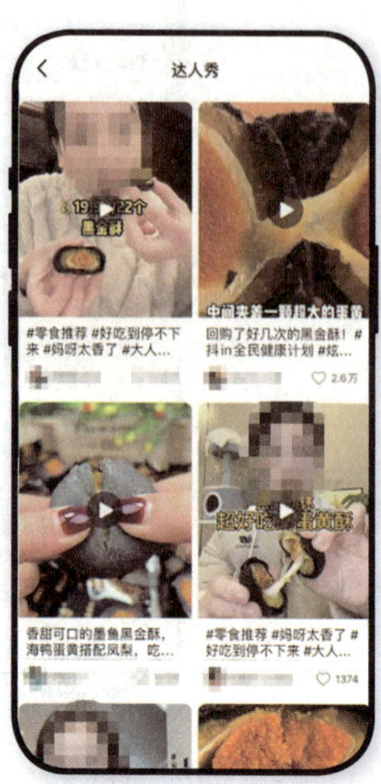

通过爆品售卖趋势寻找竞品直播间，学习创新内容玩法。

抖音上暗藏着很多“黑马”，他们往往是靠某些差异化的内容和营销玩法让产品爆卖。对于苦于寻找营销突破口的商家来说，可以深入研究这些账号或者店铺开阔视野、拓展运营思路。尤其是很多白牌账号，能把产品卖爆靠的是内容和运营技巧，或者适时的运气。而运气也是实力的一部分，因为有运气足以说明这个方法在当下是有效的。

我们可以通过爆款榜单寻找爆款产品，再通过抖音搜索出其卖货账号，研究他们的运营思路，这样还愁没有销量思路吗？多看、多学、多模仿就是最好的方法。例如，我们从电商榜上发现了这款白牌纸巾，其累计销量达到了 55 万单。我们快速找到店铺和自营账号，发现其首页有 500 多条带货视频，且条条挂车，内容数据表现得非常不错。他们的视频制作颇具匠心，场景化很强，创意丰富，非常值得同行借鉴和学习。

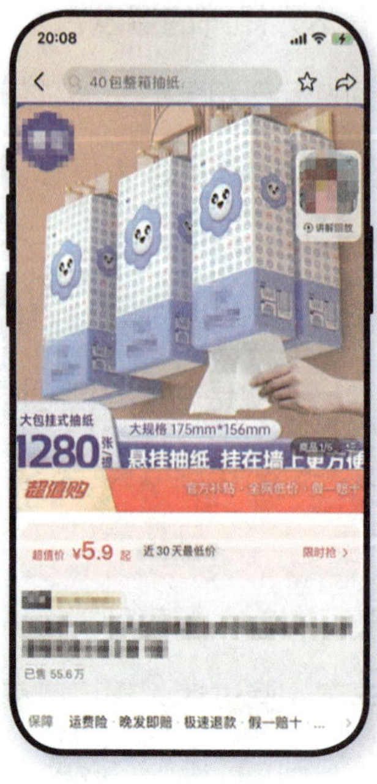

10.3 如何组品、测品、排品和过品

当我们选好产品以后，接下来就要在直播间组品、测品、排品和过品了。组品和排品是直播电商销售策略中的重要环节，它直接关系到直播的销售效果和观众的购买体验。

直播间选品分类

引流品

引流品：也叫福利品，我们可以选择一些性价比高、受众广泛的产品作为引流品，吸引观众进入直播间。引流品的作用主要有三点。

◎ **获得推荐，获取初始流量：**引流品的作用在于吸引用户进入直播间并促使其在直播间停留和互动。因此，引流品需要具备普适性，能够吸引大部分用户的注意，给用户很高的价值感。

◎ **为主推品和形象品做铺垫：**引流品本身并非盈利品，而是为后续主推品和形象品打下基础，通过让用户停留在直播间积累人气。

◎ **积累数据，拉高流量：**直播间需要不断积累大量的互动数据（如点赞、评论、关注等）以及交易数据，才能获得更多的自然流量推荐。而当直播间流量下降的时候，引流品就可以起到快速拉抬流量、积累数据的作用。

选择引流品的几个维度

◎ **普适性：**挑选大众熟知且实用的产品作为引流品，可以通过大品牌渲染价值，或利用大众化品类激发用户兴趣。比如，在直播间用知名品牌牛奶引流，易于让用户有心理认知且有购物需求。

◎ **认知价格高：**在直播间破价销售用户认知度非常高的产品，更能体现价格优势。

比如，在直播间对某些热门款电子产品进行补贴秒杀，像某品牌手机、相机等。

◎ **采购成本低：** 利用本地货源优势，降低引流成本。有些产品因为地处产地源头，所以具备颠覆用户成本认知的价格优势，这时候销售这些产品既能吸引用户，还能降低成本。

◎ **品牌优先：** 品牌产品认知度高，价格锚点清晰，比如，某品牌榨汁机的吸引力高于杂牌。

◎ **冲突性：** 产品本身自带争议点，能够快速引发用户讨论，提高用户停留时长，比如某品牌香菜面是曾经火爆一时的争议品，该产品可以引发用户兴趣和关注。

◎ **关注产品生命周期：** 选择处于上升期的产品，更容易获得流量。可以借助平台工具筛选趋势热品，或者选择季节性爆款，比如，月饼、大闸蟹、年货、春茶等产品。

◎ **考虑直播间相关性：** 选择与直播间主题定位相符的产品，比如，零食直播间可以选择牛奶作为引流品，男装直播间可以用皮带引流。

主推品

主推品： 也叫利润品，这些产品通常利润较高，是直播间重点售卖的爆款，也是直播间的主要盈利来源。与引流品和形象品不同，主推品的主要目的是盈利，其定位和作用如下。

◎ **主推品让直播间赚钱：** 引流品旨在吸引流量，而主推品则是为了让直播间盈利。主推品可以是一款商品，也可以是几款商品，它们紧随引流品之后，用来转化流量，同时也是创造 GPM 的爆品。

◎ **主推品的流量通常来自引流品：** 主推品的流量来自对引流品感兴趣而停留的用户。因此，主推品的承接要与引流品紧密相关，并根据引流品的目标用户属性设计主推品的话术和承接策略，以避免承接失败。

◎ **主推品有助于提升直播间客单价：** 选择高客单价的利润品，可以提升直播间的整体盈利能力，且高客单价的选品可以助推系统寻找更多优质人群，摆脱低价旋涡。

如何利用主推品间接带来流量

◎ **打造爆款主推品，提升直播间权重：** 成功打造爆款主推品，可以提升直播间在平台上的权重，从而获得更多自然流量。例如，“潜力爆款”就具有爆款潜质，如果能够打造成功，就可以提升直播间的流量。

◎ **利用主推品进行付费推广：** 可以通过巨量千川将主推品作为投放目标，进行付费推广，精准吸引用户进入直播间，并最终实现盈利。

◎ **通过优质的主推品提升用户黏性：** 提供高品质、高性价比的主推品，可以提升用户对直播间的信任度和好感度，从而提升用户黏性，吸引用户复购，并带来更多流量。

形象品

形象品： 指用来彰显直播间价值，提升直播间定位和调性的高价值产品，通常价格较高，不一定以销量为主要目标。形象品的作用主要有以下几点。

◎ **彰显直播间的高端价值：** 通过展示高价值的形象品，可以向用户传递直播间的高端定位，提升用户对直播间产品的信任度和购买欲。

◎ **提升直播间定位和调性：** 形象品的选择通常与直播间的整体风格和定位相符，比如，主打轻奢路线的直播间，可以选择一些国际大牌商品作为形象品。

◎ **吸引高消费人群：** 高价值的形象品更容易吸引高消费人群的关注，即使他们没有购买形象品，也可能对直播间其他产品产生兴趣。

◎ **维护老粉黏性：** 直播间可以通过向老粉提供形象品的专属优惠或福利，来维护老粉黏性，提高复购率。

形象品的选择维度

◎ **高价值产品：** 形象品通常是直播间价值最高的产品，比如，高客单价的商品、限量款商品、联名款商品等。

◎ **符合直播间定位：** 形象品的选择要与直播间整体的风格和定位相符，比如，主打性价比的直播间，就不适合选择过于奢华的形象品。

◎ **具有一定的稀缺性：** 稀缺的产品更容易引发用户的关注和购买欲，比如，限量款、断货款等。

直播间组品

直播间组品是指自由搭配产品和赠品组合，并且设置一个合理的机制，引发用户购买。有人好奇为什么不能直接售卖单个产品，而要搭配组合售卖呢？因为直播电商区别于传统的售卖形式，需要在短时间内激发用户的兴趣。因此，需要花时间和心思根据直播间的定位、目标用户、流量渠道以及平台算法等因素，进行科学合理的搭配，以达到助推销售的目的。直播间的组品有以下几种策略。

卖套组，不卖单品

卖套组有很多优势，无论是对于商家还是用户，都能获得更多收益。从商家角度来说，一方面可以提升客单价。因为套组通常包含多款产品，总价比单独购买每款产品要高，可以有效提升直播间的客单价，从而提高整体销售额；另一方面可以促进销售，提升转化率。套组通常会搭配一些优惠活动，比如，限量抢购、买二送一更优惠等，可以刺激用户的购买欲望，提高转化率。对品牌方来说，套组销售，用户很难进行产品的比价，可以保护其他电商平台同一产品的销售价格。对于一些库存积压比较多的品牌来说，套组搭配售卖还能清理库存、减少损失。

从用户角度来说，购买一瓶 59 元钱的洗发水不如购买 129 元两瓶再加赠三瓶体验装的体验更好。虽然从单价来看 59 元更便宜，但是从人性角度来说，“买二赠三”让人感觉更划算，也更有冲动下单的动力。

用赠品拉高价值感

有些直播间的情况是主推品不火，赠品火。那为什么不直接卖赠品赚钱？因为赠品一般是知名度较高、市场价格透明的产品，竞争也相对激烈，且很难赚到钱。此时将这些产品拿来做赠品，更容易提升主推品的吸引力和价值感。之前的章节里有教大家如何通过巨量算数的电商榜选择爆款产品，我们可以把别人已经卖爆的产品放到直播间里作为赠品，来提升主推品的转化率和价值感。比如，某直播间买年卡送某品牌吹风机，这个赠品属于典型的品牌力强、价值感高的单品，能让用户觉得物有所值。

组品策略常换常新

很多直播间的主推品常年不变，这样对用户越来越没有吸引力。直播间的组品应该不断迭代，哪怕主推品不变，组品和赠品策略也应该经常改变。一方面是为了有新的噱头吸引流量，另一方面可以留住老粉，让他们持续下单。如果直播间有多款主推品，那么每款主推品的组品策略可以半个月换一次，即使是标品直播间，也可以打造非标品直播间的效果，扩大用户规模。

大促和日常组品策略有差异

大促期间的组品策略通常是用更高价值的囤货装吸引新老粉丝购买，因为大促有更强的消费和囤货机制，用户对价格的敏感度更低，所以提供优惠感和价值感的策略不是降价，而是用更高客单价、更大规格的产品激发用户兴趣。日常销售中，用户有“低成本尝鲜”的需求，但是在大促期间，则有“多花点钱囤满一年货的需求”。只要给用户提供划算感，用户对价值的关注度就会超过价格。

直播间测品

很多时候我们选了一堆产品，但是并不知道哪些产品更好卖、有爆款的潜力，这时候就可以通过短视频或者直播间进行测品，即根据小规模用户对产品的数据反馈，反推出用户感兴趣的爆款，提前进行产品的生产和筹备。以下是通过短视频进行测品的关键步骤。

制作不同类型的短视频内容

为了全面了解产品的市场反馈，建议针对目标用户制作不同类型的短视频内容。

产品种草视频： 通过产品种草视频突出产品的核心卖点和优势，比如，使用效果、独特功能等，充分展示产品卖点，方便用户做出判断和决策。

场景化使用视频： 将产品融入特定的使用场景中，比如，生活场景、工作场景等，让用户更直观地感受到产品的价值。

直播切片视频： 如果已经开始进行直播带货，可以将直播过程中用户互动较多、产品介绍比较精彩的片段剪辑成短视频，进行二次传播和测试。

利用 DOU+ 或巨量千川进行小规模投放测试

短视频内容制作完成后，可以通过 DOU+ 或巨量千川等付费推广工具进行小规模的精准投放测试。投放时，可以选择与目标用户画像相符的标签，比如，年龄、性别、地域、兴趣爱好等，将短视频内容精准地曝光给潜在用户。

建议初期不要投入过多的预算，可以通过多组测试，不断优化投放策略，找到最优的投放方案。

爆款数据分析和评估

收集和分析短视频数据，评估产品爆发潜力： 短视频投放后，需要密切关注视频的播放量、点赞量、评论量、转发量、商品点击率、转化率等数据。可以通过能提供详细数据报表和分析功能的巨量云图等数据分析工具进行评估。

通过分析这些数据，可以评估产品的市场接受度、用户反馈、潜在问题等，为后续的产品优化和营销决策提供数据支撑。例如，如果某个产品的短视频获得了较高的播放量和点赞量，但是商品点击率和转化率较低，说明产品的展示和介绍可能存在问题，需要进行优化。

根据测试结果迭代优化产品和营销策略： 短视频测品不是一次性的工作，而是一个持续迭代和优化的过程。根据测试结果，及时调整产品的卖点、包装、价格等，以及短视频的内容、风格、投放策略等，不断提升产品的市场竞争力。

直播间排品

直播间排品是指不同产品在直播间的出场顺序，以及主播根据直播间的流量情况和用户数据反馈，及时调整直播间产品的介绍和讲解顺序，灵活应变，通过产品拉升和稳住直播间的流量。

直播间排品有很多策略，可以根据直播间所处阶段、产品之间的搭配组合以及直播间的实时数据情况进行灵活调整。

- **根据流量情况调整排品结构：**如果直播间流量不足、人气不够，可以增加引流品的比重；如果直播间流量稳定，那么可以减少引流品，增加利润品的比重，来提升 GPM 等电商数据。

- **根据用户反馈优化产品选择：**如果某款产品用户反馈较差，那么需要及时下架，并寻找替代产品；如果某个产品在直播间的人气不高，可以考虑将其替换为其他产品；如果某个产品的转化率很高，可以考虑增加其上架时间和频率。

- **根据直播间的品类规划排品：**如果是卖服装的直播间，可以按照色系排序，或者按照材质排序；如果是卖护肤品的直播间，可以按照产品的使用顺序排品，比如，先卖洗面奶，再卖精华、水乳和面膜。

- **根据直播间所处的阶段排序：**在起号阶段多上福利品，把流量做起来再考虑盈利，比如，福利品可以占比 80%，该阶段不追求销售额或利润率，以直播间人气、互动、停留、关注、单量为主。在拉升阶段，爆款主推品可以占比 70%，主要是为了做好账号的成交标签，拉升直播间的坑产价值。在账号稳定阶段，可以有节奏地穿插引流品、利润品、新品和高客单产品，让新粉、老粉都有购买欲望。

直播间过品

精心规划直播间的产品展示顺序对于维持直播间的高人气至关重要。吸引人气依赖主播的话术，而实现转化则依赖产品的吸引力。因此，掌握何时说什么以及何时展示哪些产品非常关键。总体而言，当在线人数下降时，可以利用引流品来留住用户和稳定点击率，而当人数回升后，则应推出主推品以提高 GPM，从而提升直播间的电商表现。直播间主播需要具备良好的节奏感，以稳定直播间的成交节奏。以下是一些有效策略。

- **开场上引流品：**推引流品的目的是在刚开播的时候提升人气，这些产品通常没有利润或者是负利润，旨在吸引用户停留、互动和成交，从而提升开播时的流量，以获得系统的持续推流。因此，很多账号在刚开播的时候都会通过上架引流品的方式来累计数据。引流款的上架数量和时间可以根据具体情况调整。总的来说，只要把流量拉高，就可以及时将引流品转换至其他产品。

- **引流品过渡到主推品：**通过引流品引起观众兴趣后，接下来就可以推出主推品。这些产品通常利润较高，是直播间的主要盈利来源。由于涉及产品转换，很多主播可能把握不好节奏，导致人气迅速下滑。因此，有效掌握产品转换话术非常重要。

- **穿插引流品：**直播过程中，可以穿插一些引流品，如赠品、优惠券等，以增强观众的互动和购买体验。

- **注意产品切换节奏：**产品切换节奏应紧凑而不急促，给观众足够的时间来消化信息并做出购买决定。不要过快切换产品，以免观众跟不上节奏。

10.4 如何掌控单品循环直播间的运营节奏

单品循环直播是一种直播销售模式，这种模式的特点是专注于打造爆款单品，强调重复性和持续性，即主播不断地介绍和推广同一款产品，通过不同的角度、使用场景和优惠策略来吸引观众购买。很多店播直播间都是单品循环模式。这种直播间主要有以下优势。

1. 起步简单，降低选品和运营成本。

相比多品类直播间，单品循环直播间只需要专注于少数几款产品的选品和运营，可以节省大量的精力和成本。主播也不需要转换产品和记住多个产品的特点，因此这种直播间对主播的要求更低，招聘、培训和复制比较容易，团队管理和运营成本也更低。

2. 更适合付费投放模型。

单品循环直播间非常适合通过短视频投放导流直播间，用户刷到爆款素材进入直播间以后有明确的目的性，这时候直播间的循环单品正好满足用户的咨询和购买需求。

3. 更容易打造单一爆款。

因为可以集中资源推广单品，所以可以快速积累销量和口碑，更容易形成爆款效应，从而获得更高的转化率和利润。

以10分钟为周期，单品循环直播间的产品展示节奏建议如下：

①塑品，憋单（5分钟）；

②改库存，逼单（3分钟）；

③抽奖，库存改0（1分钟）；

④互动，加库存（1分钟）。

塑品，憋单

（5分钟）

主播塑造产品，渲染产品卖点和价值点，库存改0。

互动，加库存

（1分钟）

库存改0，主播渲染产品，互动团队继续要求加库存，让主播进行新一轮的塑品。

改库存，逼单

（3分钟）

产品上架，加库存，主播继续渲染产品和逼单。

抽奖，库存改0

（1分钟）

产品拍完一波后，把粉丝留在直播间进行福袋抽奖或者截图抽奖，奖品可以是半价或者赠品。

需要注意的方面

1. 单品循环直播间的节奏可以根据产品特性、主播话术特点来确定，上面是以10分钟为例，也可以调整为5~6分钟一个循环，或者15分钟一个循环。循环周期越长，越考验主播的表现力和留人能力。

2. 直播间的互动团队可以通过场控管理4~5台手机在公屏互动，无须额外招募更多。因为是单品循环直播间，所以用户在直播间的停留时间通常较短。

第 11 招

卖货转化技巧——场

11.1 抖音直播间流量转化三要素之三：场

如何理解直播间的“场”

与传统的线下销售场景不同，直播间是线上虚拟的销售场景，但它同样具备“场”的特性。主播、用户、商品、场景、互动等要素共同构成了这个“场”。用户进入直播间，就像进入了一个虚拟的购物中心，他们可以通过观看直播、与主播互动、了解产品信息等方式，获得沉浸式的购物体验。“场”的构建需要多个要素协调配合。

“场”是直播间人设、场景和氛围的综合体现。

人设：“**人设传递信任，信任促进成交**。”好的“场”里的主播需要有鲜明的人设，能够快速拉近与用户的距离，建立信任感。例如，医院里的专家、美容院里的老板、工厂的厂长等，都是比较容易获得用户信任的人设。

场景：“场”的可控性和复制性是最高的，好的“场”能够降低直播间的进线成本，赋能主播和货品。这意味着直播间场景的设计要服务于人设和产品，并且要打造“**极致场景**”。例如，卖日用百货的直播间，可以将场景打造成超市；卖化妆品的直播间，可以将场景打造成工厂。

氛围：好的“场”需要人来“聚拢”人气，比如，做过线下讲师和活动主持的人都懂得如何控场。直播间也需要主播能够把控节奏，营造良好的购物氛围，比如，面对突发情况时，能够妥善处理、对产品卖点进行场景化渲染等。

“场”的作用是降低用户的决策成本，提高转化率。

降低决策成本：用户进入直播间后，会根据主播的人设、直播间的场景和氛围来判断是否值得信任、产品是否符合预期。好的“场”能够快速传递信任，降低用户的决策成本，让用户更快下单。

提升转化率：当直播间的人设、场景和氛围都能够与产品和目标用户相匹配时，用户更容易被吸引、停留，并最终下单购买，从而提升直播间的转化率。

打造好的“场”是做好直播的重要前提。

直播间里的“人货场”都十分重要，其中“场”作为连接“人”和“货”的关键，在直播间运营中扮演着不可忽视的角色。打造能够吸引用户、促进转化的“场”，是做好直播的重要前提。在某些类目的直播间，差异化的场景甚至可以成为核心竞争力，并且能持续获得流量。在抖音平台，有很多团队专注于提升场景的差异化和创意性，让普通产品在不普通的场景里获得更多流量和销量。

直播间场景优劣的关键指标：CTR

CTR 也叫曝光点击率，直播间的曝光点击率是指当系统把直播间画面曝光给用户的时候，获得的点击率。

① CTR 是衡量广告或内容吸引力的重要指标。CTR 指的是用户看到广告或内容后点击进入的比例，它反映了广告或内容对用户的吸引力。CTR 越高，说明广告或内容越能引起用户的兴趣。

② CTR 决定直播间的场观（UV）。抖音会根据直播内容和用户标签，将直播间推荐给潜在用户，而用户在刷到直播间时，是否点击进入，就决定了直播间 CTR。

③ CTR 是影响直播间流量的重要因素，但并非唯一因素。CTR 越高，进入直播间观看的用户就越多，直播间流量也就越大。但直播间流量还与其他因素有关，比如，直播内容的质量、主播的互动能力以及直播间的运营策略等。

④提升 CTR 的关键在于优化直播间场景和内容。“如何让直播间看起来不同”一直是获得抖音直播间流量的重要考核因素。这意味着直播间场景的设计要足够有吸引力，能够在众多直播间中脱颖而出，才能吸引用户点击进入。

⑤不要盲目追求 CTR 的绝对值，要关注 CTR 的提升和优化。不同行业、不同流量的直播间以及达人和店播的直播间，CTR 指标都会有所不同。因此，不要盲目追求绝对的 CTR 数值，而要关注 CTR 的变化趋势，并根据自身情况，制定合理的 CTR 优化目标。

11.2 提升直播间曝光点击率的 6 个技巧

1. 优化直播间标题和封面

直播间标题和封面是用户对直播间的第一印象，好的标题和封面能够有效提高用户的点击欲望。

直播间标题要简洁明了，突出直播的主题和卖点，可以使用一些能够引发用户好奇的词语，或者直接说明直播间的优惠活动，比如，“9.9 秒杀”“最后一天”“限时抢购”等。另外，直播间标题还要能够快速吸引用户的注意力，让用户一眼就能看出直播间是卖什么的、有什么优惠活动，比如，“大牌牛奶全场五折”“学生开学特惠大放价”等。

至于直播间封面，它应当与标题相辅相成，具有以下特点。

◎ **高清视觉：**使用高质量的图片，确保画面清晰，避免模糊或低分辨率的图像。

◎ **鲜明主题：**封面图应直观展示直播主题，如产品实物、活动亮点或主播形象。

◎ **色彩吸睛：**采用醒目的颜色进行搭配，吸引眼球，同时保持与品牌形象的统一。

◎ **文字简洁：**封面上的文字应简洁易懂，避免文字堆砌，以免造成视觉混乱。

◎ **创意设计：**运用创意元素，如独特的图形或符号，增强封面的记忆点。

例如，如果是一场美妆直播，封面可以是一位正在化妆的美女形象，旁边配上“美妆教程”和“限时优惠”的字样，确保用户一眼就能识别直播内容，并产生点击兴趣。通过这样的优化，直播间的标题和封面将更能有效地吸引目标观众，提高直播的参与度。

2. 提升直播内容的质量

直播内容是吸引用户观看并点击购买的关键，因此可以根据目标用户的需求和喜好，选择优质的直播内容，比如，可以分享一些产品的实用技巧、使用场景、搭配建议等。

现在还有很多直播间非常善于“整活”，说白了就是“带货娱乐化”，通过在直播间制造画面感、戏剧感和冲突感来吸引用户进行点击和停留。

3. 选择合适的直播时间

因为直播间的流量竞争遵循实时赛马机制，因此选择低竞争时段或者目标用户高度集中时段，往往可以获得比较好的直播效果。

分析目标用户画像：不同年龄、职业、地域的用户，他们的作息时间和上网习惯都不同。你需要先明确你的目标用户，然后根据他们的行为习惯来选择合适的直播时间。

参考行业经验：不同行业的直播时间有一些规律可循。例如，服饰类直播通常在晚上7点到9点比较火爆，因为这时候是用户下班后的休闲时间；美食直播一般是晚上9点到凌晨，因为这时候用户比较饿，更容易下单；很多美妆护肤直播间在早上8点到12点开播，吸引用户观看。

使用数据分析工具：抖音平台提供了一些数据分析工具，可以帮助商家或直播间了解用户的在线时间和行为习惯。例如，可以使用抖音罗盘查看不同时间段的用户活跃度，从而选择最适合自己店铺粉丝画像的活跃时间。但需要注意的是，电商罗盘的用户活跃时间是根据你之前的直播时段的用户画像统计出来的，并不代表其他时段不适合，你可以通过在不同时段进行开播测试，找到转化率较高的时段进行直播。

目前有很多直播间处于“拉满”状态，这些直播间俗称“日不落”直播间，就是一天播满18个小时以上，我们可以在转化率更高的时段匹配更优质的主播，来获得一天内的大部分营业额。

灵活调整：直播时间并非一成不变，需要根据实际情况进行灵活调整。例如，可以先尝试在不同的时间段进行直播，然后根据直播数据来调整直播时间。

4. 精准投放目标人群

将直播间推广信息投放给更精准的用户群体，可以提高用户的点击率和转化率。

更高的CTR能刺激系统对直播间进一步推流，但是CTR的高低不仅受到直播间场景、画面的影响，还会受到人群精准度的影响。换句话说，如果把母婴直播间曝光给男性，CTR可能会很低。

因此，对于新账号或者冷启动的直播间来说，可以使用**抖音的千川投放平台，设置精准的人群定向条件**，比如，性别、年龄、地域、兴趣爱好等，这样也会大大增加直播间曝光给精准用户的概率，由此提升 CTR。

5. 打造优质主播

主播是直播间的灵魂，主播的个人魅力和专业能力，能够直接影响用户的观看体验和购买决策。

要选择形象气质佳、表达能力强、熟悉产品知识并且具备一定控场能力的主播。好的主播未必都是年轻漂亮的，在促进互动和停留这件事上，有表现力比长得美更重要。表现力其实是主播人生经验和表达能力的集合，同时再加上一些表演天赋，这些主播在直播间里可以忘我地发挥，让用户感受到差异化。

总之，平庸才是流量的敌人。不管是直播间场景、主播还是内容，都要力求创新，先吸引用户点击，再通过话术和产品拉长用户停留时间。

6. 提升直播间场景的吸引力

直播间场景是用户对直播间的第一视觉感受，好的直播间场景能够提升用户的信任感和好感度。直播间场景要与产品调性相符，并尽可能地提升直播间的美观度和专业度。

结合产品特点，营造场景化氛围。直播间场景的设计要与产品特点相匹配，并尽可能地还原真实场景，让用户产生身临其境的购物体验。例如，卖服装的直播间可以将场景设计成高奢门店，卖美食的直播间可以将场景设计成厨房，卖农产品的直播间可以将场景设计成田园。

例如，“某某厂长化妆品矩阵号”的直播间将场景设置在化妆品工厂和仓库，主播选择“两鬓斑白的男性”，通过场景和人设的打造，成功吸引目标用户。

曾有商家为了反季促销羽绒服，在海拔 5000 米、气温零下 9 度的西藏雪山开播，北风凛冽、雪花飞舞的场景吸引了众多用户的目光，带来了巨大的流量。原本仅有数十人在线的直播间，因场景的变换，在线人数激增至数万。 这正是差异化直播场景为流量带来的显著变化。

注重细节，提升直播间质感。直播间场景的细节设计能够体现商家的用心程度，也能够提升直播间整体质感。例如，可以使用一些精致的道具，摆放一些与产品相关的装饰品，或者选择合适的灯光和背景音乐，等等。

根据直播间大小和预算，选择合适的场景搭建方案。直播间场景的搭建需要根据直播间的大小和预算，选择合适的方案。如果直播间面积较小、预算有限，可以选择一些简单、易操作的场景搭建方式；如果直播间面积较大、预算充足，可以考虑专业的场景设计和搭建。实际上，无论是绿幕直播间还是实景直播间，都有机会脱颖而出，关键不在于设备，而在于创意与差异化。

11.3 营造直播间氛围：互动团队与场控策略

想要营造直播间的氛围，有两个岗位很重要，分别是“互动团队”和“场控”。前者负责直播间线上的公屏氛围营造，后者负责直播间现场的把控和氛围调动。

互动团队：公屏氛围营造者

直播间需要真实的互动氛围来吸引用户停留。通过自然互动提升直播间热度是核心目标，因此建议优先从真实用户中挖掘互动潜力，而非依赖非真实流量。

目前行业内存在专门辅助直播间氛围的互动运营人员，他们通过合规手段模拟真实用户行为，例如：

进入直播间观看直播：增加直播间的在线人数和观看时长。

发送评论、点赞：提升直播间的互动数据，营造直播间热闹的氛围。

下单购买产品：制造销售数据，提升用户的购买欲望。

需注意的是，过度依赖非真实互动可能导致直播间权重降低甚至违规。因此，互动运营应立足直播间内容本身。

如何通过自有账号进行直播间公屏氛围的营造？主要需要做到以下方面：

发表评论，引发共鸣。在直播间模拟真实用户，向主播提问，通过主播的回答获得直播间围观用户的信任，或者通过在直播间夸赞产品，来营造好的直播氛围。

多人互动，带动节奏。很多时候直播间的“自砍一刀”等优惠降价策略，需要有人带节奏才能实现，这时候就需要有人在直播间不断向主播提要求，带动公屏其他人互动，同时推动主播的卖货节奏。除了提要求以外，还可以及时引导主播进行商品上下架、改库存等一系列运营操作。

通过福袋带动真实用户参与。除了自己团队的真人互动以外，还可以通过直播间“福袋”

等道具来带动真实用户进行统一评论。在设置福袋时，可以让用户打出统一话术参与福袋活动，激发大量新粉用户在直播间公屏打出想要的关键话术。

正确运用以上方法，可以有效营造直播间氛围，避免违规风险，实现良好的直播效果。

场控：现场氛围调动者

如果说互动团队是直播间公屏氛围营造的关键角色，那么直播间场控就是直播间的“大管家”。这个岗位在不同的直播间称呼不太一样，如直播间小助理、直播间的运营或直播间的导演等。不可否认的是，好的场控对直播的成功至关重要。

场控需要具备较强的沟通能力、应变能力、执行能力和数据分析能力，能够协调各方资源，确保直播顺利进行，并最终提升直播间的销售业绩。场控在直播间中主要负责以下工作：

掌控直播间节奏，不让主播被公屏带乱节奏。很多新人主播容易犯的错误就是，被公屏的节奏带着走，导致原有的节奏被打乱，影响直播效果。专业的场控能够引导主播保持节奏，通过有序的环节转换和销售策略，一轮接一轮地构建成交高峰，吸引更多流量。

配合主播进行一些互动环节，活跃直播间气氛。例如，引导用户加粉丝团，对高黏性用户给予福利奖励，提醒主播回复直播间高频互动信息和问题，在线教学下单和领取优惠券，等等。总之，场控可以补充主播直播过程中的能力不足，和主播一起更好地完成直播。

负责直播间的流量数据监控。在实时直播的时候，主播的注意力通常在讲解产品上，很难实时注意到直播间的各种数据，这时候场控可以根据直播大屏的各种数据以及运营和投放的反馈及时引导主播调整直播方式。例如，在直播的过程中，场控可以通过直播间的大屏监测到当下5分钟内观看用户和购买用户的画像，也可以看到产品的曝光点击率和成交率等数据，可以适时提醒主播针对性地满足目标用户的需求。

处理突发事件。例如，若直播过程中出现产品质量问题、网络故障等，场控需要及时处理，避免造成负面影响。

11.4 直播间构图策略

常见直播间场景类型

工厂 / 仓库直播	手播	坐姿半身直播
	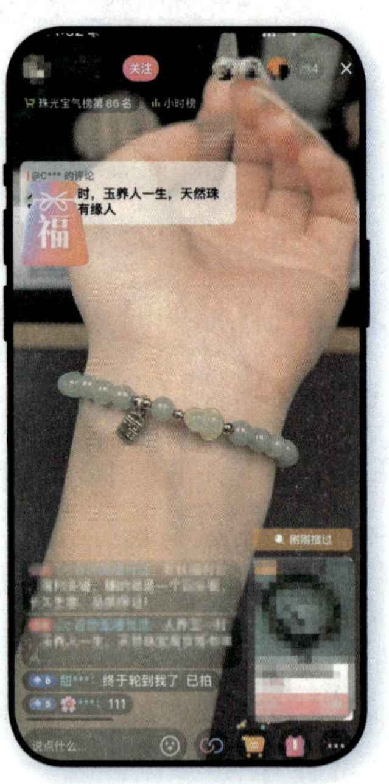	
▲ 特点：工厂、原产地背景，突出源头优势	▲ 特点：突出展现产品精致感	▲ 特点：便于展示产品，突出主播表现力

站姿半身直播	站姿全身直播
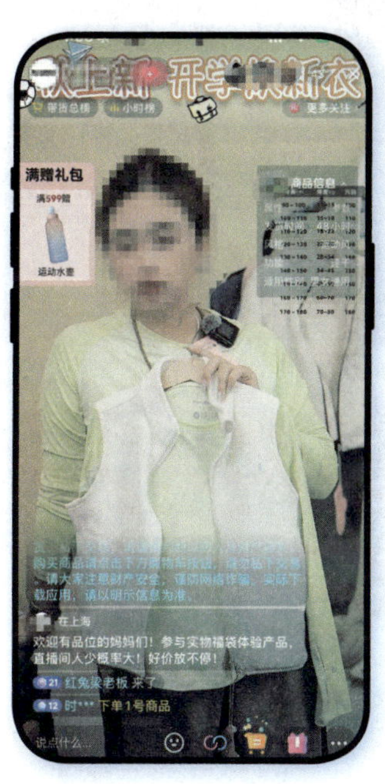	
▲ 特点：可以展示主播、产品和环境的关系	▲ 特点：完整展示主播全身效果，适合服饰、鞋包等类目

直播间竖屏构图要点

1. 直播间竖屏构图特点

大部分的直播间按照竖屏构图，从上到下依次分为上部、中部和下部。各部分构图比例和信息如下。

◎ **上部：** 1/4 留白放置品牌 LOGO、产品贴图；

◎ **中部：** 主播半身出镜，占屏幕的 1/2，保持眼睛对视镜头；

◎ **下部：** 前景操作台占 1/4，放置主要产品。

2. 直播间前、中、后景特点

直播间的“前景、中景、后景”，借鉴了影视作品中的场景布置概念。它将直播间场景划分为不同的层次，从而打造出更具空间感和层次感的视觉效果。

前景：距离镜头最近的空间，是观众首先注意到的地方，通常用于放置与**直播内容直接相关的物品**，如主播正在讲解的商品、直播设备（如麦克风、摄像头）、主播演示操作的道具等。前景的作用是吸引观众的注意力、突出主题，同时也可以用来遮挡不能出现在画面中的部分。

前景的设计要简洁明快，避免过于杂乱、喧宾夺主，影响用户对直播内容的关注。比如，美妆日化直播间可以把产品放在前景显眼的位置，第一时间吸引用户注意；美食直播间可以用产品将前景堆满，突出“量大管饱”；珠宝直播间可以将灯光和镜头对焦在前景的产品上，凸显华贵。

中景：中景位于前景和后景之间，是画面中的中间区域，也是距离镜头适中的位置，通常用于放置**主播和主要的直播场景**。中景可能包括主播背后的部分背景，比如，墙壁、主播坐着的椅子、主播身旁的桌子等。中景有助于展示直播间的整体布局，同时也为前景和后景的衔接提供过渡，增加画面的深度感。

中景要突出直播间的主题和风格。例如，销售服装的直播间，中景可以布置成服装展示区；销售美食的直播间，中景可以布置成厨房操作台；还有一些知识付费的直播间，可以通过人物的坐姿和环境的关系来强调差异化和专业性。

后景：后景是画面中最远离摄像机的部分，通常用来展示环境的全貌，放置**一些辅助性的场景元素**，在直播间的设置中，后景可能是房间的墙壁、窗户、挂饰或者专门设计的背景板、灯光等，用于丰富直播间场景的层次感和空间感。后景对于营造直播间的氛围、打造直播间的风格非常重要，它可以为观众提供视觉上的舒适感，同时也可以用来展示品牌元素或与主题相关的装饰。

后景的设计要避免过于抢眼，以免分散用户的注意力。很多后景用来进行氛围营造，既可以用人作为后景，也可以用实物作为后景。

前景：

产品陈列，产品展示和特写；

中景：

主播讲解，手持产品；

后景：

背景板，展示直播信息、活动主题和福利

▲ 前景：

产品展示，产品特写；

▲ 中景：

主播讲解，手持产品；

▲ 后景：

背景墙，灯光带，灯箱，营造环境氛围

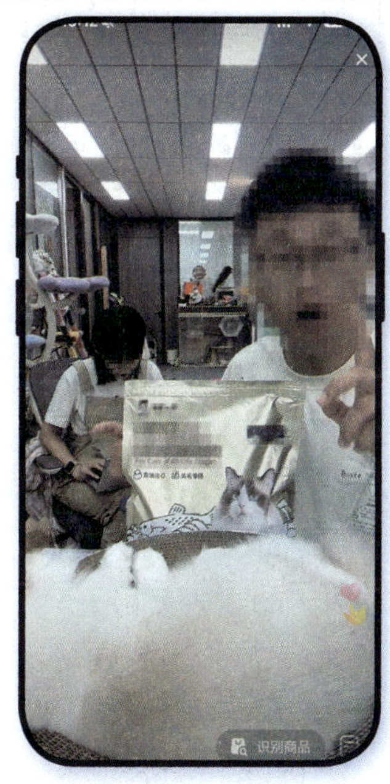

▲ 前景：

真猫躺卧，吸引目标用户；

▲ 中景：

主播讲解，手持猫粮；

▲ 后景：

宠物店氛围、店员、商品陈列

▲ 前景：

产品陈列、产品展示和特写；

▲ 中景：

主播讲解，套组展示；

▲ 后景：

电子屏幕、专柜陈列、助理手持直播卖点

▲ 前景：

产品展示、道具入镜；

▲ 中景：

主播讲解，产品展示；

▲ 后景：

推门、绿植、木栏等氛围营造

▲ 前景：

礼盒展示、产品效果；

▲ 中景：

主播讲解，产品展示；

▲ 后景：

画框、灯烛、走廊和背景氛围营造

第 12 招

直播数据复盘和优化

12.1 直播数据复盘的重要性和意义

直播带货是一个复杂的系统工程，涉及选品、直播、话术、场景、运营、投放等多个环节。直播复盘可以帮助我们全面回顾直播过程中的各个环节，找出不足之处和可优化点，并制定相应的改进方案，从而提升流量、转化率、用户停留时长等关键指标。以下是关于直播数据复盘的几个核心观点。

1. 复盘至关重要。

直播团队的运营、操盘手和主播都需要深入了解直播运营。团队负责人应亲自领导复盘工作，分析直播目标、问题原因以及解决方案，并关注数据的长期影响，特别要关注直播间的盈利情况。现在直播带货的竞争非常激烈，有很多类目的营业额看似很高，但每个月一算利润，发现不赚钱甚至亏钱，这些问题都应该通过每日复盘尽量避免。

2. 复盘与迭代并重。

很多直播间从冷启动开始，数据就一直不佳，每天都不温不火，做不起来。在这种情况下，团队的每个人既不主动复盘，也不主动做出任何调整动作，导致大家都在日复一日地试图“撞运气”。这样的直播间哪怕播再久也不会有什么理想的成绩，抖音直播靠熬是熬不出效果的。

建议直播结束后每日一小复盘，三天一中复盘，当天发现问题当天解决，并根据自身资金、资源和能力，调整直播方向，弥补团队短板，不断优化直播策略。

复盘不是终点，将复盘总结的问题及时解决，如迭代运营方向和直播间话术等，才是复盘的目的。

3. 复盘能快速提升团队能力。

每一次直播都是一次宝贵的经验积累的机会。通过直播复盘，可以总结成功的经验。例如，哪些选品策略更有效、哪些话术更能打动用户、哪些运营技巧可以提升转化率等，并在之后的直播中继续沿用。同时，直播复盘也可以帮助我们吸取失败的教训，例如，哪些选品导致了滞销、哪些话术引发了用户反感、哪些运营失误导致了流量流失等，并在之后的直播中尽量避免犯同样的错误。

通过每日复盘、制定解决方案并跟踪执行，可以让团队保持高效运作，快速积累经验，提升专业能力。直播间可能每天都会遇到新的情况，一个坚持复盘和调整的团队每次直播都会有所收获和成长，逐渐就能把直播间做得越来越好。直播复盘可以让大家避免犯同样的错误，通过复盘，做到“日日事故，日日规避”，不断总结经验，吸取教训，避免重复犯错。

总而言之，直播复盘是直播带货运营中不可或缺的环节。通过及时、全面、深入的复盘，才能不断优化直播策略、提升直播效果，最终实现成功直播带货的目标。

12.2 直播复盘中的关键数据指标

核心数据复盘

直播间流量来源

1. 关注指标： 直播间的流量主要包括自然流量、付费流量、视频流量等，我们可以通过分析直播间的流量来源，例如，通过分析短视频引流、直播间推荐、搜索、广告等不同渠道的流量占比，来判断哪些渠道的引流效果更好、哪些渠道需要改进。

2. 确定优化方向： 如果自然流量占比低，说明直播间的内容吸引力不足，需要优化直播内容，例如，提升主播的感染力、设计更吸引用户的互动环节等。如果付费流量占比低，说明直播间在付费推广方面投入不足，或者投放策略存在问题，需要调整投放策略，例如，优化投放目标人群、选择更精准的投放方式等。

直播间转化率

1. 关注指标： 我们可以通过分析直播间不同阶段的转化率，例如，通过分析商品点击率、加购率、下单率、支付率等，来判断直播间在哪个环节存在问题。

2. 确定优化方向： 如果商品点击率低，说明商品展示不够吸引人，或者商品与目标用户不匹配，需要优化商品展示方式、调整商品结构等。如果加购率低，说明用户对商品的价格、优惠力度等方面不满意，需要优化商品价格策略、设计更吸引用户的促销活动等。如果下单率和支付率低，说明用户对直播间的信任度不够，或者购买流程存在障碍，需要提升主播的信任度、优化购买流程等。

用户行为数据

直播间的停留、互动和转化数据会影响直播间的整体流速。

1. 关注指标： 可以通过分析用户的观看时长、评论、点赞、分享、关注等行为数据，判断用户对直播内容的喜好程度和参与度。

2. 确定优化方向： 如果用户观看时长短，且评论、点赞、分享等互动行为少，说明直播内容不够吸引人，需要优化直播内容。例如，设计更有趣的话题、更丰富的互动形式等。如果用户关注度低，说明主播的个人魅力不足，或者直播间的价值输出不够，需要打造更鲜明的主播人设、提升直播间的专业度和服务质量等。

“人货场”复盘

想要提升直播效果，需要综合考虑“人货场”三个因素。

“人”： 主要指主播。分析主播的**话术是否流畅、人设是否鲜明、能否调动直播间气氛、能否与用户进行有效的互动**等，并根据分析结果对主播进行培训。

“货”： 主要指直播间销售的商品。分析商品的**品质、价格、卖点、与目标用户的匹配度**等，并根据分析结果优化选品和商品组合策略。

“场”： 主要指直播间场景的**搭建、氛围的营造**等，分析直播间场景能否吸引用户、直播间氛围能否促进用户下单，并根据分析结果优化直播间场景搭建和氛围营造。

下表是不同维度下的关注指标。

流量	内容	粉丝	转化	品牌
观看 UV	人均观看时长	粉丝 GMV	GMV	净情感值
外层点击 CTR； PCU：峰值在线人数； ACU：平均同时在线用户数； 观看 >1 分钟率	评论率； 关注率； 分享率； 不喜欢率	看播粉丝占比； 粉丝活跃看播率； 粉丝评论； 粉丝取关	商品点击率； 商品支付率； GPM：千次观看成交金额； 7 日平均复购率	产品提及率； 品牌传播指数变化率

制定优化方案，持续迭代改进

通过数据复盘，找到直播间存在的问题后，需制定相应的优化方案，并付诸实践。

在优化过程中，要持续关注数据变化，根据数据反馈调整优化方向，不断迭代改进，才能不断提升直播效果。

每日复盘： 每天直播结束后都要进行复盘，总结当天的直播情况，及时发现和解决问题。

三天一中复盘： 每三天进行一次中等规模的复盘，对过去三天的直播情况进行总结分析，并根据分析结果调整直播策略。

阶段性复盘：每半年复盘一次当下自身以及团队的成长模型。如果是主播阶段性成长的复盘，以周为时间单位统计并分析数据。

复盘的方法和工具

数据分析工具：可以使用抖店的**电商罗盘、有米云、蝉妈妈**等工具，查看直播间的各项数据指标，并进行分析。

表格：可以使用表格来记录和分析直播数据。例如，使用表格来记录每天的直播时间、直播主题、直播数据等信息。

会议：可以定期组织团队成员进行复盘，共同分析直播过程中存在的问题并提出改进建议。

12.3 如何利用电商罗盘进行数据复盘

抖音的电商罗盘是非常好用的直播复盘工具，直播复盘包含诊断结论、数据概览、渠道分析和热卖商品榜 TOP5 四大模块，可以帮助直播团队复盘每个账号一段时间内的直播表现，盘点不同直播场次的 GMV 分布，直观了解成交、转化和拉新商品榜。

操作入口：【抖音电商罗盘】→【直播】→【直播复盘】。

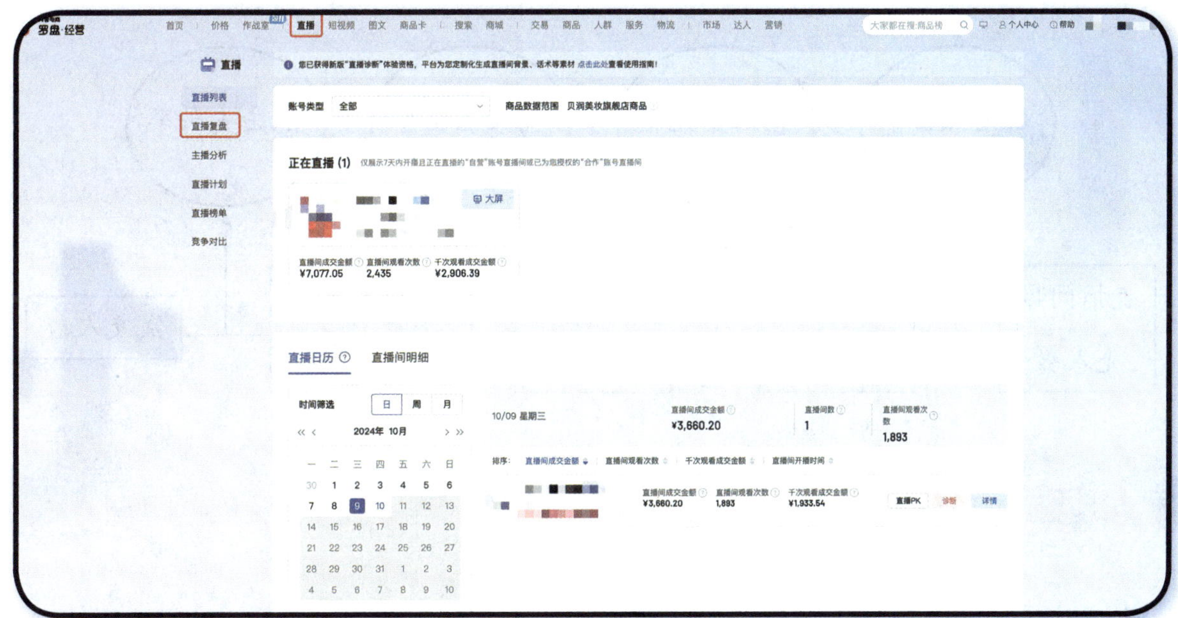

罗盘包含哪些直播复盘数据

整体可包括固定周期直播概览和总结性数据、单场次直播的详情数据以及主播分析数据三大模块。

核心指标：看播率、关注率、互动率、转粉率、人均观看时长、千次观看成交金额等各项核心指标。

流量数据：整体流量转化漏斗，不同流量渠道的转化效率、分钟级趋势变化，短视频引流数据。

商品数据：每个商品的点击率、点击成交转化率，讲解时长及每次讲解的流量变化。

人群数据：观看用户的粉丝占比，成交用户的新老客户占比，成交与未成交人群画像。

主播数据：支持查看不同主播开播时长、单小时成交金额、引流、转粉及转化等各项指标。

除此之外，还有直播间重要评论及分钟级趋势数据协助复盘。

解读罗盘直播复盘数据有什么用

电商罗盘是抖音官方推出的直播复盘工具，可以从多个维度展示直播过程中的各项数据，并提供清晰的同类目、同级别直播间的参考指标，适合各类型的商家学习和使用。无论是新手还是资深商家，都可以通过电商罗盘快速找到自己直播间的关键问题，并找到优化方法。

在抖音电商罗盘的各项指标中，直播流量漏斗尤为关键。若直播流量漏斗中的四率之一数值较低，将影响到最终的成交人数，进而限制整体 GMV。官方数据显示，优秀的商家每天对罗盘直播流量漏斗“五维四率”进行复盘，及时发现问题并做出调整，能够实现 30% 以上销量的增长。

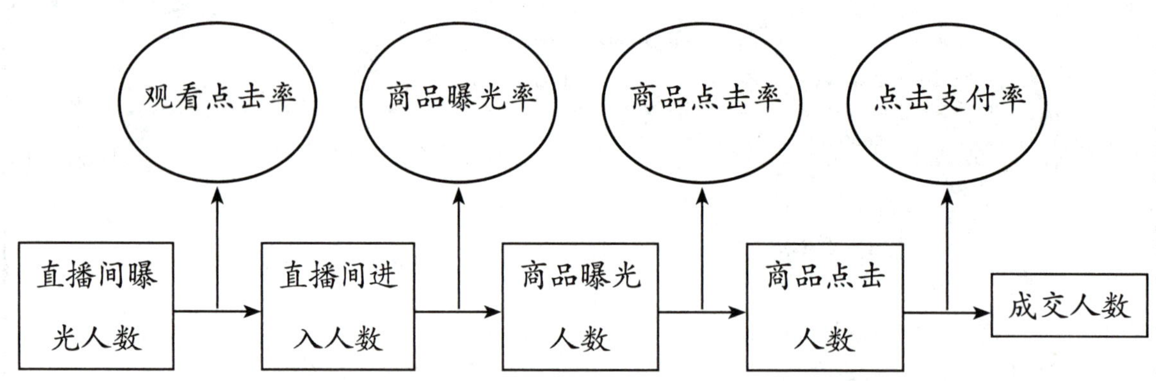

如何解读罗盘数据并进行复盘？

第一步：看流量

流量是直接影响每场直播结果的重要指标，通过电商罗盘的流量漏斗可以快速查找“五维四率”等关键数据，找到流量转化不佳的主要原因。流量漏斗解读策略如下。

◎ **解读指标**：流量漏斗“五维四率”，包含曝光到进入直播间转化率（画面的吸引力）、曝光到点击转化率（商品吸引力和主播话术引导）、点击到成交转化率（商品机制是否有竞争力、主播逼单能力）。

◎ 使用入口：**【抖音电商罗盘】→【直播】→【直播列表】→【直播详情】→【流量结构】&【质量分析】**。

◎ **使用方式：** 每天对流量漏斗“五维四率”情况进行复盘，将这周和上周进行比较，看优化方案是否有效。

◎ **解读方式：** 不同率的指标低代表直播间不同问题，识别表现较差的指标并结合影响因素制订优化方案。

按照流量漏斗模型，我们可以从上至下依次定位流量从进入到转化的核心问题。

1. 直播间曝光人数→直播间进入人数 → 观看点击率。

影响因素： 观看点击率 = 外层用户点击进入直播间的人数 / 直播间总展示人数。除了直播间的整体视觉因素外，巨量千川投放人群以及引流视频均会对这一数值产生影响。

在前面讲场景的章节中，我已经强调了曝光点击率的含义及其重要性。作为直播间漏斗的第一层，它决定了直播间的流量规模。如果直播间的曝光点击率不佳，那么就需要采取各种方式来提升吸引力。

优化建议

◎ 提升直播间吸引力，关注视听体验，包括场景美观度、主播形象及人声清晰度、活动权益贴片。

◎ 突出展示引流短视频的商品细节、优惠力度及用户权益（如满减、优惠券、运费险等）。

◎ 校验广告投放人群与当前讲解商品目标人群重合度。

2. 直播间进入人数→商品曝光人数→商品曝光率。

影响因素： 商品曝光率 = 商品曝光人数 / 直播间进入人数。商品曝光率包含购物车商品展示、正在讲解商品的弹窗展示、闪购卡展示等。

这一层数据指标直接关联到商品，直播间的商品转化率跟商品曝光率密切相关。通常情况下，商品曝光率不高的核心原因都是“讲解弹窗”出现频次太低。

因此，提高商品曝光率的有效方法包括主播强调点击购物车，以及助理频繁使用“正在讲解”功能来操作商品。

3. 商品曝光人数→商品点击人数→商品点击率。

影响因素： 商品点击率 = 商品点击人数 / 商品曝光人数。商品点击人数包含点击进入商品详情页的人数。这一指标表明用户对产品产生了兴趣，已经点击进入了商品详情页，距离下单只有一步之遥。商品点击率越高，用户转化的可能性就越大。

优化建议

◎ 让主播提升展示商品的视觉效果，讲解商品生动丰富（商品细节、设计、材质等）。

◎ 提升商品主图美观度（看得清、看得美），标题和商品卖点突出特色及利益点（风格、优惠）。

◎ 提升商品价格竞争力，确保与同类商品相比更具有性价比（同样价格更高质量/同等质量更低价格）。

◎ 在直播间粉丝及老客户占比较高的情况下，增加新品的上架频率。

4. 商品点击人数→成交人数→点击支付率（DO率）。

影响因素：点击支付率 = 商品成交人数 / 商品点击人数。成交人数为已完成支付的人数。点击支付率是最终的成交数据指标，反映了用户在听完主播讲解后下单的情况，这个数据会直接影响直播间的 GMV。

优化建议

◎ 营造直播间的紧张抢购氛围（例如，报库存、设置时间限制等）。

◎ 及时回答用户问题，解答用户疑惑，并通过逼单话术激励用户下单。

◎ 提升产品的吸引力和竞争力，增加限时限量的优惠力度，促使用户立刻购买。

有关提升点击支付率的话术就是逼单话术，大家可以阅读本书讲话术的章节，仔细了解如何通过主播的逼单技巧和直播间的氛围营造促使用户下单。

如果直播间的点击支付率不高，除话术原因外，还可能是产品原因，包括产品性价比不高、产品缺乏差异化、产品没有独特的卖点等，这些都会影响用户买单的决心。

5. 找到流量下降的原因。

流量下降可能是所有渠道流量都下降，也可能是某个流量渠道下滑。因此，想要定位流量下降的原因，需要用到流量结构图。通过每场直播的流量结构图，可以看到不同流量渠道的转化效能和 7 天内的变化。

直播广场	-	1	-	-	¥0.00	0	-	0%
同城	-	0	-	-	¥0.00	0	-	-
其他推荐场景	-	0	-	-	¥0.00	0	-	-
短视频引流	-	5	-	-	¥0.00	0	-	0%
关注	-	239	-	-	¥897.00	2	¥448.50	0.84%
搜索	-	24	-	-	¥1,520.97	4	¥380.24	16.67%
个人主页&店铺&橱窗	-	18	-	-	¥1,489.00	4	¥372.25	22.22%
抖音商城推荐	-	14	-	-	¥199.00	1	¥199.00	7.14%
活动页	-	1	-	-	¥0.00	0	-	0%
头条西瓜	-	19	-	-	¥0.00	0	-	0%
其他	-	11	-	-	¥0.00	0	-	0%
^ 付费流量	-	124	-	-	¥2,700.00	6	¥450.00	4.84%
小店随心推	-	0	-	-	¥0.00	0	-	-

解读指标：不同流量渠道的近期趋势以及转化效能变化，转化效能包含**转化率**和**笔单价**。

◎ 转化率 = 该渠道带来的成交订单数 / 该渠道带来的直播间进入次数。

◎ 笔单价 = 该渠道带来的成交金额 / 该渠道带来的成交订单数。

使用入口：【抖音电商罗盘】→【直播】→【直播列表】→【直播详情】→【全部流量来源】。

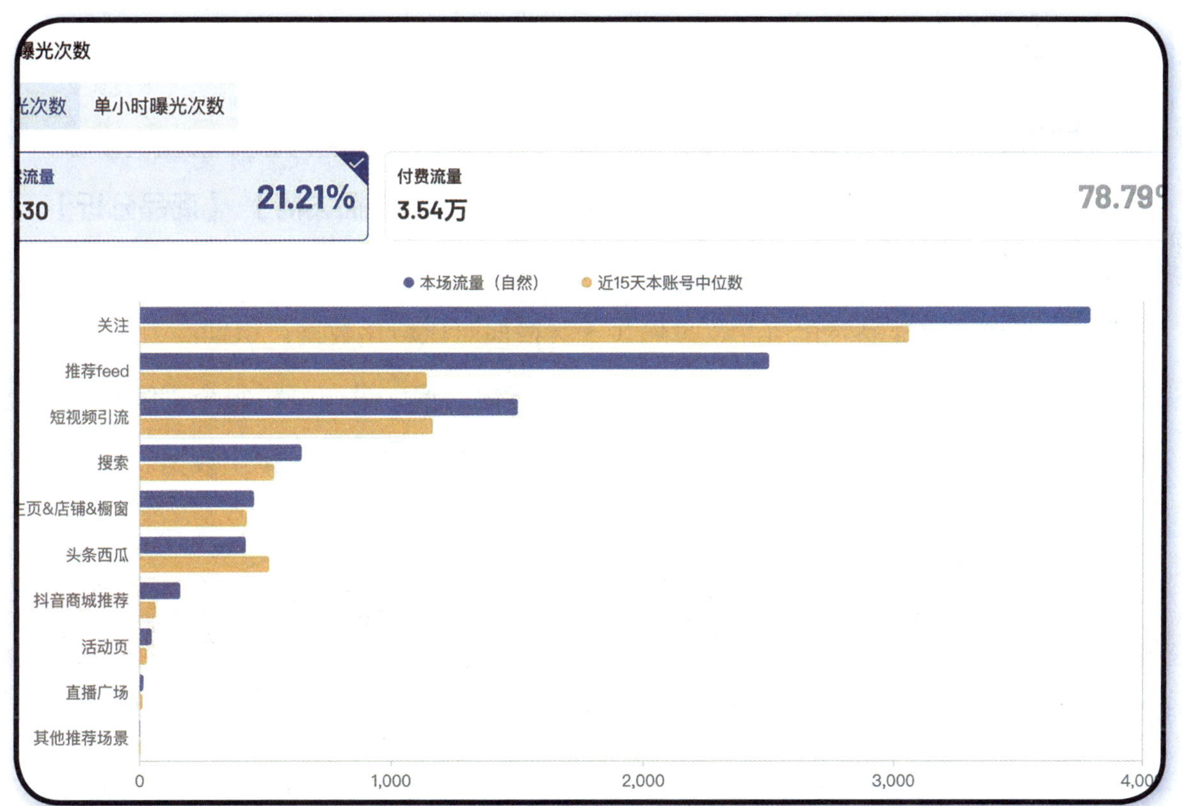

解读方式：根据不同流量渠道的近期变化趋势，准确找到具体下降渠道，并结合该渠道近期转化效能的变化情况，深入分析下跌原因。转化效能的变化会影响该渠道流量的获取。

转化率变化的原因可参考流量转化不佳的原因进行问题定位。同时，不同渠道需差异化分析，以准确找出原因。

笔单价变化的原因可对比不同场次的货品结构及对应单价进行调整。

第二步：看商品

看懂商品的引流转化效果，从而准确找到定位产品问题，及时发现潜力产品并优化滞销品。这需要我们通过电商罗盘把握主推品及新品表现，并通过核心关注单品整体转化情况和引流效果，制定商品分析策略。

解读指标：单品点击率及点击转化率，单品分钟级数据表现。

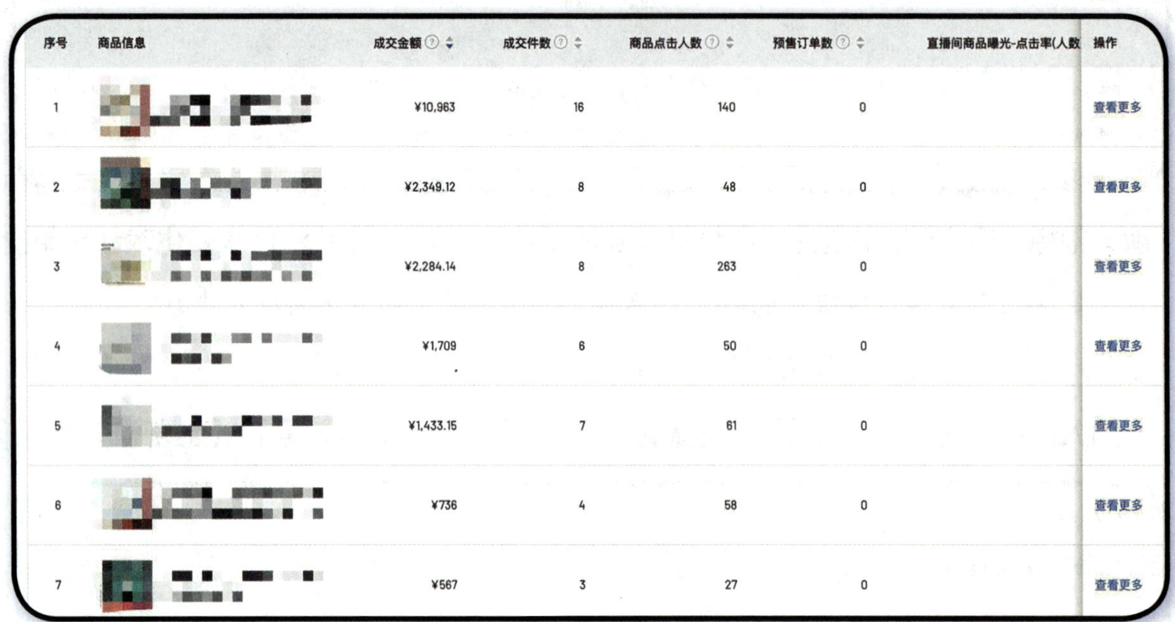

序号	商品信息	成交金额	成交件数	商品点击人数	预售订单数	直播间商品曝光-点击率(人数	操作
1		¥10,963	16	140	0		查看更多
2		¥2,349.12	8	48	0		查看更多
3		¥2,284.14	8	263	0		查看更多
4		¥1,709	6	50	0		查看更多
5		¥1,433.15	7	61	0		查看更多
6		¥736	4	58	0		查看更多
7		¥567	3	27	0		查看更多

使用入口：【抖音电商罗盘】→【直播】→【直播列表】→【直播详情】→【商品分析】→【商品明细】。

建议：每日监控主推品转化情况，每隔3~5天横向对比转化数据，识别潜力新品。

解读方式：横向和历史多场次对比监控主推品转化表现，纵向分析每个讲解时刻成交及引流数据表现，不断优化口播话术及玩法；同场次对比新品与主推品转化数据表现，识别潜力新品。

商品分类	指标名称	分析方式	优化建议
主推品 / 次推品	点击率、点击成交转化率	和历史表现比	调整玩法和主播口播话术，调整商品机制
新品	点击率、点击成交转化率	和同场次主推品比	不同商品SKU追单，判断后续是否主推

第三步：看人群

看人群就是要清楚识别直播间核心人群画像，有助于我们进行精准引流和转化。识别直播间人群需要重点关注新老客户及粉丝占比情况，同时关注成交人群与未成交人群差异。

解读指标：直播间观看人数粉丝占比、直播间成交人数新客占比。

使用入口：【抖音电商罗盘】→【直播】→【直播列表】→【直播详情】→【人群分析】→【对比人群】。

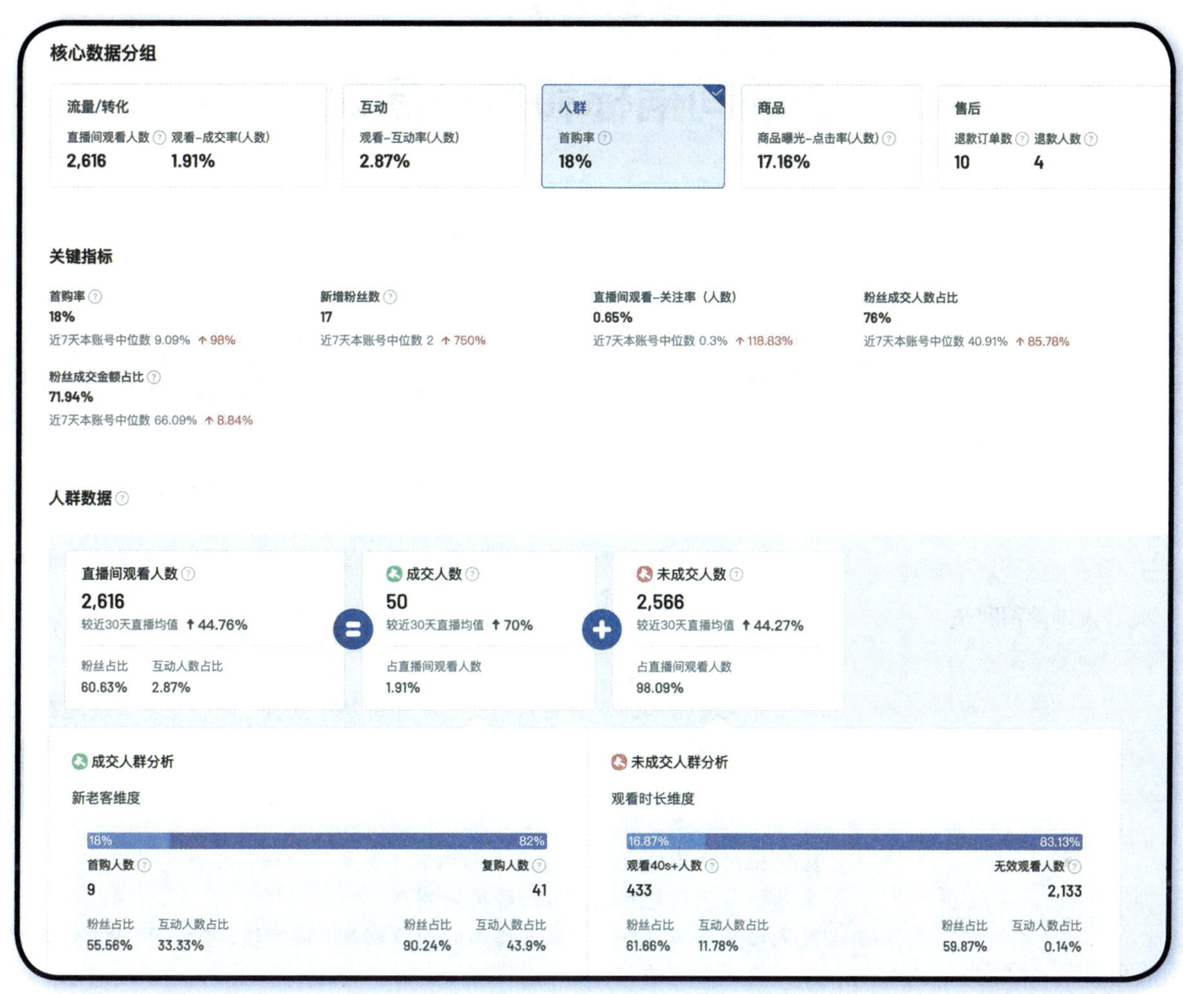

建议：重点关注大促及调整商品机制后直播观看人群的粉丝占比、成交人群的新老客户占比，每日对比成交与未成交人群画像差异，精准引流。

解读方式：定期监控粉丝占比、新老客户占比，调整直播间人群结构健康度，对比直播间成交与未成交人群画像标签中的各项差异，调整引流策略，重点关注年龄、八大人群分布、本行业下单价值等标签。

商品分类	指标名称	分析方式
新老客户 / 粉丝非粉丝占比	和历史表现比	调整选品及投流策略，保持稳定粉丝占比，适当提升新客占比
成交和未成交人群画像	同场次对比	根据成交和未成交人群画像差异，调整互动及投流策略

12.4 直播间指标和提升建议

指标	提升建议
人均停留时长	1. 调整直播排品节奏与货品活动等，适当增加引流款或爆款货品的直播透出时间，或完善福利品的话术来提升货品吸引力； 2. 优化整体直播场景，突出本场重点福利信息，强化直播间主播 / 背景的内容力，提升整体直播间场景的可看性； 3. 调优直播节奏，高频化互动玩法，如福袋抽奖 / 限时秒杀，也可加入才艺或故事环节，提升内容留人能力； 4. 提升主播话术的讲解留人能力，提升讲解专业度，配合主播 / 场控强化氛围感，商品的讲解需生动丰富，吸引用户停留
直播间曝光 – 观看率（人数）	1. 优化用户预览直播间时的画面内容，重点关注场景搭建、货品摆放技巧、主播镜头距离与穿着，不断替换做测试； 2. 优化直播间设备，保证直播画面的清晰度、稳定度、整洁度、色彩曝光度，可以使用专业的相机及灯光设备； 3. 优化直播间声效，保证人声清晰、无杂音、无回音、无爆音； 4. 打开抖音搜索自己的直播间，浏览展现的标题是否有较好的吸引点，并提升标题与直播动态内容的关联度
直播间观看 – 关注率（人数）	1. 增设与粉丝相关的营销活动玩法，如设置粉丝专享的优惠券、仅关注可领取等，能够有效提升关注率； 2. 增加主播话术中提升关注率的相关脚本，并结合实际 KT 板等场景道具； 3. 提高自身货品的吸引力，除主播因素外，最重要的是货品质量
直播间观看 – 评论率（人数）	1. 强化主播话术，通过主播口播互动的形式，带动粉丝完成评论、点赞、分享、加粉丝群等互动； 2. 根据自身货品特点，策划与货品相关的互动小任务，如猜货品价格、报货品偏好和尺码等，进一步让用户了解货品的相关信息

续表

直播间观看－送礼率（人数）	1. 以粉丝灯牌为目标，通过搭配粉丝权益做指标提升; 2. 提升已送礼用户的互动娱乐体验，增强未送礼用户的参与吸引力
直播间曝光－不喜欢率（人数）	1. 减少画面中用户敏感或反感的内容; 2. 减少偏见、攻击性、封建迷信、过分夸大等话术
直播间观看－商品点击率（人数）	1. 使用系统提供的正在讲解和限时秒杀等功能，增加重点商品的曝光与点击机会; 2. 优化主播的口播话术，完善货品的卖点话术，有效引导用户点击购物车和产品。主播讲解商品时，应该确保讲解内容生动丰富（涵盖商品细节、设计、材质等），及时解答用户疑问; 3. 提升 SKU 的调品能力，通过不同产品组合，形成新的产品 SKU，优化商品属性，提升商品性价比; 4. 优化商品展示策略，如实地演示使用场景、确保摆放美观大方，这些细节在很大程度上决定了客户的购买欲; 5. 提升购物车信息的呈现效果，例如采用高质量的主图展示、简洁明了的商品标题，以及明确突出的产品卖点和价格优势等
直播间曝光－成交转化率（人数）	1. 提升主播产品专业度，完善对商品卖点的讲解，以增强用户对商品信息的全面了解，从而提高转化率; 2. 实施优惠促销活动，如发放红包、秒杀等，这些措施能有效提升商品转化率; 3. 在直播中加入购买演示环节，帮助新用户快速掌握下单流程，提高购物体验; 4. 优化直播商品排列逻辑，展示关联商品，以增强用户的重复购买率; 5. 在直播间强化购物氛围，通过展示点赞、关注、下单等互动行为，激发粉丝的购物热情等
客单价	1. 根据账号定位、粉丝需求和主播风格调整选品策略，提高主推商品的曝光率和讲解深度; 2. 对商品进行合理组货，调整客单价及性价比，通过提升商品质量及包装来提高商品档次，进而提升商品客单价; 3. 加强与用户购买相关的答疑互动，安排助播或评论区客服详细解答观众问题，确保观众充分了解商品信息

12.5 附直播电商专业名词解释

序	专业术语	名词解释
1	抖音算法机制	抖音算法机制包含流量池推荐、叠加推荐、时间效应
2	抖音推荐流	在抖音界面首页中，推荐界面下的所有视频
3	账号权重	账号权重是抖音里面的一项内在数值，影响用户作品的曝光度。权重高，将获取高流量，形成大的流量池，反之，则很少被推荐
4	DOU+	又称抖+，是为抖音创作者提供的视频加热工具，即付费给播放量的官方渠道，100元≈5000播放量，200元≈1万播放量
5	蓝V认证	抖音官方对企业或商家的实名认证，个人无法申请
6	叠加推荐	视频在第一步推荐流量池里被判定为优质作品，则后期会被叠加推荐。一般包括： ①首次分发：新视频都会被智能分发10w左右的播放量； ②二次分发：符合进入流量池推荐审核标准，被算法判定为优质内容，抖音会自动加权，叠加推荐到更大流量池中； ③三次分发：二次分发再次叠加，算法根据审核标准叠加推荐到更大流量池
7	完播率	完播率是衡量一个视频质量的重要指标之一，是视频被播放完的次数占所有播放量的比例。完播率越高，则系统认定这个视频质量就越好，系统推荐的流量就越多
8	养号	根据平台的规则要求和偏好，对账号的维护
9	抖音短视频信息流	抖音信息流视频是指在抖音短视频内容中穿插的广告视频，主要分为原生信息流和单页信息流

续表

10	限流	限流就是指限制用户发视频的可见范围
11	降权	触犯抖音红线： ①视频 ID 与上传者 ID 不一致、明显截取的内容、录屏、出现其他平台水印的视频； ②涉及他人隐私、宣扬宗教信仰的内容及欺诈内容； ③时长在 3 秒以下； ④散布商业广告
12	抖音字幕	短视频制作中，尤其是针对有方言出现的作品，字幕承担旁白解说，对视频内容有补充说明作用。字幕添加需醒目统一、画面协调，切勿遮盖人物五官和标题。字幕是区分专业团队和业余作者的标志之一
13	MCN	MCN(Multi-Channel Network)，即网红孵化中心，是专业培养和扶持网红达人的经纪公司或者机构
14	抖音品牌广告	包含抖音开屏广告、信息流广告、贴纸广告、音乐库广告、达人广告
15	抖音小店	抖音小店是抖音卖货的一个方式，与商品橱窗不同，它是一个店面，与淘宝网店特性相同
16	抖音橱窗	是抖音带货的官方版本，用户通过抖音视频推广产品，可以引导用户点击到淘宝、京东等第三方平台购买产品，视频的创作者则可赚取佣金
17	互动数据	主要包括点赞、评论、分享（转发）、新增关注数、主页访问量、查看相关音乐、点击话题
18	抖音星图计划	抖音的营销推广任务接单平台，类似于微博和淘宝的微任务、快手的快接单功能。广告主如果要通过达人投放广告，必须在星图上接单、交易，星图则相应从中抽成
19	流量入口	在抖音发布的视频被播放曝光的六大流量入口
20	带货实时热播榜	及时观看带货现场，参考正在起量的直播间中主播的销售技巧
21	抖音挑战赛	依托抖音挑战赛形式，实现品牌推广诉求，进行展示。营销方式新颖，全新玩法和全新资源，吸引用户主动参与，完成品牌曝光
22	直播间 UV/PV	UV：直播间访问人数；PV：直播间访问次数
23	BGM	BGM(Background music)：背景音乐

续表

24	CPC	CPC(Cost Per Click)：每次点击费用，即点击单价
25	CPM	CPM(Cost Per Mile 或者 Cost Per Thousand Impression)：千人成本也称千次展示费用。即广告展示一千次需要支付的费用，CPM 是评估广告效果的指标之一
26	OCPM	OCPM(Optimized Cost Per 1000 Impressions)，是指优化后的 CPM；OCPM 实际上相当于一个虚拟的运营投放专员，多维度、实时反馈历史积累的海量数据，能够针对广告的成本目标和实时投放效果，进行快速计算和调整，给出一个相对最优的出价
27	RPM	RPM(Revenue Per Mille)：千次展示收入，与 CPM 类似，RPM 是针对广告展示商（比如 Adsense 商户）而言的
28	CPT	CPT(Cost PerTime)：每时间段成本，以时间来计费的广告。国内很多网站都是按照"一个星期多少钱"这种固定收费模式来收费的
29	CTR	CTR(Click-through Rate)：点击次数占展示次数的百分比。点击率是指用户点击网页广告与查看广告的访问者总数相比的次数。广告商使用点击率来衡量用户对广告的兴趣
30	CVR	CVR(Click Value Rate)：转化率，是衡量 CPA 广告效果的指标
31	DAU	DAU(DailyActive User)：日活用户
32	DMP	DMP(Data-Management Platform)：数据管理平台。是把分散的第一、第三方数据进行整合纳入统一的技术平台，并对这些数据进行标准化和细分，让用户可以把这些细分结果推向现有的互动营销环境里
33	GMV	GMV(GrossMerchandise Volume)：网站成交金额。属于电商平台企业成交类指标，主要指拍下订单的总金额，包含付款和未付款两部分。一般来讲，GMV= 总成交额
34	5 级阶梯指标	分别是完播率、点赞、评论、转发和关注比。完播率高可以被推荐到更大的流量池；点赞、评论和转发率高的要么是用户精准、要么是话题有争议性；关注比高的账号具有变成大号的潜质
35	UGC	互联网术语，全称为 User Generated Content，也就是用户生成内容，即用户原创内容。用户将自己原创的内容通过互联网平台进行展示或者提供给其他用户
36	PGC	PGC(Professionally-generated Content)：专业生产内容
37	PUGC	PUGC(Professional User Generated Content)，即"专业用户生产内容"或"专家生产内容"

续表

38	KOL	KOL(KeyOpinion Leader)：关键意见领袖。在抖音里特指某一领域的头部红人
39	IP	互联网时代称协议地址，现今也指一种个人标签化的符号。打造个人 IP 也可以称打造个人品牌
40	ROI	英语 Return On Investment 的缩写，指投资回报率。直播间 ROI 的计算方法是 ROI= 销售额 / 坑位费。比如，坑位费 2 万，ROI 保 1：2，也就是说产品销售额保 4 万
41	音浪	音浪是抖音的货币，等值于抖币。10 音浪 =10 抖币 =1 元人民币
42	小时榜	每小时更新，冷门时段，5 万 ~10 万可以进入前 10；热门时段，100 万音浪起步。进入前 10 可以被官方推荐进入直播广场
43	直播广场	理论上可以看到所有主播直播间封面的系统展示页面，是抖音 App 直播板块的主页面
44	坑位费	直播间商品的固定链接费用。目前大多数电商主播都会向商家收取坑位费。一般即便是同个主播的同场直播，商品坑位费也会不一样，坑位费的变量包括商品品类和商品直播顺序
45	定向佣金	在淘宝联盟里，商家可以只针对单个主播的 pid(pid 指对应每个账户的代码，用于识别不同的淘宝客）设置佣金比例
46	直播销售	分析粉丝消费能力，粉丝画像和消费能力决定选品，销售额能体现出粉丝群体的消费水平
47	客单价	平均每个顾客的成交额，计算方法是客单价 =GMV/ 直播间产生消费的顾客总数
48	直播渗透率	计算方法：直播渗透率 = 直播产出的销售额 / 当天总销售额
49	粉丝团	可以自己定制粉丝团名称，在直播界面的左上角、头像下方将展现黄色的标识。加入粉丝团现在只需要 1 毛钱了，加入粉丝团后用户名字前方会带有你的粉丝团标签，并且可以累积亲密度提升等级
50	用户标签	一个用户注册新账号，系统会自动分发 20 个视频，通过用户在这 20 个视频的停留时间、播放次数、点赞、留言、关注等信息，系统就能很快判断出用户属性，定义用户标签
51	账号标签	抖音算法根据视频的内容筛选归类，推送给对此内容感兴趣的用户。标签明确，视频发布后很快会被目标用户看到；标签不明确，系统算法无法得知推荐某种类型用户，则视频不被推荐

第13招

抖音直播电商流量打法

13.1 零粉开播付费撬自然流量冷启动打法

对于很多新账号来说，及时介入付费流量是实现快速起号的有效途径。目前市面上有许多账号通过付费投放成功实现了冷启动。付费投放在冷启动阶段的优势如下。

1. 用金钱换时间，效率更高。我之前提到过，免费资源往往代价最高。自然流量的获取和转化对直播间的要求极高，涉及主播能力、选品能力、运营能力等。通常，有丰富经验的团队更容易通过自然流量起号成功。但对于迫切希望看到结果的新手团队来说，付费起号无疑是快速见效的首选。

2. 付费投放是人货场的试金石。随着抖音付费投放工具的不断迭代和发展，如今的付费流量已非常精准。如果投了付费流量，仍然销量不佳或者 ROI 不理想，很可能意味着人货场存在问题，需要尽快迭代。若一周内付费流量未能带动转化，应立即停播并优化人货场。

3. 付费流量可以撬动自然流量。新账号冷启动阶段，直播间没有自然流量怎么办？可以通过转化付费流量，然后激发系统推荐流量。以下是某食品直播间零粉起号首日的分钟级流量图，实证了这一策略的有效性。

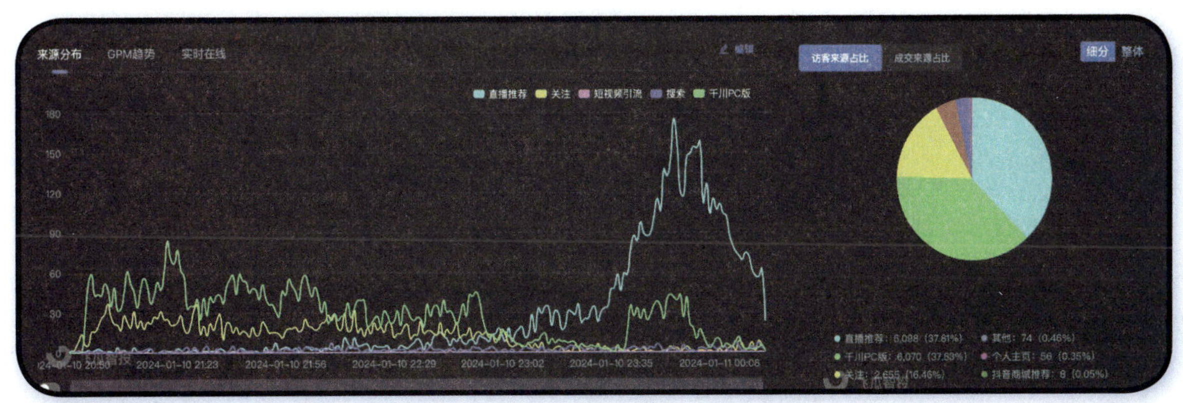

图中绿色曲线表示付费流量，蓝色曲线表示直播推荐流量。

零粉开播就正价卖货，第一时间引入付费流量，**在保证付费流量有稳定成交的情况下。**大概 2 小时后自然流量被撬动，在线人数飙升，成功完成新账号人群标签的建立。

实操方法

1. 精选产品搭配实力主播：在账号冷启动阶段，应该优先选择有吸引力的福利品，以增强直播间的互动性，增加用户停留时长。我之前已经详细讲解了选品逻辑和互动话术，核心目标是全力以赴让直播间“热”起来，吸引更多流量。同时，应选择起号成功率高的优秀主播，而非新手主播。市面上有很多优质的主播擅长做账号起号，他们具备超强的表现力和极佳的控场能力。

2. 付费推广策略：账号开播前，应预先设置好付费投放计划，建议浅层计划与深层计划的比例为1 ∶ 1。即50%的计划用于获取流量点击、停留和加粉，另外一半的计划用来获得深度成交转化。计划开放的顺序应与直播间节奏相匹配，开播初期的流量配比为80%的浅层+20%的深层，当主播即将切换商品时，应加大深层计划的流量比例。

3. 直播中持续提供福利品：在直播过程中，最重要的是保证成交效率，即保证成交不断。当福利品被抢完准备切换商品时，人气可能会下降，此时应先转化深层计划进来的付费流量，上架出单后继续用福利品在直播间引流、拉停留，刺激系统打开自然流量池。因为在之前的流程中，付费投放吸引的浅层用户基本已经消耗完毕（浅层计划不是持续投放，而是在开播前30~40分钟内集中释放）。

经验总结

1. 优质人货场无须养号，在抖音上首场开播即可实现冷启动，并获得突破。

2. 付费流量的稳定成交可以强化账号的人群标签，带来精准的免费流量。

3. 用金钱换时间，仍然是抖音直播效率最高的方式。

13.2 直播大场付费投放双高（高 ROI 和高 GMV）打法

直播大场，也称 Bigday，是指品牌或商家在抖音平台上举办的大型营销活动。这些活动通常会选择在电商平台的重大促销日举行，如“双 11”“6·18”，或者品牌自身的关键时间（如品牌周年庆、新品发布会等）。

在 Bigday 期间，品牌会整合抖音平台上的各种资源，包括自营直播间、达人矩阵、付费推广和营销活动等，集中力量进行推广和销售，以期在短期内实现流量和销量的爆发式增长。在抖音平台，商家可以通过 Bigday 进行流量突破和人群破圈，这一策略已被多次验证有效。

通常，Bigday 一天的销售额就能达到店铺一个月的业绩。绝大多数大场都需要付费投放介入，即使平时不常投放的账号也会通过付费投放放大生意体量。因为大促带来的业绩影响不仅限于短期，其长期效果也颇为显著。大促结束后较长一段时间里，仍会有持续的复购和新人群的增加。

接下来，我们探讨在大促期间如何通过付费投放实现高 ROI 和高 GMV 的双赢策略。

1. 大促期间必须进行付费投放。正如之前解释的，Bigday 是每个商家突破业绩天花板的绝佳机会。平时不便降价的商家在这期间都可以大肆优惠和打折，平时不舍得投放的在这个时段都可以大胆付费。由于大促期间用户消费心理被充分激活，用户的购买意愿更强，转化率和 ROI 都会较平常更高。因此，在 Bigday 上投放很有可能同时获得高 ROI 和高 GMV。

2. 大促期间需要精细化的运营投放。由于大促期间的投放金额普遍较高，很多商家可能会忽视投放的精细化运营。实际上，大促期间“手紧”一些，可以节省不少成本。因此，做好大促的核心是制定明确的目标，设计好单位小时的转化和投产目标，每隔 1 小时把这个阶段的数据和上个阶段的数据作比较，同时分析转化和流量下降的原因，并及时进行补量和调整。

下图展示了一场大促期间的免费流量和付费流量的波段图及核心运营举措。这是一场品牌店铺直播，粉丝数量为 3 万，平时白天平均在线人数约 100 人，日销约 10 万元。在大促这天晚上 7 点开始，店铺通过福利品和新品吸引流量，从晚上 7 点到 12 点，共收入 150 万元，远超预期。可以看到，在关键节点上降低费用比、及时关闭计划是提升 ROI 的关键，即使投放计划关闭后，仍然有不少自然流量。

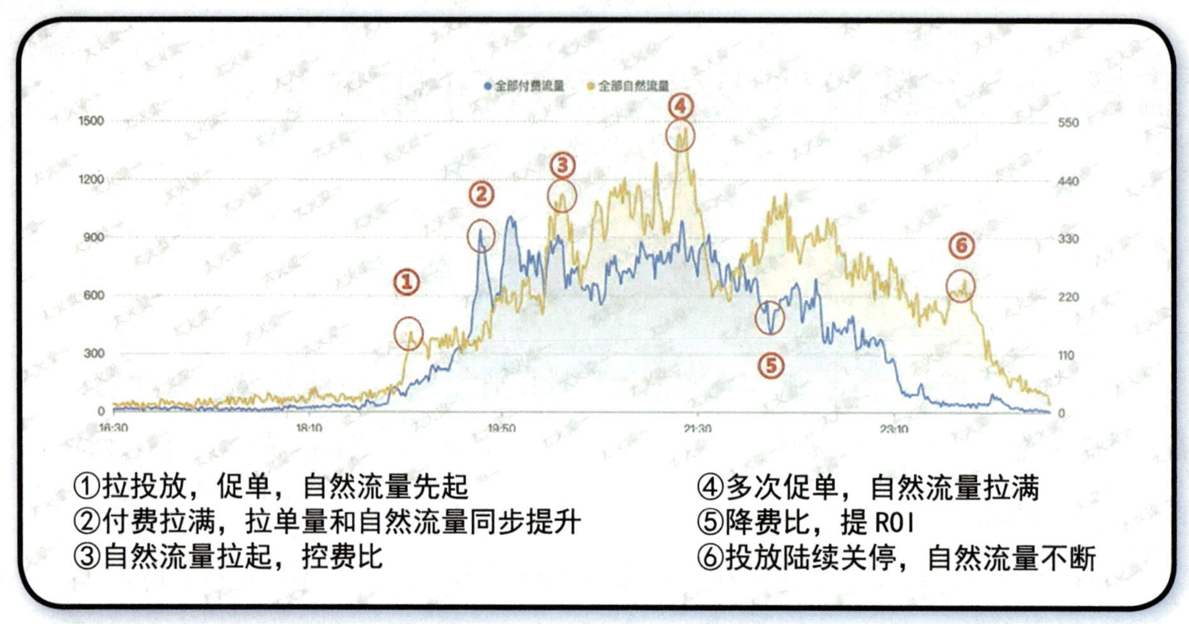

经验总结

1. 用付费流量撬动自然流量，是所有操盘手的高级必备技能。

2. 投放想要盈利就要及时盯盘，当自然流量超过付费流量并且稳定进线的时候，必须控流，及时关掉低转化的计划。

3. 大促期间的流量结构是要极大提升自然流量占比，尽可能让自然流量大于付费流量，否则会亏损。

13.3 极速提升曝光点击率，破流量层级打法

很多人认为抖音直播的竞争已经很激烈，但我认为抖音直播间的“卷”远未达到白热化状态。当大家普遍认为抖音直播难以成功时，我却认为抖音直播仍有较大的增长空间和突破点。其中有一点被大多数人忽略——**曝光点击率带来的流量价值**。一场直播的 GMV 主要取决于两个指标：一是曝光点击率，它决定了流量的前半程；二是商品转化率，它决定了流量的后半程。

曝光点击率大部分基于用户的第一眼，也就是这个直播间是否能够引起用户的兴趣。商品转化率主要取决于产品力，即产品是否有吸引力。因此，仅靠曝光点击率就可以获得大流量。但是，我们要相信 CTR，却不迷信 CTR，因为 CTR 没有固定的指标和数值。不同行业、不同流量结构的直播间以及达人和店播的直播间 CTR 都有很大差距。不要听信他人说 CTR 达到多少才合格，而是要和自己比较，让自己这周的 CTR 比上周有所提升，这才是我们做直播优化的意义。

下面用一幅图教你看懂 CTR。第一幅图展示了该品牌日播高费比投放的直播间效果，第二幅图展示了该品牌做 Bigday 的直播间表现，第三幅图则是该品牌迭代了人货场后的日播直播间效果。可以看出，只要对场景做出创意调整，就会获得更好的曝光点击率，也能进一步增加直播间的场观人数。

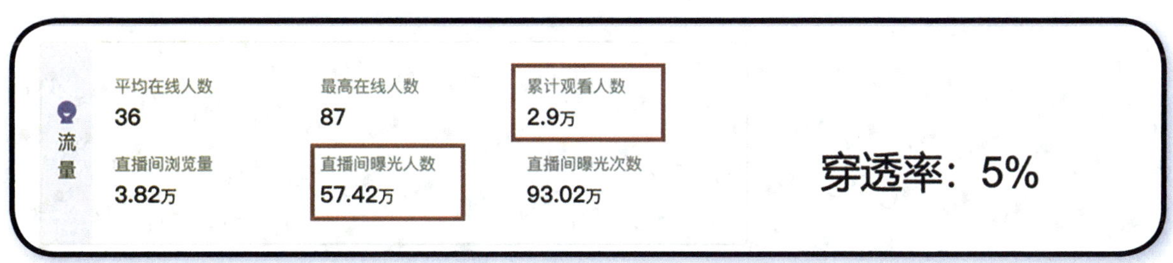

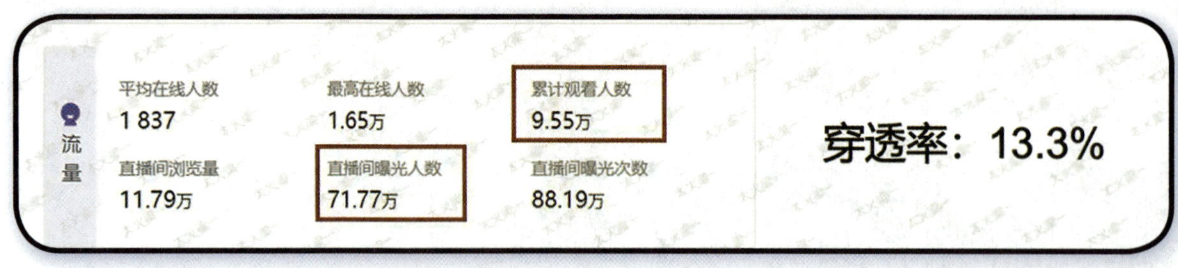

流量
平均在线人数
1 057
最高在线人数
1.04万
累计观看人数
8.55万
直播间浏览量
9.55万
直播间曝光人数
21.92万
直播间曝光次数
26.89万
穿透率：39%

经验总结

1. 平台提供的流量实际上是曝光量，而曝光点击率才是我们能够获得的“场观”。

2. 为了节省成本，应减少曝光购买，同时提高曝光点击率，以实现利用一半的成本，获得两倍以上的收益。

3. 如何让直播间看起来与众不同，一直是获得抖音直播间流量的重要考核因素。

4. 创作差异化的方法是先研究 10 个同行的创意场景，再根据自己的情况调整和迭代。

13.4 直播间四频联动混合流量打法

一个成熟的直播间一定是集合了多流量入口，在我看来最值得深度运营的就是这几个流量：**付费流量、自然流量、短视频流量和搜索流量**。下图是某直播间结束后的标准流量渠道，反映了各渠道的流量进线和转化效率情况。

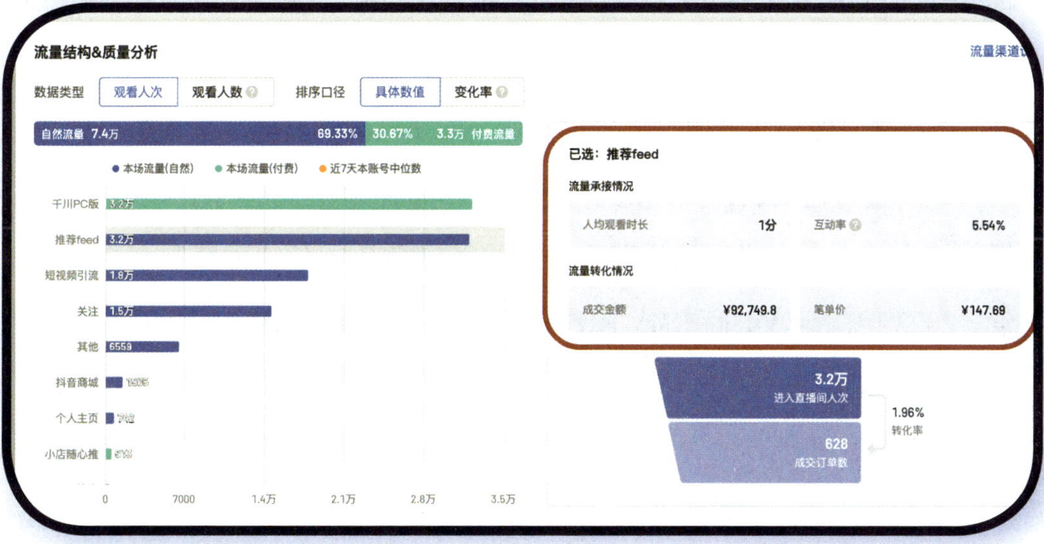

时间	总流量	自然流量	千川PC版	短视频引流	关注	搜索流量
2023-09-24	38.78w	35.52w	3.26w	2.53w	8487	1.2w
2023-09-23	40.08w	35.45w	4.63w	1.32w	7617	9678
2023-09-22	20.77w	18.68w	2.09w	1.1w	6256	6690
2023-09-21	34.65w	30.95w	3.7w	1.92w	6669	8772
2023-09-20	56.78w	52.49w	4.29w	4.75w	7357	1.07w

以上这 4 个流量相对可控，都有成熟的运营方法，可以快速提升效果。依靠单一流量，不但有风险，而且难以做大。除搜索流量运营外，前文已详细介绍了其他流量渠道。

抖音电商这几年高速发展，既满足了“货找人”的精准匹配需求，也迎合了“人找货”的搜索习惯。搜索在“人找货”用户路径中扮演关键角色，是“种草”与“拔草”一体化的重要场景。2022 年，抖音电商 GMV 同比增长 80%，而搜索 GMV 同比更是突破性地增长 159%！因为搜索渠道用户“多”、增长“快”、流量“准”，所以“人人都可以做搜索”，以抓住抖音电商搜索流量机遇。

运营搜索流量除做好关键词优化外，还可以通过投放千川搜索广告来获得精准流量。对于垂类直播间，搜索广告可能是首选，因为其流量投送更精准，能高效触达活跃粉丝。在投放搜索流量时，需要注意流量的转化和承接，以及直播间的排品和话术，如持续推广爆品的单品循环。

经验总结

1. 做好“全域流量”的直播间才能“活”得更久，打开多渠道流量通道是提升直播间流量和业绩最有效的途径。

2. 面对抖音直播产品竞争的加剧和利润空间的缩减，自然流量应成为直播间的主要来源。即便是付费流量，其目的也是撬动更多的自然流量。获取利润是所有直播间的终极目标。

3. 短视频流量是免费的精准流量，投资短视频就是为未来的利润增长打下基础。如果将直播间比作生产线，那么短视频就是提供动力的发电机。

4. 搜索流量是抖音全域最大的流量池，掌握搜索流量就能带来收益。搜索流量是行业流量的重要来源，其价值却往往被忽视。

13.5

自然流量爆款视频转换付费高投产素材打法

在抖音直播领域，成功往往不在于积累，而在于爆发。这正是抖音直播既充满挑战，又吸引无数人投身其中的魅力所在。想要实现直播间在短期内业绩翻 10 倍，秘诀只有一个：打造爆款**短视频**。如果这个短视频再辅以付费投放，业绩的爆发将更为显著。若要专注于一点做到极致，我选择**把素材磨穿，把内容打爆**。

我们的付费品牌店播正是依靠这样的爆款素材实现了持续增长。那些在抖音上短短三个月从零做到月销过亿的店铺，都是依靠深厚的素材积累。

付费投放与爆款短视频结合，推动直播间流量爆发的底层逻辑如下。

1. 抖音的流量分配是螺旋上升的爆发机制。如果一条短视频可以不断获得用户的正反馈，就可以在极短的时间内获得很大的曝光量。在抖音，每个人都有一夜成名的机会，因为平台的流量爆发性极强，踩中流量密码的优质内容可以在一夜之间获得百万甚至千万的播放量。

2. 抖音付费系统里最稀缺的就是好素材。能在自然流量池获得更多正反馈的素材，也是千川投放池里的好内容。这些内容一般可以获得更多跑量消耗，也会有更高的 ROI，并且付费投放会对自然流量池的用户进行人群纠偏，使素材触达更多精准用户，进一步增高曝光量。

3. 依靠付费投放起号的直播间，极有可能因为一条爆款素材而实现超过 10 倍的增长。下图是某个国货美妆直播间半个月的销量变化，起初日销只有 2 万 ~3 万元，但是做出了好素材后，短时间内业绩增长了 10 倍，从日销 4 万元进阶到日销近 40 万元，这样的成果是抖音独特的内容为王的生态特点和精准的付费投放共同作用的结果。

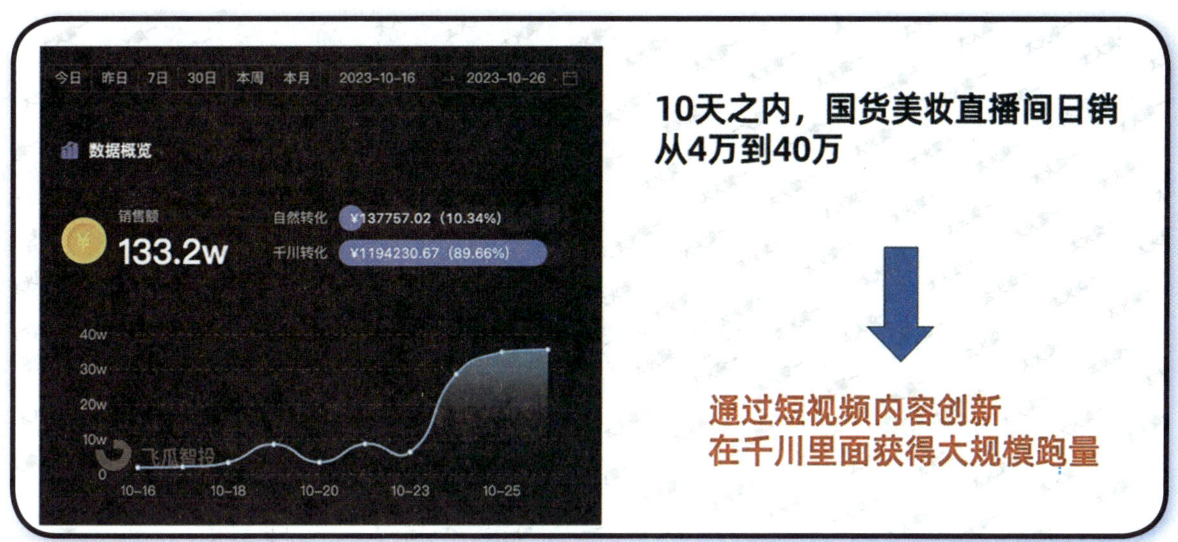

经验总结

1. **聚焦爆款短视频**：直播间业绩的快速增长依赖打造能够引起广泛关注的爆款短视频。这些短视频是吸引流量的关键，因此应将主要精力投入短视频的内容创作和优化。

2. **利用付费投放放大效应**：结合付费投放可以显著提升短视频的曝光量，从而增加其爆发力。精选素材进行付费推广，能够更有效地触达目标用户群体。

3. **素材质量决定投放效果**：在付费系统中，高质量的素材是稀缺资源。确保素材在自然流量池中能获得良好反馈，是提升投放效果和 ROI 的核心。

4. **数据监控与实时调整**：持续监控直播间的数据变化，根据用户反馈和数据分析结果实时调整内容和投放策略，以保持直播间的活力和增长势头。

13.6 品牌全域流量溢出联动打法

全域流量是抖音电商领域的热门话题。抖音之所以被称为全域，是因为其拥有众多流量入口，能够实现全渠道的打通。对于很多抖音运营者来说，最担心的不是缺乏流量，而是流量的不稳定。例如，上个月销售额达到1000万元，而这个月只能卖出200万元，这对商家来说是最痛苦的事。电商运营的最终目标不仅仅是增长，还包括稳定。不稳定的增长只会带来库存压力并导致人心惶惶。因此，所有优质的直播间一定是重视全域流量的，同时注重内容场和货架场的双重发展。

下图是一个稳定月销1500万元的美妆护肤直播间的日常流量结构，流量入口越多，日常受单一渠道流量波动的影响就会越少。

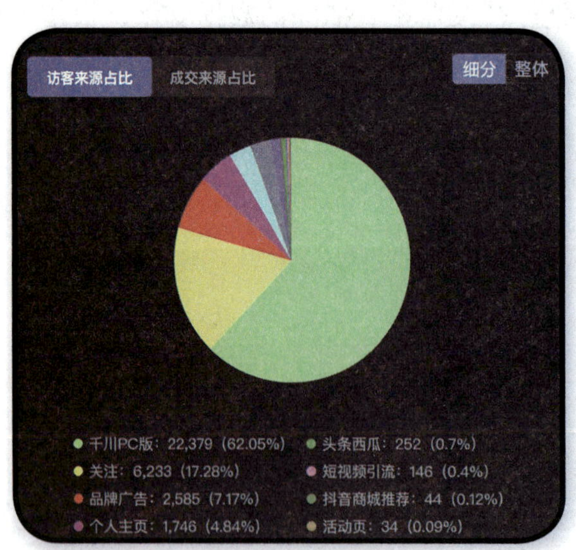

经验总结

1. 打通全域才能收获稳定，稳定胜于一切。

2. 用全域推广可以更好地撬动免费全域流量。

3. 有时候品牌广告的效果不比竞价广告差。

第 14 招

娱乐主播的引流和变现

14.1 娱乐直播变现的主流内容形式

内容形式

抖音娱乐直播是指在抖音平台上进行的各种娱乐性质的直播活动。这些直播活动内容丰富多样，主要包括以下几类。

- **才艺展示**: 主播展示自己的才艺，如唱歌、跳舞等，这是吸引观众的一种常见方式。

首先，明确你想要展示的才艺。例如，唱歌、跳舞、乐器演奏、魔术表演、绘画、脱口秀等。在抖音上做娱乐直播，最重要的是发挥自己的特长，找到自己的目标用户人群，然后有针对性地根据人群需求提供用户爱看的内容。

- **生活直播**: 主播分享自己的日常生活，比如，逛街、户外活动，甚至是吃饭等。

生活直播目前也非常火爆，特别是很多“三农”直播，经常在直播间里展现原生态的劳作内容，有些直播间甚至可以达到几万人实时在线。生活直播满足了大部分用户的好奇心，因为在这里有些生活和场景平时用户可能接触不到，观看直播给用户带来身临其境的体验，所以这类直播间的曝光率和点击率通常很高。

- **讲段子、做配音**: 主播通过讲述幽默故事或段子来娱乐观众，或者通过给漫画、电视和电影配音来吸引用户停留。

这类主播通常有娱乐和技能天赋。在早期，用外放音效配合讲段子的主播比较多，这些主播可能没有唱歌和外形天赋，但是有较好的语言和幽默天赋，自带笑点，也可以给观众带来娱乐价值。后来很多配音主播也逐步上线，给用户展示配音内幕，这些主播广受年轻用户的喜欢。

- **聊天**: 主播与观众进行互动交流，这是维持观众兴趣和提高观众参与度的重要方式。

有些主播直播时用地方方言，首页拍摄的短视频素材也通常是展示本地生活特色的内容，用地方方言拍视频和直播可以快速锁定本地用户，获得精准人群流量。但是这类账号的天花板较低，因为没法在全国范围内获得增长。这些账号的主播通常会在直播间里用方言聊天、连麦，来增加直播间的娱乐性。

抖音直播平台上，主播们通过这些不同的内容形式来吸引观众，增加人气。同时，抖音平台也制定了相应的管理制度，比如，“健康分”管理制度，以确保直播内容的健康和合规，防止不良内容的传播。

变现方式

娱乐主播可以通过以下几种方式实现变现。

- **打赏和礼物**：这是直播平台最常见的变现方式。观众可以通过购买虚拟货币赠送礼物给主播，主播再按比例兑换成现金。抖音个人主播的分成比例通常是 50%，例如，100 音浪等于 10 元，主播可以获得 5 元。公会主播的分成比例则相对较低，为 30%~45%。公会提供一定的营销资源和场地资源，因此公会主播的收益会比个人主播稍低。2023 年，抖音对直播政策进行了调整，取消了公会分级制度，改为以任务定分成比例，最高分成比例从 70% 降为 65%，梯度缩小，最高与最低的分成比例相差 10%。

值得注意的是，虽然分成比例是 50%，但主播实际到手的收入可能只有打赏费用的 35%。这表明除平台分成外，还有其他因素可能影响主播的最终收入，如税收、公会抽成等。

- **广告收入**：主播可以通过在直播中植入广告来获得收入。这可以是品牌赞助、产品推广或者平台的广告分成。

这种收入本质上是在售卖曝光量，主播通过直播间的流量帮助品牌进行商品和品牌宣传，收费往往没有明确的标准，一般由主播的粉丝画像、粉丝数量和单场直播间的热度决定。在直播间追求曝光的品牌都是实力雄厚的大品牌，他们通常也会在大型的娱乐直播间里通过赞助、冠名的方式来提升品牌的知名度。抖音上能通过广告获得收入的娱乐主播屈指可数，主要集中在曝光量非常大的头部直播间或者明星直播间。

- **付费会员**：抖音平台允许主播设置付费会员系统，观众付费成为会员后可以享受额外的福利，如观看权限、专属徽章、头像挂件、高清画质等。

抖音付费直播模式是平台上的一个新趋势。通过这个功能，观众需要付费以获得更好的观看体验或主播的一些特殊服务。这种模式为主播提供了额外的收入来源，同时改变了用户与内容互动的方式。付费直播模式成为娱乐主播直接变现的方式，但是这种方式的弊端是无法再通过直播间吸引新流量，只能用来维护老粉丝。所以大部分娱乐主播仍然会选择在直播间以接收打赏的方式变现。

- **商品销售**：主播可以在直播中推销商品，通过销售商品赚取佣金或利润。

很多娱乐主播会在直播间卖货，但是他们不会像带货主播一样花很多时间介绍产品，而是通过自己的才艺内容将用户引流到直播间，并且会在购物车里售卖一些低客单价的泛爆品，即不需要讲解也会被用户选择和购买的普适性产品。主播在直播的过程中会花大量的时间进行娱乐内容表演，偶尔会提醒用户点击购物车。这种直播方式也进一步增加了主播通过直播变现的可能性，有些用户为了表示支持，会随手购买一些产品。

抖音上曾经出现过女团 / 男团带货直播间，他们将直播间打造成美女 / 帅哥的娱乐直播间，通过颜值和生动的表演吸引用户，下方购物车挂着大量低客单价的日用品和零食等产品链接，每首歌结束后都会引导直播间的用户按需购买。该直播方式风靡一时，但是因为直播成本过高、投产较低而慢慢退出抖音直播的舞台。

- **付费内容**：主播可以制作一些付费内容，如付费问答、付费视频、付费课程等，观众需要付费才能访问。

主播可以在直播间设置付费连麦和付费加专属粉丝团等方式增加收入，或通过售卖课程的方式来进行知识变现。这些主播都是在自己领域取得了一定的成绩，通过在直播间讲解干货或者回答问题的方式吸引用户停留。抖音上有付费连麦功能，主播可以设置付费金额，连麦申请者充值抖币付费后即可与主播连麦交流。

- **品牌合作**：与品牌合作进行联名活动、代言、推广等，从而获得品牌支付的报酬。

主播可以通过跟品牌做联合专场的方式来进行流量变现，如新品发布会，通过主播的账号进行曝光和宣传。因为主播自带流量，商家在主播直播间发布新品和做活动更容易触达垂直类用户。能接到品牌联合发布会的主播通常也是类目里的头部主播，或者是一些明星和社会上的知名人士。主播作为内容生产者之一，帮助品牌在直播间进行用户宣传和导流转化。

直播公会

娱乐直播公会，也被称为直播公会或直播家族，是网络直播平台上由一群主播组成的联盟或团体。公会的核心目标在于整合资源，提升主播的影响力和竞争力，并为公会成员提供支持和帮助。以下是娱乐直播公会的一些主要特点和作用。

直播公会的特点

◎ **组织性**：公会有自己的管理体系和组织结构，通常由公会管理者（或会长）、运营团队和旗下主播组成。

◎ **利益共享**：公会与主播之间通常会有一定的利益分配机制，比如，礼物分成、广告收入分成等。

◎ **资源共享**：公会会为主播提供共享资源，包括培训资源、推广资源、内容创意等。

◎ **主播赋能**：公会会给主播提供一系列的服务，包括直播培训、氛围营造、账号打造等。

直播公会的作用

◎ **招募和培养主播：** 直播公会承担招募和培养主播的责任，为有潜力的新人提供系统化的培训，包括直播技巧、话术、运营知识、平台规则等，帮助他们快速成长。很多有潜力的主播都是直播公会发掘和打造出来的，成熟的直播公会有一整套打造主播的流水线，更容易批量复制成功的娱乐主播。

◎ **提供运营支持：** 直播公会可以为旗下主播提供专业的运营团队和支持，包括直播间场控、付费投放、数据分析、直播脚本策划、活动策划等，帮助主播提升直播效果和变现效率。大部分娱乐主播都是没有运营经验的新手，因此直播公会可以给主播提供各项专业的运营支持，让主播变现的持续周期更长。

◎ **流量扶持和资源对接：** 直播公会通常与平台有更密切的合作关系，可以为旗下主播争取更多的流量扶持和曝光机会。此外，直播公会还可以帮助主播对接品牌方、供应链等资源，获得更有竞争力的产品和合作机会。在这个方面直播公会相当于主播的经纪人团队，可以给主播带来更多广告资源。

◎ **打造主播 IP 和品牌效应：** 直播公会可以帮助旗下主播进行人设打造、品牌包装和推广，提升主播的知名度和影响力，打造更具商业价值的主播 IP。在这个过程中，直播公会可以帮助主播拍摄日常短视频进行引流和涨粉，给主播提供账号打造策略和运营团队。

娱乐直播公会的存在，对于主播个人而言，可以获得更多的成长机会和保障；对于整个直播行业来说，有助于形成更加专业和规范的市场环境。然而，主播在选择加入直播公会时，也需要谨慎考虑直播公会的规模、信誉、运营能力和分成比例等因素。

14.2 娱乐主播的内容引流和直播转化技巧

内容引流

娱乐主播在抖音上展示差异化的渠道主要有短视频和直播间。与卖货主播不同，娱乐主播的变现方式主要是内容变现，即先通过优质的短视频素材积累信任和增加印象，再通过直播间实现变现。

因此，账号首页的短视频是展现主播魅力和个性的重要工具。这种类型的主播用最低成本批量生产短视频内容的方式就是在自己账号的首页放置直播切片，也就是主播在直播间的高光画面。市面上有很多大主播的直播切片可以单独授权运营和变现。直播间的高光切片不仅具有引流效果，还有助于涨粉和人设背书。

直播转化

以下是一些提升直播转化的小技巧。

了解用户：了解你的用户群体，与他们建立良好的关系。比如，可以通过记住常进直播间的用户的昵称，并在直播中亲切地称呼他们，这种方式会让用户觉得自己被尊重。

高质量内容：直播变现的关键在于提供优质内容，无论是才艺主播还是其他类型的主播，让用户在直播间有所收获，才能获得更多正反馈和数据，从而吸引更多流量。才艺主播通常会采用高清摄像头直播，以提高直播间的清晰度和质量，增强表演的表现力和感染力。主播还可以根据热门话题来策划直播主题，为用户提供新鲜感。

打赏激励：主播可以设定打赏目标，或者设置打赏奖励，为打赏金额最高的观众提供特殊奖励，如私聊机会、定制视频等。但对于新手主播来说，直接用打赏金额作为互动激励可能会比较困难，他们也可以选择浅层互动目标作为用户激励，例如，“点赞数量达到10000，由粉丝点歌”等激励。浅层数据也会帮助主播获得更多流量。

粉丝团建设：粉丝团是主播运营粉丝的有力工具，有助于增强粉丝和主播的黏性。主播可以给粉丝团设置专属名称，让粉丝有归属感，并根据粉丝团的等级设置不同的奖品，如粉丝专属福利和礼物等。同时，通过建立粉丝群组，加强粉丝之间的交流，并在直播时将直播间分享到粉丝群，吸引更多人观看。

及时反馈：在直播间及时与用户互动，对打赏的用户表示感谢是主播的基本操作，这样可以让用户感受到自己的重要性。主播可以在直播间展示打赏排行榜，让打赏者感到被尊重和认可。主播是站在聚光灯下的指挥者，用户是舞台下的参与者，主播点名用户就是把用户拉到聚光灯下，让用户获得更多关注。

定期活动：和直播带货一样，娱乐主播也可以通过定期策划活动，如在生日或直播周年纪念日举办特别活动。在重要节日期间，可以举办主题直播活动，为用户提供各种节日特别福利。虽然娱乐主播的主要收入来源是虚拟货币的打赏，但通过在直播间挂一些非营利性的福利品，可以有效回馈粉丝，增强他们的信任感和认同感。

第 15 招
线索营销直播专题

15.1 线索营销和线索直播现状

抖音线索营销现状

机会

随着抖音平台上用户发现和记录美好生活的增多，创作者发布创意内容的丰富，以及企业或商家提供的优质产品和服务，抖音的多元生态激发了更多消费兴趣和生意机会。

在这些消费兴趣中，一部分会在抖音内通过抖音电商或生活服务闭环完成，而大量消费需求，如购车、买房等高客单的服务，需要在线下完成，即所谓的线索型业务。

抖音内容平台的特点非常适合这类业务的发展。2023 年 3 月，抖音线索行业相关的搜索量达到了 115 亿次，另外也有非常多的用户喜欢在抖音上私信商家进行咨询，2022 年，商家与用户的私信互动次数达到了 12 亿次，相比 2021 年增幅超过 100%。

2023 年，抖音帮助 300 万商家获得超 8 亿条线索，真正成为线索型业务的核心阵地。

抖音线索营销，是指企业通过抖音的原生功能，如企业号阵地、直播、短视频等，结合公域流量和私域流量运营来获取线索，同时可以通过广告、星图达人、矩阵营销的方式扩大经营。

线索业务的需求主要来自教育、金融、健康、汽车、家居、房产、企业服务、招商加盟、商务服务等行业的线索模式客户。

难点

线索营销一直是困扰很多商家的难题，线索商家的客单价普遍较高，而高客单价的商品用户决策周期较长，因此需要通过线索来获取潜在客户。然而，目前线索营销存在服务标准不统一、线索链路较分散、线索成本较高甚至效果不佳等问题，导致许多商家在抖音的经营效率低下。在此背景下，企业迫切需要整体的解决方案和统一的服务标准来提升线索经营和后链路服务的效率。

在抖音线索营销场景中，**直播是提升线索量的最有效手段**。官方数据报告显示，相较于常规营销模式，短视频场景线索量提升14%以上，直播场景线索量提升479%以上，私信场景线索量提升241%以上。因此，直播是线索营销商家高效触达用户、转化用户的重要手段。

然而，需要注意的是，抖音直播只是线索营销获得客户的一种手段。在获得流量后，商家还需要通过一系列的经营策略来留住客户，并最终实现到店转化。本书将重点讲解如何通过直播获得更多线索流量，而关于线索营销的全链路，请参考下方图片。

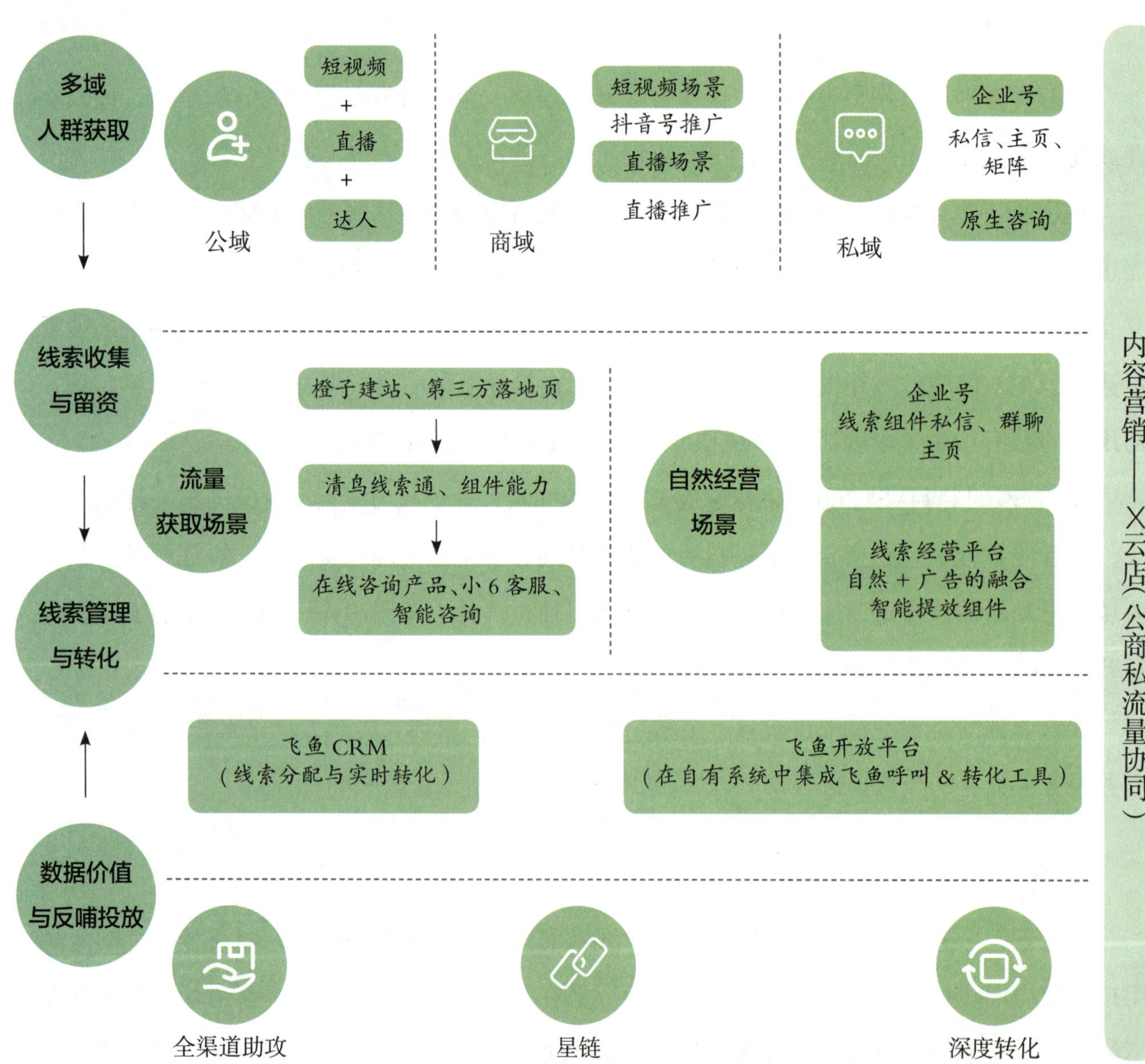

公域流量获客方式

短视频场景：锚点、评论区 link

以“抖音号的原生功能”为载体，将抖音广告和企业号经营相融合，打造更有黏性、更具生态的营销模式，综合广告投放的精准流量优势、视频挂载组件以及企业经营的内容生态价值、粉丝互动等，获取更多目标人群和线索转化。

直播场景：小风车留资卡、小风车咨询卡

直播场景作为品牌产品与用户之间双向互动沟通的载体，通过直播间引流、推广、展示等，让产品内容呈现得更立体、生动、丰富，主播现场与用户实时互动，快速为用户提供有效信息，刺激用户转化或消费，最终达成品牌传播、留资咨询等更长效的营销目标。

短视频：锚点、评论区 link

直播：小风车留资卡、小风车咨询卡

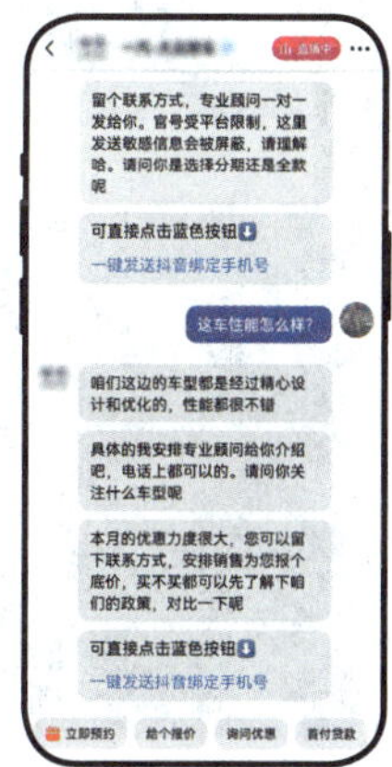

私域工具承接方式

企业号——私域流量场景：私信、主页、矩阵

用户的消费决策与企业整体经营状态相关。抖音上有越来越多懂商品、熟练推荐机制的“聪明型决策”的消费者。他们知道如何让优质的商品和内容找到自己，同时还懂企业，并且非常关注企业的经营细节，比如，他们看到一条营销内容后，除本身的广告内容外，有35%的用户会去“考察”企业主页，18%的用户会关注或私信，64%的用户会查看广告详情页，70%的用户会查看评论区。因此，建设私域场景，如私信、矩阵、主页是企业重要的经营课题之一。

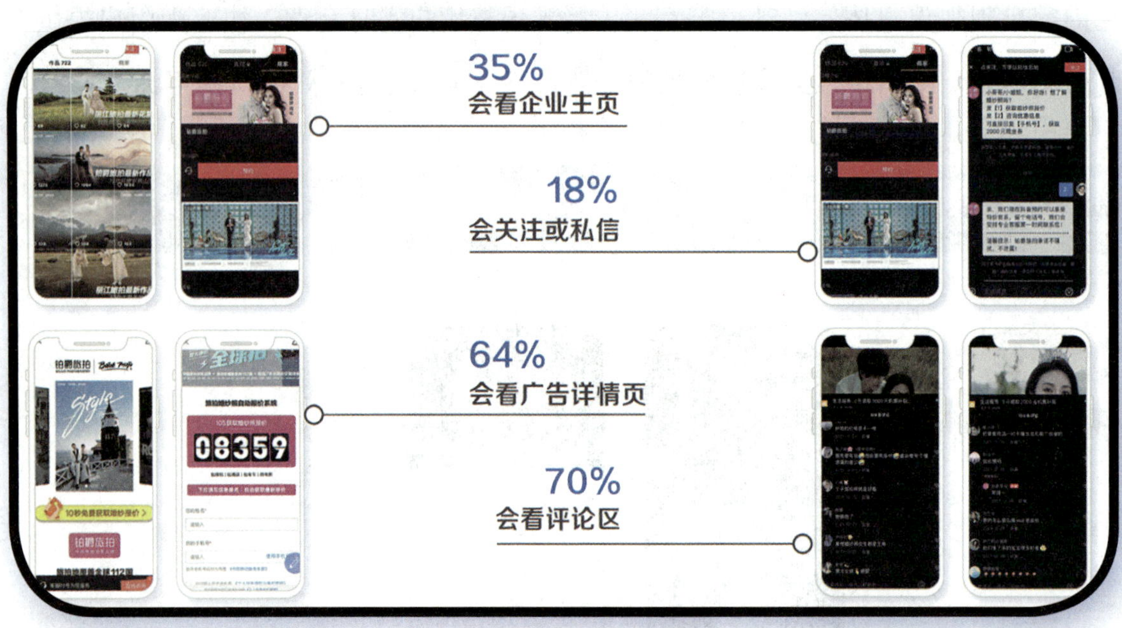

15.2 五大步骤玩转抖音线索营销直播

线索营销直播的竞争没有电商激烈，运营深度也不广，对于很多小商家来说，日常工作中要花很多的时间管理线下门店的运营。因此，低成本启动线索营销直播就显得非常重要。

人员分工

1. 不同角色分工

岗位角色	负责内容	人员绩效方式	选拔
主播	直播中介绍产品、促单、带动直播间氛围； 至少每周直播 4 天，单天直播至少 2 小时	底薪 + 根据线索量等指标提成	声音：口齿清晰、表达流畅； 外貌：颜值中上（非必备要求），很多直播场景无须出镜，要对产品了解，有目标感和促单意识
直播运营	直播前策划内容、打造选品噱头，广告推流、跟进直播间数据，直播结束后复盘优化	通常固定薪资	熟悉产品，挖掘相对竞品的差异点、卖点，包装不同节点活动、噱头； 懂数据分析，能够根据直播数据找到提升点

2. 不同直播阶段人员配置

所处阶段	岗位角色	直播时长 / 频次 / 场景
初级（刚启动直播）	主播 1~2 人（可选拔优秀销售）	至少每周直播 4 天，单天直播至少 4 小时
中级	主播 3~5 人	多场景、多账号同时直播，排班每天直播，单天直播至少 8 小时
高级	主播 6 人以上	多场景、多账号同时直播，排班每天直播，单天直播至少 12 小时

硬件准备

是否必备	设备名称	用途
手机直播必备	手机2台	1台用来直播，1台存储客照、优惠营销图、示例提交小风车等
	云台或三脚架	直播手持设备，保持画面稳定
	充电宝	为主播手机补充电量
电脑直播间必备	直播摄像头或摄影机	采集画面
	收音麦克风	直播中收音
可选	KT板	直播中向用户展示活动信息、产品卖点

直播基础流程

1. 开播前的准备工作

线索留资行业的客户有一定决策周期，商家在线上获取线索后，可沟通转化和升单，因此建议在直播间利用小风车获取留资，利用直播间简介和贴纸引导用户点击小风车。直播间配置如下。

小风车: 创建**高级在线预约**，方便用户在直播间直接留下线索。

直播间简介: 让进入直播间的用户第一时间明晰关键信息，方便转化。

直播间贴纸: 引导用户点击小风车留资，可以考虑给出一定的优惠福利。

2. 直播全程话术

直播环节	节奏（建议时长）	直播内容		玩法
		框架	参考话术	
预热	—	至少提前 1 小时发布直播预告	—	评论区邀请用户观看
开场	3 分钟	1. 欢迎语（点名直播间观看用户）； 2. 直播间介绍（我们是什么）； 3. 品牌 / 卖点介绍（我们提供什么产品服务）； 4. 互动（有问题评论区提问）； 5. 福利预告 / 促单（点击小风车领取优惠）	欢迎进入直播间的宝宝 XX、XX，欢迎你们。 我们是 XXX，已经有 XXX 年历史，我在 XX 来为大家做直播。 大家有关于 XXX 的问题都可以发在评论区，想了解 XXX 的，主播会一一介绍。 今天直播间给大家带来双重专属福利。 福利 1：XXX 元优惠券； 福利 2：XXX 元大礼包。点击屏幕右下角小风车立即领取	促单辅助展示：用另一部手机展示优惠营销图、小风车位置
过渡	1~3 分钟	回答观众提问。根据直播间互动灵活进行	常见问题较多，在下面的评论区部分具体展开	
卖点促单	滚动循环	1. 产品卖点：一句话总结＋简短扩展介绍，准备多个产品卖点，在不同的时间点滚动来讲； 2. 福利优惠； 3. 引导留资：总结产品卖点、优惠引导留资，预告下一场直播	卖点：我们是一价全包，无任何隐性消费的，包 XXXX。到店以后还有 XXXX 服务 福利优惠：现在我们直播间还有专属福利，2000 张优惠券，原价 XXX 元的套餐，现在 XXX 元就能拍。您现在不用也没关系，优惠券 X 年内都是有效的	卖点、福利都可用另外一部手机展示营销图、辅助客照；演示小风车点击、填写的过程
结束	3~5 分钟		引导留资：点击屏幕右下方的小风车，立即领取 XXX 福利，咱们现在不用也没关系，先占上这个名额，优惠券 2 年内有效，咱们再慢慢了解对比。主播马上就要下播了，我们还有最后 X 个直播间专属福利，XXX 元补贴，原价 XXX 元，现价 XX 元就能拍，一价全包，现在点击屏幕右下方小风车免费领取。我们下场直播时间是 XXX，谢谢宝宝们的观看，拜拜	

3. 评论区互动

	话术框架	常见话术
引导用户提出问题，提升互动	要用具体的问题，引导用户提问	大家对 XXXX 有什么问题，有哪些想了解的都可以在评论区互动，主播来解答大家的问题，也可以打出自己所在的城市，主播给大家推荐专属管家
回答用户问题提升留资	说出用户昵称 + 重复用户问题 + 简短回答 + 扩展卖点 + 促单； 对于用户需求的激发，给用户紧迫感	案例 1：用户问到了没有门店的城市，可以直接引导用户去其他地方拍。自然带上产品卖点和促单 A 用户：XX 有没有店？ 主播：A 宝宝问“XX 有没有店”，XX 我们暂时还没有店哈，但 XX 离得很近，我们很多从 XX 过来的客人，可以考虑下（产品卖点），XXX 有没有填写小风车的表单啊，我们现在有直播间专属福利，点击小风车可以领取 XXXX 元补贴
		案例 2：更多地给用户信心，融入产品卖点 B 用户：到底好用吗？ 主播：宝贝，咱们不要担心服务问题，我们已经服务过 XXX 个客户了，现在点击小风车的表单，还可以领取 3000 元补贴哈

直播流量获取

1. 直播间流量波动区间

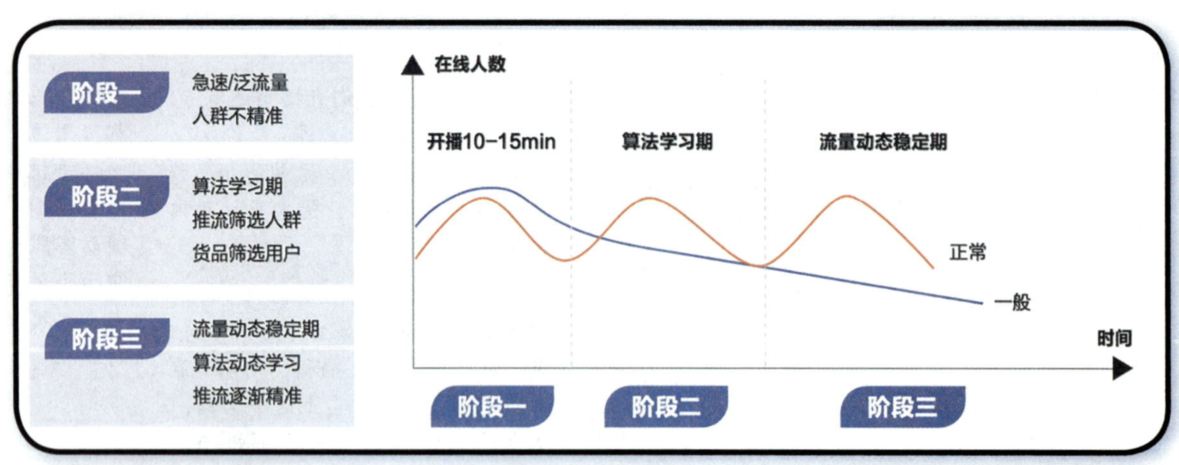

2. 付费投放技巧

基础搭建逻辑

◎ 在计划搭建时，务必清楚标记计划名称，以避免混淆和错误启动计划；

◎ 根据不同的转化目标，合理分配预算，并对不同计划进行人群定向测试；

◎ 在新老计划配比上，保留那些已经度过学习期且在直播中表现良好的计划，其他计划全部新建；

◎ 在初期测试新转化目标时，应尽可能多地搭建计划，并采取阶梯出价策略。**合理计划数 = 预期线索量 × 预期成本 ÷ 在投计划平均消耗**。

推广目的的选择

◎ 使用巨量广告进行行动转化，选择直播间推广，实现精准人群引流直播间，帮助直播间顺利通过冷启动阶段；

◎ 私信消息和直播间也支持搭建搜索直投计划，可进行测试。

转化目标设置

◎ 主要使用直播间观看（浅层转化）、直播间停留、组件点击（中层转化）、表单提交（深度转化）。

转化目标	优势	建议预算分配	使用场景
直播间观看	起量快，冷启动通过率高	5%	关注直播间看播、在线峰值、用户活跃度等
直播间停留	起量快，用户停留更优	5%~10%	
组件点击	更容易找到通过组件转化意向人群	20%~30%	关注直播间组件转化等
表单提交	人群引入更精准	60%~80%	关注后端留资有效率

◎ 本地跑量优质客户（投放全国）转化目标综合配比（参考）。

测试初期【表单提交 50% + 组件点击 30% + 直播间停留 15% + 直播间观看 5%】；跑量稳定后逐渐提高表单提交转化目标比例【表单提交 70% + 组件点击 20% + 直播间停留

5% + 直播间观看 5%】。

- 计划定向设置

◎ 通常为基础定向 + 个性化定向 + 排除包设置。

- 出价及预算设置

◎ **出价**：梯度出价，直播间观看【0.1~0.5 元】，组件点击【1~2.5 元】，表单提交【60~100 元】，以上参考的是全国出价区间，优先从低价开始测起，根据投流情况调整；

◎ **预算**：初期测试，用少预算多计划的形式。每条计划预算不要太高，避免超出成本，每条计划控制在 500~1000 元，看情况下压或上调预算；注意当日账户日预算操作上限为 20 次，不要频繁操作。

- 投流过程细节

◎ 竞价引流直播间投放时，需要根据直播内容进行实时优化；

◎ 由于引流直播间分时消耗高，后台数据有延迟，投放时需重点关注账户余额变化，预估实际消耗；

◎ 提价操作到起量有 5~15 分钟时差，所有调优动作需提前 10 分钟左右进行；

◎ 若计划显示“关联直播间不可投放”，需让业务人员协助排查。

直播数据复盘

结合直播数据，客观判断直播效果和主播表现。每天监控数据表现、主播表现，不断调优。本书提供的直播方法，需要商家不断改进，挖掘自己的核心卖点，从而更好地向用户传达。

- 直播数据

需关注的数据	直播间线索量、互动率、人均观看时长
观看数据的途径	企业号线索版 PC 后台，【数据分析】—【直播】—【直播大屏】

- 主播表现

◎ **形象**：妆容得体，出镜的时候富有亲和力；

◎ **讲解**：发音清晰，产品介绍逻辑严谨、重点突出；

◎ **互动**：实时回应观众问题，回复内容强调产品优势，促进购买，有效引导观众互动提问，及时处理评论区的负面评论；

◎ **促单**：卖点阐述清晰、福利介绍有条理，引导观众点击小风车，营造购买紧迫感，激发观众购买欲望。

15.3 线索广告营销

线索营销的广告图谱

线索营销的广告投放有一个完整的产品图谱，如下图所示。

线索广告产品图谱

重点行业：汽车　房产　家居　教育　金融　健康　本地生活　企业加盟　政务文旅

获客场景
流量：站内（抖音　头条　西瓜　火山　番茄　懂车帝　住小帮　幸福里）　站外（穿山甲）
场域：信息流　搜索　线索中心场　私域
载体：内容载体（短视频　直播　图文）　原生广告

产品支撑
转化优化：浅层优化（互动加粉　表单提交　咨询留资　电话拨打）　深层优化（通话30S　意向话单　意向咨询　金融授信　价值优化　成交　…）
自动化：原子级自动化（创编　转化目标　定向　预算　出价　创意）　场景级自动化（UBX-通用解决方案　UBX-小客解决方案）
经营工具：建站（橙子建站　小程序）　转化跟踪（JS/XPATH　星链/API　飞鱼）　经营阵地（企业号　官网）　资产管理（商品库）

做好线索营销的投放和做好抖音电商直播的投放一样，都需要有好内容和好产品，前者带来流量，后者带来转化。

如上图所示，投放的优化目标分为浅层优化和深层优化。

浅层优化：互动加粉、表单提交、咨询留资和电话拨打。

深层优化：通话 30 秒、意向话单、意向咨询、金融授信、价值优化和成交等。

线索营销的搜索玩法

对于商家来说，投放的场域有很多种，除传统的信息流广告外，搜索广告也日益受到重视。在抖音平台上，越来越多的用户通过搜索来寻找生活、学习、工作等方面的解决方案，首搜意愿大幅提升（+6.4%）。搜索商业流量中，有44%的用户搜索“服务”。用户认为，抖音图文并茂，内容全面，有更多个人经验分享，极大满足了个性化需求。在2023年，超过29%的抖音用户在搜索后留下线索，全年线索量同比增长173%。在搜索场景下，商家通过做好精准素材、关键词上首位广告，能够获得更高的曝光率、更快的跑量速度和更高的转化率。据统计，原二位广告提升到首位后，广告素材跑量能力提升60%；首位广告的平均点击率（CTR）为16%，高于非首位595%。

下面重点讲解线索广告搜索营销的玩法，其全链路如下所示。

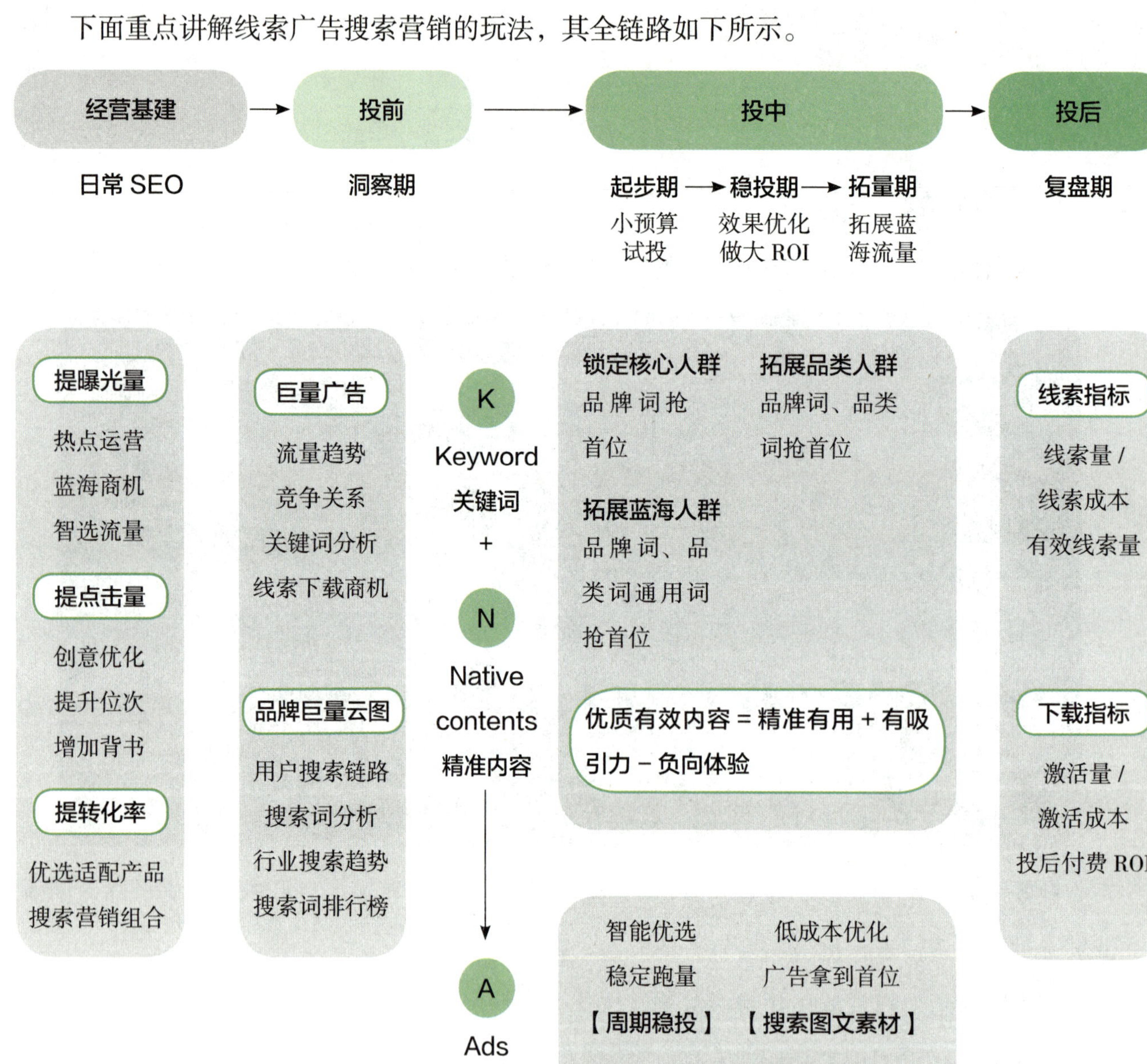

投前

营销种草

商家自行发布或与星图热搜达人合作，推广视频、直播间或图文，通过日常经营与 SEO（搜索引擎优化），让产品或服务随时都能被搜到。同时，挂接留资页、应用下载页面等，高效承接搜索流量转化。

投放洞察

通过**巨量云图**洞察行业趋势，了解卖点趋势，为搜索投放做好前期的人群和内容策略。通过在**巨量广告**平台上搜索流量分析、蓝海流量词包分析等，了解搜索趋势，科学定位，有针对性地搭建计划、配置关键词，抢占高流量。

「巨量云图」看行业热搜词

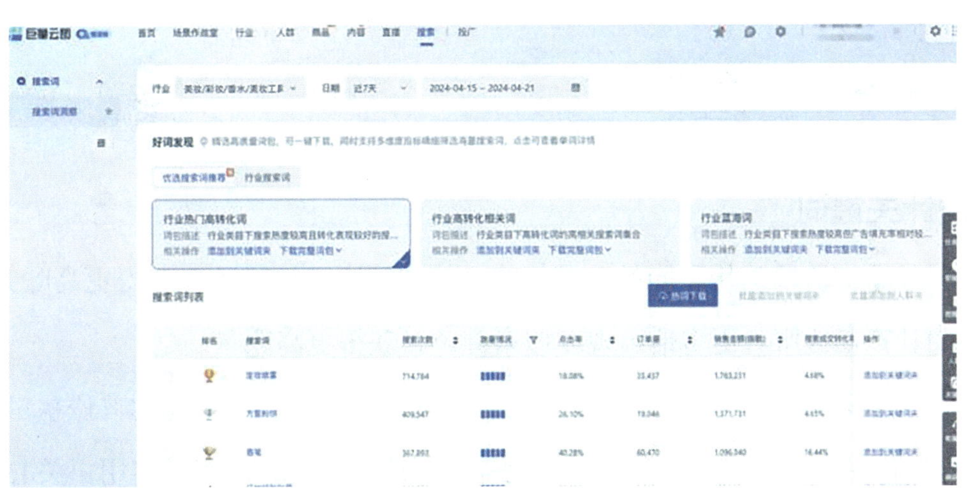

「巨量广告」看搜索流量关键词趋势

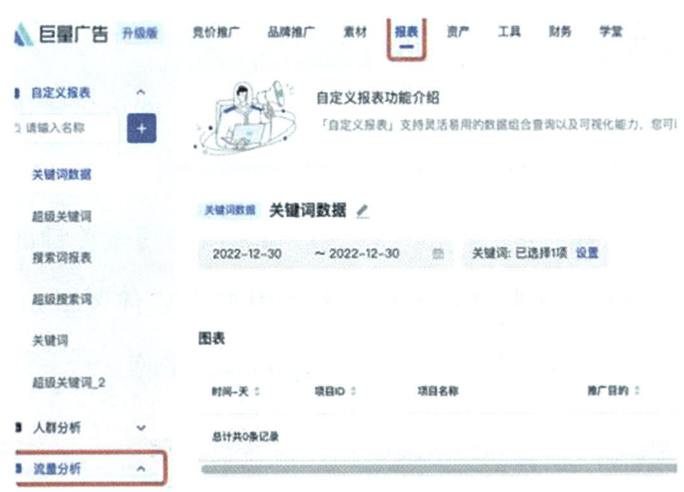

投中

在投放方式上，新手期商家首选**周期稳投**，降低投放操作门槛，稳定投放；借助**图文素材**简单制作素材，快速投出起量；在流量拓展期，广告主可在常规直投中，应用**蓝海流量投放**匹配蓝海关键词投出精准素材，应用**智选流量投放**拓展人群覆盖量，再配合素材和关键词、出价，放大投放效果。

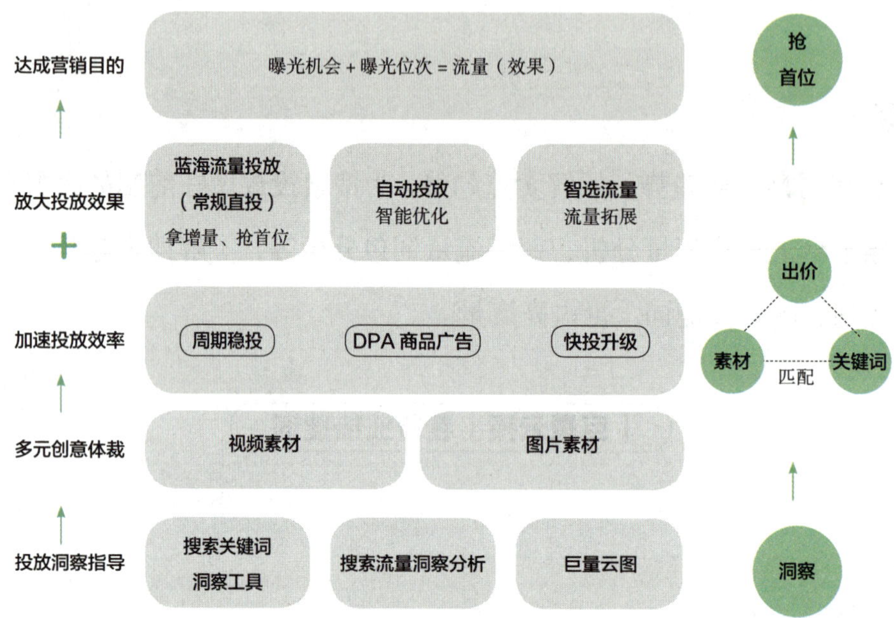

如何设计关键词

线索场景下不同阶段运用不同的选词策略，抢占搜索首位，才能获得更高曝光量。**选词**搭配**精准素材**让产品或服务更多地出现在搜索首位，获得更高跑量。

起步期：锁定核心人群，该阶段应充分圈选**品牌词**，保障自有品牌的首位拿量。

稳投期：抓住品类人群，在品牌词基础上加入行业品类词，使用更多用户关心的搜索词，抢占行业赛道流量。

拓量期：需探索蓝海人群，尽可能扩大选词范围，增加用户搜索触点。

如何做好精准内容

精准素材经营对线索下载行业的商家至关重要，它不仅能承接转化还能激发用户的搜索行为，进而影响用户的转化决策。

因此，需要做到“准”和“优”。“准”——广告素材与搜索关键词之间关联性高，精准满足用户需求。“优”——广告素材质量上乘，有吸引力。整体逻辑如下。

稳定的搜索流量 = 持续创作 + 达人创作

优质有效内容 = 精准有用 + 有吸引力 - 负向体验

精准有用：信息相关性强，提供有用的信息服务

精准素材：素材与搜索词相关性高，且能较好满足用户搜索诉求，为其提供精准的信息价值或服务满足。

内容优质：保证画质、声音清晰；声画同步；内容为大众可接受。

有吸引力：让用户产生兴趣，持续种草

有价值：产出的图文或视频素材，突出优惠服务优势，满足用户真实需求。

有背书：与权威机构合作，进行内容背书，提升可信度。

有创新：在达人合作中，保持创新内容和频次，持续引发用户兴趣。

减少负向体验：增强真实感，避免低质内容

承接不缺位：避免用户看到视频后搜索售卖的商品、服务和应用已经或即将下架。

真实可信：通过画面详细介绍服务特色，展示达人推荐，凸显真实优势，同时避免营销中的低俗元素，提升内容的整体品质。

投后

线索行业看有效线索量：在后台“自定义报表”复盘线索，收集相关指标，针对数据薄弱的环节，加投搜索广告补量，同时配合飞鱼 CRM、青鸟线索通等线索管理工具，识别有效线索。

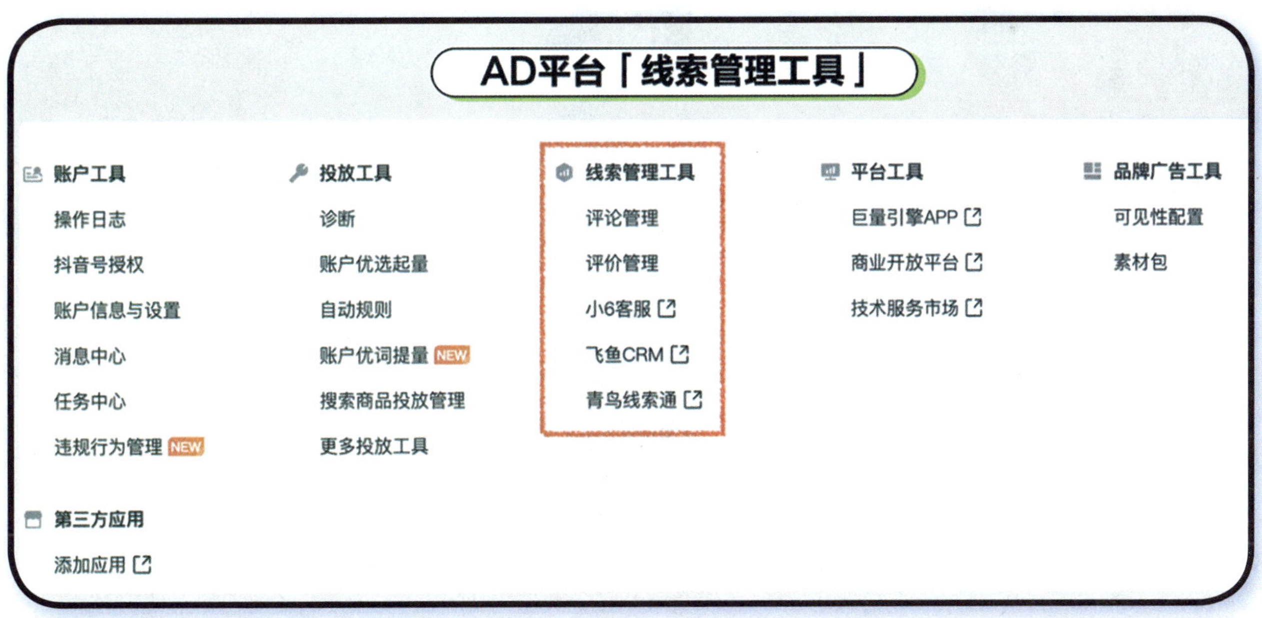

第16招

本地生活直播专题

16.1 抖音本地生活直播现状和变现逻辑

抖音生活服务的现状

抖音生活服务致力于为用户提供真实、优质、丰富的信息，目标是逐步建设成为满足用户本地内容和服务需求，覆盖全场景、全品类的生活服务首选平台。抖音生活服务综合行业的短视频、直播、搜索快速增长，共同拉动内容生态不断成熟，成为用户获取生活服务综合行业信息的重要渠道。在抖音获得订单的商家数量持续增长，截至2023年11月15日，综合行业有动销商家门店数同比增长251%。

抖音生活服务综合行业有动销商家门店增长趋势

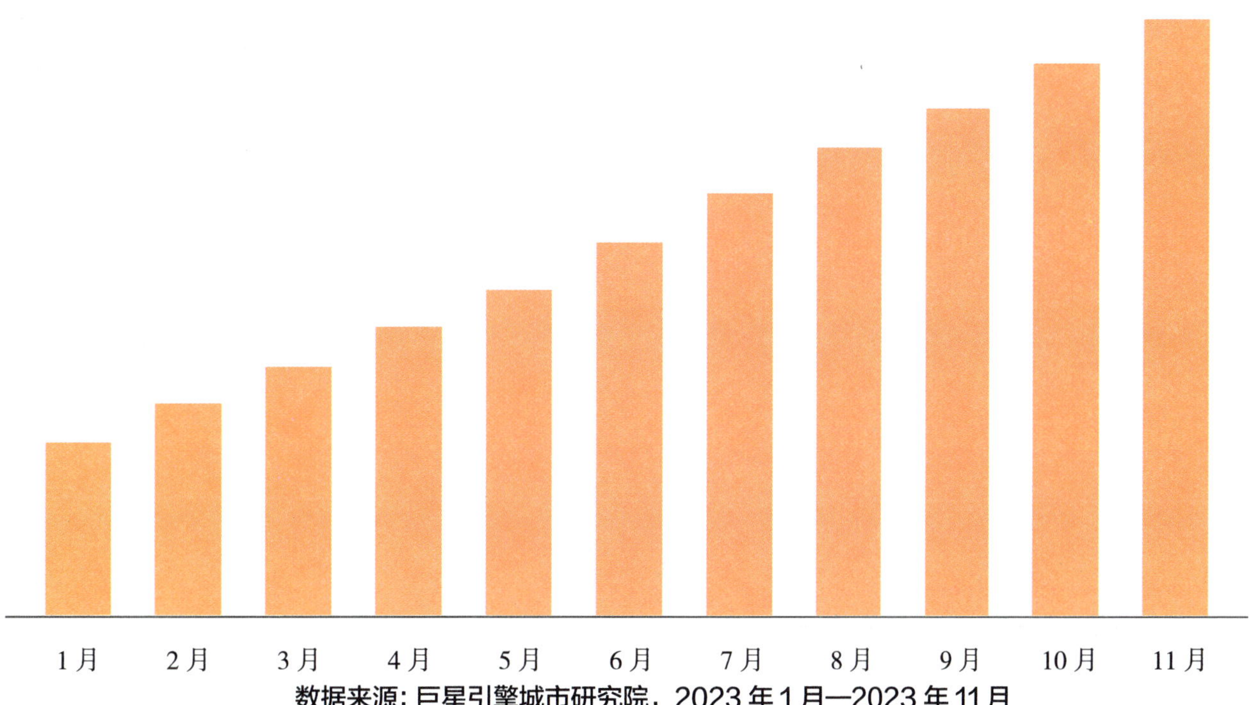

数据来源：巨星引擎城市研究院，2023年1月—2023年11月

抖音电商为本地生活服务带来的机遇

庞大的用户群体和流量基础：抖音作为国内短视频平台之一，拥有数亿日活跃用户，这为本地生活商家提供了巨大的潜在客户群体。商家可以通过抖音平台触达更广泛的用户，提升品牌知名度和曝光率。

精准的算法推荐机制：抖音的算法推荐机制可以根据用户的兴趣标签和地理位置等信息，将本地生活服务信息精准地推荐给潜在客户，提高营销转化率。

多元化的内容呈现形式：抖音平台支持短视频、直播、图文等多种内容形式，商家可以通过创意内容吸引用户关注。例如，美食商家可以通过探店视频、美食制作教程、餐厅环境展示等内容吸引用户；酒店民宿商家可以通过房间环境展示、周边景点推荐、入住体验分享等内容吸引用户；休闲娱乐商家可以通过游戏体验、项目介绍、优惠活动预告等内容吸引用户。

便捷的线上交易功能：抖音平台支持团购、预约、外卖等线上交易功能，用户可以直接在平台上完成消费，提升了用户体验感和交易效率。

本地生活直播的流量获取和转化

打造优质内容，吸引用户关注：内容为王是抖音平台的核心法则，本地生活商家需要根据自身特点和目标用户群体，创作高质量、有吸引力的内容。例如，以门店环境、服务流程、产品特色等**真实场景**为素材，拍摄短视频或进行直播，增强用户信任感；鼓励**用户分享消费体验**，或者与本地生活博主合作，进行体验式探店，提升品牌口碑；结合当地文化、风俗、景点等元素，创作具有**本地特色的内容**，吸引目标用户。

利用平台功能，促进线上转化：抖音平台提供了丰富的营销工具和功能，商家可以充分利用 DOU+ 推广、直播带货和团购、优惠券等营销工具。例如，通过**付费推广**，将内容精准地推荐给更多目标用户；**通过直播的方式**，更直观地展示产品和服务，与用户实时互动，促进用户下单；通过**设置优惠活动**，吸引用户到店消费。

精细化运营，提升用户留存率：除了吸引新用户，本地生活商家还需要注重提升用户留存率，例如，通过引导用户添加微信、加入社群等方式，**建立私域流量池**，进行精细化运营；通过**会员体系和积分机制**，提升用户黏性，鼓励用户复购；及时回复用户咨询，解决用户问题，提供**优质的客户服务**，提高用户满意度。

16.2 抖音本地生活直播间的话术技巧

直播开场

可选内容：欢迎问好、主播介绍、内容预告、福利预告、情景带入、人群吸引。

话术示例：

大家好,欢迎来到XXX的官方直播间！我是今天的XX推荐官！新进直播间的朋友们，左上角帮主播点点关注！主播带大家买到自己喜欢的演出门票！

大家好！欢迎来到XXX的直播间，我们今天刚刚开播，欢迎大家进入我们的直播间，大家看看我们的画面清不清晰、声音能不能听得见，可以的话给主播扣个“可以”啊。我们家在广州有XX年的历史，也有XX家门店了，有没有咱们家的老朋友，是老朋友的给主播扣个“老朋友”，顺便点一点关注，我们马上给大家送福利。喜欢吃我们家XX的宝宝，一定要蹲在咱们的直播间，5分钟之后直接给大家1元开秒。

今天不仅有超低价的团品，福利也特别多！老板非常大方，准备了超多的福利给大家抢！有XX、XX和XX。所以想要9.9元下单和免单的宝宝们，千万不要划走，今天跟着主播，主播带你福利拿到手软！

本次XXX专场直播，共计40+潮流运动户外品牌参加，同时我们也准备了1000张50元立减券，不定时空降直播间，喜欢户外活动的宝宝们，想要这波福利的宝宝们，在直播间蹲住了！

哈喽，这里是XX的直播间，我是主播XX，咱们直播间今天给大家准备了很多福利，刚进直播间的宝宝们先点个关注，不要错过抢福利的机会。我看到直播间也有很多铁粉，公屏上“来了”刷起来，让我看看有多少铁粉。

各位宝宝/家人们下午好，欢迎来到品牌滑雪场的官方直播间，我们家店在上海开了十多年，是一个老牌的滑雪地，占地有XX亩，超大型的户外滑雪场地。初级、中级、高级的滑雪赛道我们都有，新手、老手全都适合！

优惠介绍

可选内容：优惠力度、稀缺性、价格对比、算账。

话术示例:

同样的套餐只需要花三分之一的钱，买到就是省到，错过就是亏了！

一份外卖的钱或者两杯奶茶的钱，就可以吃到双人餐。

大家如果有需要的话可以看下我们下方的小房子X号链接，这个是直播间专享价，而且你直接去门店是没有这个价格的，早买早用早享受，这个价今天直播只有几份，也是给到我们X家粉丝的专属福利。

来，所有宝贝，这个产品可以满足大家舒缓劳累身体的需求，门市价起码要三四千元，今天来官方直播间，不要三四千元也不要一两千元，听好了，给大家一个惊掉下巴的价格，499元，只有10单，需要大家拼手速拼网速，点击下方1号链接。点了关注的粉丝宝贝刷新去拍，3、2、1，1号链接，刷新去拍！

1号链接真的是今天非常炸的福利，是今天直播间折扣力度非常大的商品，宝宝们赶紧去拍，错过就没有啦。而且抖音的次卡就算只用了其中1张也可以退掉剩余的，也是可以享受咱们10次卡同等优惠的。但我不建议咱们直接退，因为两个月内这个都是有效的，两个月之内如果同事、家人或朋友想用随时都是可以用的，两个月内你没用掉的，咱们过期退随时退，不收任何手续费，来准备好我们炸10单，3、2、1上链接！

有宝贝问，你们家门票为什么这么贵，我来跟大家算一笔账，咱们家游乐园门店价格是150元，今天直播间只需要75元，等于说平时玩一次的价格，在今天下2单可以玩2次了，尤其是咱们住在附近，家里有宝宝的家长，你买了咱们家的门票，可以带宝宝来咱们游乐园游玩，可能平时75元的价格，买不到什么很贵重的东西，但是却可以买到孩子的开心，这是不是非常划算？

注意事项:

口播时或者物料中，优惠前价格不建议使用“原价”来描述，可用“划线价”或“指导价”来描述，并应明确说明优惠前价格。描述直播间不同折扣力度商品时，建议不要使用“低至X折”，可用“X折起”代替。

商品介绍

可选内容：商品内容、价格、目标人群、覆盖门店、平台对比、核心卖点、使用场景、使用规则、知识科普。

话术示例：

有宝贝好奇我们家的小龙虾有多大，主播给大家展示一下，有大半个手掌这么大了，咱们这个套餐里的龙虾是我们家个头最大、肉最紧实的龙虾，也叫蓝龙虾，所以称为至尊蓝龙虾套组，里面除有两大份各种口味可选的蓝龙虾外，还包括辣炒年糕、葱香花蛤、解腻黄瓜等小菜，同时还赠送两杯鲜榨果汁和现场剥虾服务，所有龙虾都是鲜活现烧，吃起来很过瘾，千万不要错过！

文眉的目的是让你不用自己画眉毛，它的好处：早上可以多睡十分钟，素颜也很有气色，游泳或者流汗也不会脱妆，让不会画眉毛的人在妆后更有气质。

烤肉的品种非常多，在这都可以随便吃，可劲儿地吃，我们是点餐式自助，你点什么，我们就上什么，我们还有很多小食，小食是自助，想吃随时到餐台来取，100 多种餐品，任你吃！来个特写，看看我们家肉的品质。吃烤肉什么最重要，一定是食材，您看看我们家肉的品质，没有合成肉，都是原切新鲜肉。

咱们直播间人这么多，宝宝们想看自己附近有没有门店的话可以直接点击小房子链接，点击其中任意一个链接里的“可使用门店”就会自动匹配离你最近的门店，比如说主播现在在上海，我打开发现离我最近的 500 米有一家门店。

直播间的宝贝们一定要听清楚了，全国 150 多家门店通用，核销日期 30 天，准备好了没有？5G 快的用 5G，Wi-Fi 快的用 Wi-Fi，调好网络设置了没有？准备要给大家上链接了，现在开始点击下方黄色小房子，准备倒计时了。

很多宝贝都知道蛋糕要挑含动物奶油的，但不是很清楚为什么。今天主播就告诉大家，如果咱们看成分标签的话，就会发现很多植脂奶油，里面是没有乳脂的，但是会有反式脂肪酸。比如说成分里面有氢化棕榈仁油的植物奶油会产生大量反式脂肪酸，反式脂肪酸对人体健康是非常不利的。

今天 X 号链接套餐，不限时，全天畅玩，滑雪保险、雪鞋、雪杖全包含在内，赛道任你选择！有效期 3 个月，过期退、自动退！

咱们宝爸宝妈周末还不知道带宝宝去哪儿玩的，就来我们这里，让你实现“一站式”轻松带娃，同时咱们大人也能享受到不一样的周末时光！

想象一下周末约上你的好朋友一起来这里泡个汤泉，舒缓一周的压力，身心都可以得到放松，再来个配套的下午茶，看着远山黛影，真的是太美好啦！

大家直接来线下的话，我们仅两张门票也差不多需要200元了。今天加上我们的双床房，只要399元。如果你是和另一半或者好朋友一起过来的话，人均下来会便宜很多，既有吃又有喝，还有住宿加温泉，非常划算！

今天我们直播间粉丝专享福利价是999元，大家可以去对比一下，我们外部的价格要2000多元，就算去我们官方旗舰店团购，价格也要贵300元！

注意事项：直播过程中商品的支付价格、优惠前价格、分量大小、使用规则、套餐内容、重量、使用门店、活动时间、产地等信息均需要与商品详情页一致。例如，商品详情页未提及大闸蟹产地，口播就不可以宣传“阳澄湖大闸蟹”。禁止做任何医疗科普，也禁止做伪科学内容的科普宣传，比如，XX小妙招可以治病，背薄一寸、长寿三年等。

秒杀品介绍

可选内容：秒杀品内容、优惠力度、参与方式、倒计时、卡节奏。

话术示例：

平时均价要XXX的经典款套餐，今天不到X元就可以带走，你确定不想试试吗？对不对，试一试，抢到就是赚到呀，另外因为直播有延迟，所以当主播说到3的时候，大家就要开始点小房子刷新了，确保大家可以抢到，想要的话一定要早早下手。

想要咱们福袋里的限免餐的宝贝，现在听主播说，分为三步，第一步是点关注，加入咱们家的粉丝团，现在花1抖币加入咱们家粉丝团的宝贝，才有机会参与本次限免餐的抽奖活动，规则清楚了吗？加入粉丝团才可以参与本次福袋的抽奖。

我们5分钟之后给大家送出今天的第二波福利，只有咱们家的粉丝才可以参与抽奖，所以现在直播间的宝贝们，抓紧点点关注，加入咱们家的粉丝团，带上“马甲”就能参与咱们的福利抽奖。马上抽奖，大家赶紧点击左上角的关注，加入咱们家的粉丝团，小助理给大家演示一下如何加我们的粉丝团。

注意事项：建议不使用**霸王餐**描述给用户的福利品，霸王餐指点餐消费却故意不付钱的行为，与直播间送福利的事实不符，可以使用**限免餐**或**1分钱请大家吃双人餐**作为替代。避免利诱互动违规公式，**观众互动为前提＋利益承诺＝利益诱导、诱导互动**（如关注送礼物）。

联系客服 / 来电预约

可选内容：联系客服的原因、场景、方法以及预约方法。

话术示例：

看到直播间宝宝有非常多的问题想要了解，如果主播没有回复你的问题，欢迎咨询我们的客服，主播安排小助理后台回复大家。

不知道怎么预约或使用的家人，您下单后看到小房子这里有个【客服】，点击一下就可以联系到我们的客服进行预约或咨询了。

中奖的宝宝们如果不知道如何领取，也可以咨询我们的客服。

您可以看我们首页的联系电话，这是我们的官方客服电话，欢迎您来电预约。

您可以看我们首页的联系电话，官方提供的虚拟电话服务会保护您的隐私安全，可以跟我们的客服说您的姓名，我们帮您完成预约。

您下单后可以在订单处看到我们的联系电话，欢迎您来电预约。

注意事项：一定要说清找客服的目的，所有含糊不清的描述、引导至其他平台交易的行为都会被判定违规，引导“线上核销”也会被判定违规。

换品衔接

可选内容：商品售罄、返场预告、召唤互动、情景转换、新品引入。

话术示例：

刚才给大家讲了演唱会门票的使用规则，主播今天还有音乐剧门票带给大家，朋友们可以看看我们下方小房子的 1 号链接。传世经典之作，“教科书”级的音乐剧哟！

我们现在讲解的是双人餐使用规则，我看到有宝宝提问如果家里有小孩子怎么办，我们店的布置本来就是很受小孩子喜欢的哈，还有卡通造型的儿童餐，所以怎么会不考虑到跟孩子一起来的需求呢？接下来就有三人套餐给到大家！

接下来这个厉害了，我们的全场通用券，宝贝们不知道买什么的话买这个就对了！

刚刚抢到 XX 套餐的朋友，还想加菜怎么办呢？我们还有 XX 元代 XX 元的代金券，就在 X 号链接，和咱们的套餐、秒杀券都是可以叠加使用的。

单单一张服饰券肯定是满足不了大家的，毕竟直播间一部分宝贝还想为家人买衣服，所以我们还给大家准备了一张299元代350元的服饰券，给家人买但也不要忘了自己。

来，咱们XXX肯定要来逛一逛咱们XX商场，这一次也是给大家准备了850元代1000元的通用代金券，箱包服饰全部都给大家安排上了！

退场告别

可选内容：促单、强调稀缺性、强调核销、下期预告、告别。

话术示例：

宝宝们，咱们还有最后10分钟/半小时就下播了！这个价格下播就没有了。明天有没有？明天没有；下周有没有？下周没有；什么时候再有？不知道。所以一定要抓住今晚直播间的机会，赶紧抢购！

咱们还有两分钟就要下播了，还没有拍的宝宝们，在最后两分钟，赶紧去下单，这次的福利真的非常大，我们下播之后就全部恢复日常价了，所以大家不要犹豫，赶紧拍。那拍完的宝宝们，可以给咱们的账号点点关注，下次直播就可以第一时间收到通知，我们也会定期给咱们的粉丝送福利，大家有任何问题也可以及时联系客服，有其他想要的商品也可以私信客服，主播争取下次帮大家薅更多的羊毛。

宝宝们，我们还有最后1分钟就要下播了，没有点关注的，可以点一波关注吗？争取下一次给大家带来更划算的门票，更优惠的搭配！争取让每一个去过的宝贝都成为回头客！

每天晚上8点来我直播间，带你吃遍北京美食，还会分享很多分辨食材的小技巧哟！

马上就要下播了，刚来的粉丝们错过今天的福利啦！没关系，再给大家1分钟的时间，或者你们关注一下主播，下次就不会错过了！

今天这个价格，只有咱们直播间的朋友能拍，其他地方都没有，限量300单，给粉丝们的专属福利！

来！已拍的宝宝，弹幕发个已拍，让我看到宝宝们拍到了！最后100单，我们X号链接直接拍、直接囤！

注意事项：禁止引导“线上核销”，非外卖场景下，用户需要到店核销。高风险类目禁止导流私信。

增加用户停留

可选内容：福利预告、价值吸引、营销规则描述。

话术示例：

点了关注的、参与福袋抽奖的不要着急离开，离开直播间就会错过奖品了。

8点整会上一波福利，是我们的奥尔良烤翅，大家守护在我们的直播间哟！

必须冲一波，我们马上就要开奖了，我们的福袋只有20秒时间，有机会中我们价值20元的柠檬凤爪。

咱们今天直播间有很多福利，因为今天是我们XX品牌的周年庆专场活动，过生日嘛，一年才有一回，所以这样的活动也是一年才有一回。今天直播间更是福利不停，有9.9元的XX、XX、XX，还有额外的集赞福利。每到整点，咱们直播间还会抽福袋大奖。

刚进直播间的宝宝们不要走，我们马上就要发福袋/上秒杀了！1分钱的XXX，抢到就是赚到。

刚进直播间的宝宝们点击左上角，有福袋，还有几分钟就要开奖了！

咱们今天直播间的福利活动力度真的是非常大，商家的招牌产品都拿出来做秒杀了，就是为了把福利直接给到各位宝宝！

注意事项：合规使用营销工具，为避免虚假抽奖违规，抽奖请使用**营销工具**进行，合规送福利抽奖和秒杀，并保证抽奖真实有效。限时活动中的"限时"建议同时给出具体时间，涉及以下词语"几天几夜、倒计时、趁现在、就、仅限、周末、周年庆、特惠趴、购物大趴、闪购、品牌团（必须有活动日期）、随时结束、随时涨价、马上降价"等，建议给出具体活动时间。

引导用户点赞

可选内容：福利预告、价值吸引、氛围话术。

话术示例：

同时大家也不要忘了给主播点赞，主播说好给大家送福利就一定会送上！

哇，看到大家的热情了，宝宝们把赞点起来，我们2分钟以后就给大家送第一波福利。

主播看到了大家的热情，今天的福利还会持续送上！喜欢主播的话，帮主播把赞点起来！今天XXXX赞、XXXX赞、XXXX赞的时候，我们都会给大家继续上我们的免单福袋！

没有被抽到的宝宝不要灰心，我们今天给大家准备的免单券还有很多！喜欢我们直播间的话，动动你们发财的小手帮主播把赞点起来，大家喜欢主播的话，帮主播把赞点起来，直播间 XXX 赞的时候，我们会再上一波秒杀品！

上点关注下点赞，小房子里转一转！

直播间的宝宝们，动动小手指给主播点点赞，主播给大家送波福利！

注意事项：不要使用诱骗话术。建议避免表示用户只有发表评论、关注、点亮粉丝灯牌、加粉丝团、点赞 x 下、停留 x 分钟等互动行为，主播才会上架商品 / 才可以领取福利 / 免费领取奖品等，可能被判定为诱骗话术。

引导用户评论

可选内容：福利选择、提问套餐选择、提问需求场景、提问口味选择、福袋默认评论。

话术示例：

宝宝们想要哪一个直接打在公屏上，我们的运营小哥根据人数给大家抽取相应的周边小礼品。大家点点关注，评论、点赞不要停，点亮粉丝灯牌，抽到你的概率会更大。

刚刚有多少宝宝抢到了？抢到的宝宝在公屏上刷个“1”好不好，也让其他宝宝看到我们确实是有在送福利的哈，没抢到的宝宝在公屏上刷个“没抢到”，我看看还有多少宝宝没抢到，过几分钟我们按照没抢到的人数再上一次，有几个没抢到就上几个。

有没有想要的，想要的把“要”打在公屏上。

有没有山东的？山东的朋友扣个“1”！多少人家里有老人的？家里有小孩的？

谁吃过我们家的 XX 菜品，来告诉主播好不好吃，觉得好吃的在公屏打“好吃”好不好？

喜欢吃辣的评论区打一个“爱吃辣”，我先给大家上这款麻辣味的套餐。

下面我们要给大家带来今天的第一波福利，大家知道我们的招牌是什么吗？知道的宝宝可以在公屏上打出来，给大家一点提示，是 3 个字。我们看下有多少宝宝答对了，我们就放多少份福利！

大家最近是不是都喜欢做 XXX 款式啊？有做过的可以在评论区打个“有”，但是宝宝们，这个款式不是所有人都适合的，如果你是 XXX 脸或 XXX 手，应该 XXXX，听懂了吗？听懂的宝宝跟主播说一下。

主播最近发现大家都有XXX的问题，直播间X家的粉丝们你们也有同样的问题吗？有的打个“有”啊，来，听好了，如果你有XXX的问题千万不要XXX，你们是不是会XXX，其实这样是不可以的啊，那我们应该怎么做呢……

左上角的福袋大家不要忘记参与啊，然后别忘了在直播间评论，XXX继续滚动起来，大家越热情，主播就越想多讲一些大家想知道的。

刚刚还没拍到XXX的宝贝扣“没有”，后台小哥准备好，一个都不要落下，今天给大家安排一张50元的优惠券，全都有。

大家等了很久我们XXX官方的直播，今天就是给大家送福利的，有大家想要的秒杀品A、B、C三种，想要什么可以打在公屏上，哪个秒杀品的评论越多，就先上哪个，抓紧在评论区打出自己想要的！

宝宝们，如果不知道自己所在地方快递能不能送到，赶紧在公屏把所在的地方打出来，我来进行解答。

抢完的宝宝在公屏打个“已拍”，没抢到的宝宝扣个“1”！

注意事项：避免引导评论“抢到、拍到了客服会送你xxx”，容易被判定为“诱导互动”违规。

引导用户关注

可选内容：福利预告、价值吸引、营销规则描述、人设打造、氛围话术。

话术示例：

宝宝们抓紧时间了，可以点一下关注，马上给大家抽限免餐！没有点关注的宝宝可以点一下头顶上的关注，关注主播，是可以享受咱们直播间福利的。

点了关注的屏幕上打个“1”，让我看到扣1的宝宝们哈，咱们扣1多的话，马上给大家上一个秒品套餐哟！

宝宝们，3秒点关注，2秒点关注，1秒点关注，我们上秒品，开始抢限免餐票啦！

姐妹们，今天在我直播间你不需要亮灯牌，因为点亮灯牌需要1毛钱，在我直播间我不需要你为我多花一分钱，但是一定要把左上角免费的关注点起来，因为回头你不小心滑出直播间就找不到我了，我等下开的价格你听到一定会心动的！

哇！我直播间XX个姐妹了，我这个账号才开播不到两个月，能有这么多姐妹在我直播间，能有这么多回头客，我相信留住你们的一定不是我这个人，而是我们家的品质和服务，没点关注的如果你们也是对品质和体验有要求的姐妹，可以点个关注防止以后找不到我们家。

所有宝宝今天是XXX活动，左上角我给大家发了一个30元的优惠券，一定要记得先点关注再去领券，领完券再下单，咱们该省省该花花，一分冤枉钱都别花，一定要按我的步骤来，千万不要买贵了。

注意事项：避免涉嫌“诱导消费者”违规，比如，售罄、售空、再不抢就没了、史上最低价、不会再便宜、没有它就xx、错过不再/错过即无（错过就没机会了）、未曾有过的、万人疯抢、全民疯抢/抢购、免费领、免费住、0首付（免首付）、零距离、“价格你来定”，这些说法不要出现。

增加用户分享

可选内容：福利预告、价值吸引、使用场景描述。

话术示例：

福利来啦！在直播间的宝宝们把直播间分享出去，把福利分享给亲朋好友，点击左上角关注，小手不要停，点点小红心。人数满1000，我们给大家送出我们的周边小礼物，有XXX、XXX、XXX，不仅实用而且颜值非常高，还有我们的XXX和XXX，送给家人或者朋友都是很不错的选择。

大家也可以把直播间分享给你身边的朋友、同事、小伙伴，我们XXX（商家名）各个门店愿意陪伴每个小伙伴度过这炎炎夏日！今天在直播间囤起来，可以到门店直接享受！我们的核销时间一共30天。

想要福利的宝宝们在哪里，赶快把直播间分享出去，叫上朋友、亲人一起来抢福利了，一个人抢可能抢不到，但是大家一起来帮你抢，抢到的概率不就增加了吗！

想要获得更多福利的话就赶紧点点关注成为我们的粉丝宝宝，分享直播间让你的亲朋好友一起来参与吧！

只要今天在直播间有消费订单和粉丝灯牌的宝宝们都可以参与，有机会把XXX带回家啦！赶紧分享直播间让你的亲朋好友一起来参与吧！

今天是什么日子，周五！要去干什么？嗨皮！XX餐厅的氛围，叫上几个朋友聚会就特别合适！闺蜜小聚/兄弟聚餐/小部门聚餐/家庭聚餐都可以来吃，人均才几十元，这个价格能吃到XXX，这样的餐厅真的是太超值了。家人们喜欢，觉得我们套餐划算的，可以把直播间分享给其他朋友，抢到套餐券下次一起到店来用！

注意事项：避免涉及“站外引流”违规行为，禁止引流到其他平台。

降低用户顾虑

可选内容：使用方法、退款权益、价值吸引、使用场景描述。

话术示例：

宝宝们，我们团购券使用截止日期是这个月XX日！这是只有这个月才有的优惠！这一个月你吃火锅了吗？没吃的话来一顿啊！工作累的时候，周末急需一顿火锅解救！带着身边的亲朋好友一起来开心！

拍下后有一个二维码，带着二维码到店由服务员帮你核销，放心拍，到店放心吃就可以了。宝宝们，所有的券在你自己的订单里都可以看到，点击“【我】→【三条杠】→【我的订单】→【全部】”就可以看到啦。

我知道你们在纠结犹豫，这样吧，你们可以先去拍2号链接，拍了之后我在你们的订单里面备注送你们一个免费的唇形设计，你们到店后先做设计，如果你满意让老师给你们继续操作，不满意咱们7天无理由退款好不好？我帮你们把设计费免掉，让老师免费给你定制一下。

宝宝们，这个价格你不用担心，如果说你在外面能买到比我直播间、比我们品牌方XX元更便宜的，你当场退掉，多少钱买的，我多少钱给你退。

注意事项：使用规则讲解清楚，避免到店核销前后不一致行为。

推动用户下单

可选内容：清库存、倒计时、价值吸引、使用场景描述。

话术示例：

展开使用场景：讲解商品/回答评论时增加使用场景描述，对直播间其他用户有辅助下单作用。

咱们1号链接的使用时间大家一定要注意一下，这个晚餐券是要工作日使用的，工作一天了，下班后约朋友放松一下或者跟同事一起团建一下就拍1号链接哈，周一到周五的晚上6点至10点都可以使用。有宝宝问，我平时太忙了，周末才有时间约朋友吃饭怎么办？那大家可以看一下咱们的2号链接，2号链接的商品是咱们周末可以用的券！

大家千万不要拍错了，尤其是刚进我们直播间的宝宝们，一定要看清咱们的使用时间。

今天是礼拜天，可以和家人、同事，或者带着自己的小狗，出去遛一圈儿，然后吃点东西，但是吃点什么呢？如果你家附近正好有XXX，那就是捡到大便宜了，今天XX周年庆，折扣力度非常大，大家今天一定要囤起来！

有空闲时间可以带着家人去吃，不知道点什么菜的话，可以选择家庭聚会X人套餐，在我们的3号链接，宝贝们可以放心去拍。

指定目标人群：学生党/上班族/老人/小孩/情侣/新老用户，针对不同用户群给出不同的购买指引意见。

直播间有没有宝贝有头发枯黄、面部出油的困扰？有的可以给主播扣“1”，我们X号链接就是针对这个问题的，这个套餐包含XXX，对我们的XX和XX都非常有好处。

爱吃鱼的宝宝千万不要错过，鱼肉有丰富的蛋白质，也不会让人长胖！不太能吃辣的宝宝可以选择我们家的酸菜鱼，或者可以跟店员备注调整辣度。囤我们家2号链接的双人餐，工作日可以和同事来当工作餐吃，周末和男朋友/女朋友约会也可以来吃！

有家人问送老人买几号链接哈，咱们家有两款月饼特别适合送老人，3号链接里的商品是传统的苏式月饼，包装也很古典，非常适合老人的口味。4号链接是低糖的，主要使用了木糖醇，油的用量也是相对少的，比较健康，如果月饼是要送给需要控糖的老人，建议拍4号链接，这个月饼送给女性朋友也是很合适的，热量非常低，注重身材管理的女性朋友也可以拍4号链接。

叠加商品组合：针对不同人群和不同使用场景，主动给用户提供叠加购买建议。

拍了我们家1号链接爆浆小丸子的宝宝，一定要记得一起拍下我们家的下午茶套餐，好不容易来我们家只吃一个小丸子怎么够，一起拍更划算。

1号链接直接拍，现在就这么几单，可以闭眼冲，这是我们家的招牌菜，有8种口味可以选；有宝宝想几个朋友一起来或者跟家人一起来的话，还想点其他菜，想要叠加使用的话，1、5、6号链接都是可以叠加的，可以1、5、6号链接一起拍！

套餐和单品是可以叠加使用的，但是一桌只能用一个单品，牛蛙和鱼头都是可以和套餐叠加使用的，大家可以放心购买！拍了单品的可以再拍一个套餐，叠加福利！

强调稀缺程度：强调优惠力度的限时/限量/出现频次低，让用户感到下单的紧迫。

我们的活动仅限今天，如果此时此刻你们没有买到XXX的话，不要后悔了！新上的9.9元开播福利，想要的宝贝不要犹豫不要纠结，秒拍秒付！赶紧买，赶紧囤起来，宝子们！

今天是因为品牌过生日我们才有这个价格的，很多老粉都知道我们日常直播是不会有这种优惠程度的，错过今天就要等明年了！

10分钟秒品优惠，之后就讲其他品了，错过了就可惜了，喜欢的朋友们赶紧下单。

宝贝们，我看系统显示就剩X单了，我看这X单到底花落谁家，因为这款是福利品，所以库存有限，喜欢的宝宝抓紧时间去抢。因为我们每天都换货盘，所以价格不能保证每天都一样，宝贝们不要犹豫，下次就不是这个价格了，这波拍完我也就不补库存，直接下架了，系统识别还有10个人没有付款，我们把他们直接清掉，不要占库存，抓紧时间踢一波，倒计时3、2、1!

注意事项: 卖点讲透，不虚假宣传; 合规说打折，避免价格不一致，保证商品/服务描述一致; 避免诱导消费或夸大宣传; 禁止贩卖焦虑。注意对系统中的剩余单数进行真实描述。

第17招
直播团队管理

17.1 直播间团队搭建的基本原则和人员构成

直播间团队搭建是确保直播顺利进行并达到预期效果的关键。一个高效协作的团队需要有明确的分工和互补的技能。以下是直播间团队搭建的人员构成和职责详解。

- **主播**：主播是直播间的核心人物，负责与观众互动、展示产品、讲解产品特点、引导购买等，需要具备良好的控场能力、沟通能力和销售技巧。在之前的章节里，我们已经详细介绍了主播的职责和重要作用，主播一定是每个直播间的灵魂人物，也是在任何阶段都必不可少的岗位。

- **运营**：负责直播间的整体运营管理，包括内容策划、流量推广、数据分析、用户运营等。运营需要熟悉抖音平台的规则和算法，能够制定有效的运营策略。在直播账号启动阶段，运营可能还要兼职做其他工作，比如，直播间助理、场控、付费投放等。一个好的运营是要通晓直播间所有岗位职责和运营经验的。运营虽然不出镜，但他们是直播间幕后重要的操盘手，高水平的操盘手通常价值不菲，且需要通过利益共享来确保合作。

- **场控**：协助主播管理直播间秩序，处理突发事件，保证直播的顺利进行。场控需要具备良好的应变能力和沟通能力。在有些直播间里，场控也叫助理，但两者职能有所区别。助理一般负责直播间商品的上下架、发福袋、改库存、文字回复公屏等工作，但是场控更像是直播间的导演，负责与投放和运营沟通直播间的实时数据和情况，并根据直播间的人气情况指导主播调整策略。目前市面上有单独配备场控的岗位并不多，这个岗位大部分都由助理兼职。但是在一些达人直播间里，会有专门的场控负责调整达人的直播节奏，更好地助力达人完成预计的销售额。

- **编导**：主要负责短视频内容的策划和编排，包括脚本撰写、全程监控等，有的编导也负责场景布置、流程安排等。编导需要具备创意思维和良好的组织协调能力。在很多直播团队里，编导更多的是负责短视频的创作，一些编导本身具备线下场景的搭建能力，也会负责直播间的灯光、背景效果呈现等。

- **拍摄 / 剪辑**：负责直播间的视频拍摄和后期剪辑，提升直播内容的视觉效果。拍摄 / 剪辑人员需要掌握专业的拍摄和剪辑技能。他们是短视频账号内容运营的核心人员，直接影响短视频账号的粉丝数量和粉丝质量，同时对直播变现起到关键作用。可以说，想要做好短视频平台的内容运营，必须有一个精通视频脚本撰写和拍摄剪辑的团队。

- **客服**：负责处理用户咨询、订单处理、售后服务等，客服需要具备良好的服务意识和沟通能力。对于自营小店，客服是店铺运营的核心。在新的流量分配机制下，售后服务能力也被视作商家在抖音直播发展的持久动力之一，客服的服务水平将影响店铺的评分，同时进一步影响店铺获取流量的能力。

- **选品**：负责挑选适合直播间的产品，进行产品测试和评估。选品人员需要了解市场趋势和用户需求，具备良好的产品感知能力。如果是大型的达人团队，就必须有专业的选品团队来对接品牌方大量的样品需求，他们负责根据主播直播间的调性和用户画像筛选产品，检查品牌和产品资质，与品牌商谈带货佣金。在大主播的团队里，选品团队通常都会有几十个人，因为只有源源不断的新品被选中和售卖，才能源源不断地吸引新老客户。

- **投放**：负责直播间的广告投放和流量采购，提高直播间曝光度和用户量。投放人员需要熟悉广告投放平台和策略。投放负责给直播间搭建计划和操作计划，同时负责直播盯盘。在抖音的付费投放工具没有这么智能化的时候，投放曾经是一个非常需要经验的岗位，但是随着抖音直播的付费工具不断智能化，如今没有投放经验的小白也可以轻松使用抖音的自助投放工具完成直播间的投放工作。但是在一些特殊活动，比如，直播大场、节日大促的时候仍然需要多名投手操作不同账号，来进行盯盘和自定义操作等工作。好的投手可以帮助商家节省很多付费投放的费用。

此外，根据直播间的规模和需求，直播间的人员构成还可能包括美工、数据分析等岗位，需要根据直播目标和内容形式灵活调整人员配置。

团队搭建基本原则

抖音直播间团队的搭建与直播间的发展密切相关，在直播间启动阶段，应以低成本试错和迭代为主，无须大规模招聘，并且很多岗位可以由一人兼任，因为一开始直播间的流量和转化率通常不高。很多达人主播团队初期是夫妻俩分工合作，一人做主播，另一人做助理和运营，直播间成长后，再逐步招募人员扩大团队。

以下是团队搭建的一些基本原则。

- **目标明确**：直播间首先要明确自己的目标，是品牌宣传、产品销售还是粉丝互动，不同的目标决定了团队的人员配置和运营策略。达人直播间和品牌店播直播间的人力配备差别会很大，达人直播间因为售卖的是精选联盟的产品，因此不需要配备小店经营的人员，但是需要配备大量的选品人员负责跟品牌方对接。而品牌方团队则需要根据店铺销售情况做好店铺的发货、售后和维护工作。

- **岗位齐全**：一个完整的成熟的抖音直播间团队应该包括主播、运营、场控、编导、拍摄、剪辑、客服、选品、投放等多个岗位，确保直播的顺利进行和效果最大化。成熟的盈利的直播间最好可以确保不同岗位都有专人负责，但是在账号尚未探索成功之前，一人多用仍然是大部分直播间的现状。

- **技能匹配**：团队成员应具备相应的专业技能，如主播需要有良好的沟通能力和销售技巧，运营需要熟悉抖音平台的规则和算法，拍摄和剪辑人员需要掌握视频制作技能等。这个原则通俗点说就是要招有能力的人，要招好用的人。特别是在抖音直播这种高爆发性的行业里，一个有能力的人可以顶得上10个能力平平的人贡献的价值。所以在任何时候都应该不断地找更好用的人才进行合作。

- **协同合作**：团队成员之间需要良好的沟通和协作，确保直播内容、推广策略和销售目标的协调一致。直播间的所有岗位之间应该随时保持信息同步，包括在某个阶段推广什么产品，要做到什么样的流量和转化，素材要拍摄什么样的内容，这些都需要及时对齐和沟通。

- **持续学习**：抖音平台和直播行业变化快速，团队成员需要不断学习新知识、新技能，以适应行业发展和提升直播效果。学习能力是做好抖音直播的前提，因为行业变化很快，不学习不进步的团队很容易会被市场淘汰，止步不前。

- **数据驱动**：直播团队应注重数据分析，通过数据来指导内容创作、推广策略和销售决策，实现精准运营。直播间的可持续运营是需要数据驱动的，这就需要直播间的运营人员和负责人懂数据，可以通过分析数据找到直播间的问题和迭代的方向。

- **风险控制**：直播过程中可能会出现各种意外情况，团队需要做好风险控制和应对措施，确保直播的稳定性和安全性。在直播间不断成长做大的过程中，会面临各种各样的风险，包括产品、售后、内容等多方面的风险。这就需要团队的人有风险意识，时刻保持谨慎。

以下是直播间不同阶段的人力配备建议。

冷启动期：在账号冷启动期，直播间必须配备的人力是主播。再配备一个运营，同时兼任直播间的助理或者场控。主播负责在直播间讲解，助理负责在直播间上下架、改库存、发福袋，同时在直播间结束后和主播一起复盘数据。在直播早期，视频拍摄的工作也可以由主播和助理协同完成。

上升期：在直播间流量和业绩的上升期，想要进一步地把直播间做大，这个时候就需要更多人力配备，让专业的人做专业的事。主播可以配备1~2名，用来交替直播；助理配备1名，负责在直播间上下架产品，以及兼顾场控的工作；运营和投放可以合并为1名专职人员，主要负责监控直播间的流量来源和转化情况，同时跟进直播间的付费投放。如果有条件的话，可以配备专职的视频拍摄人员，负责每天批量生产视频内容。如果没有条件，也可以由运营准备好脚本，直播结束后由主播和助理负责拍摄。

成熟期：在直播账号的成熟期，需要配备更多专业人员协同完成直播间的各项工作。有些头部大主播的直播间开播的时候往往有几十名工作人员在现场支持，但对于大部分团队来说，并不需要这么多的工作人员，只需要在一些重要的岗位安排专职人员。

在这个阶段，为了适应日不落的直播节奏，可以安排1~4名主播轮流替换，同时安排2~3名助理，及时配合主播在直播间的搭话和相关的运营工作。直播间还需分别配备1名专职运营和专职投放人员，运营负责直播间整体策划和流量复盘，投放则负责直播间付费投放的计划搭建和监控。此外，还要有1~2名专职的视频同事来负责账号短视频的写拍剪和发布运营。一些达人团队还需要有强大的选品团队，时刻跟品牌方对接产品机制、寄样和排期等。如果是自营小店，还需要配备小店的运营主管、客服等工作人员，负责处理用户的售后。

17.2 直播核心岗位的招育留技巧

主播岗位招育留

在抖音直播的众多岗位中，主播的能力最为显眼，且好的主播十分稀缺。行业内部存在两种直播间模型，一种是重运营型，一种是重主播型。前者靠一个稳定的系统，比如，通过内容、投放、排品等吸引流量，主播就是直播销售员的角色。这样的直播间需要好的操盘手，能整合各种资源打造一个自动卖货的流水线。后者则极度依赖主播的个人能力，尽管如此，其他各方面要素也不应忽略。

按照主播的转化能力划分，主播市场呈现出金字塔结构。位于金字塔顶尖的主播自己做达人，拍视频做直播，大部分月入 10 万 ~100 万元。位于金字塔中部的主播有些是小达人，有些在大品牌的直播间里上班，也可以拿到 10 万元左右的月薪。但是大部分金字塔底部的主播都是普通工作者，依靠时薪生活。

根据我们多年招募、培训和合作主播的经验，处于低薪资区间的主播本质上差异不大。例如，在上海，月薪在 1 万 ~2.5 万元的主播，在我们看来没有本质区别。这些主播或许形象有所差异，但是都没有能力拉自然流量，且大多是打工人心态。不要小看心态差异，卖货心态直接影响卖货结果，因为卖货心态同时影响主播自身的能量和磁场。**在兴趣电商的直播间里，主播的能量只有比用户更强，才有可能让用户掏钱。**

特别是当用户犹豫不决的时候，主播必须透过屏幕传达给用户一个强有力的购买动机。用户是否接受这个动机，取决于主播的能力。虽然话术可以模仿，动作可以学习，但有些天赋是后天难以培养的。

因此，与其培训主播，不如筛选主播。

然而，在实际操作中，招聘主播常常受到项目预算、团队实力等多方面因素的限制，导致许多团队不得不退而求其次，通过招募低成本的新手主播并加以培训来达成目标。

主播岗位的招育留原则是直播间团队管理中的重要部分，以下是一些关键原则。

招聘原则

- **匹配性**：选择与品牌形象和产品定位相匹配的主播，确保主播的风格和受众群体的偏好相符合。保持直播间主播风格的一致性，会让用户更容易记住直播间及品牌。用户往往对特定主播有认同感，好的主播也会让用户更有亲切感和信任感。

- **专业性**：优先考虑有行业相关经验或专业知识的主播，他们能更快地适应岗位要求。专业性是招聘主播的基本要求，对于很多直播团队来说，宁可招专业的成熟主播，也不愿意培养小白做主播，这是因为市面上的主播岗位供给越来越多，培养新人费时费力，也不一定能长期绑定，所以直接招一个专业主播更节省时间。

- **潜力和学习意愿**：对于新人主播，应注重其潜力和学习意愿，因为他们是团队长期发展的基础。对主播来说，学习能力是重要的招聘要求，因为想要做好抖音直播，不仅要有讲解直播间产品的能力，还要掌握有关流量和运营的基本知识，并且不断迭代自己的直播表现力和运营能力，这样的主播通常也很稀缺，需要花时间和精力去招募。

- **试播评估**：通过试镜来评估主播的沟通能力、表现力和对产品的理解程度。对于主播的直播能力，建议通过试播的方式来评估，比如，在正式上岗前可以让主播根据已有直播脚本录制直播视频，或者在小号上试播，以及在大号上正式直播，通过直播间数据反馈来评判主播的真实能力和水平。

培育原则

- **系统培训**：提供系统的培训课程，包括产品知识、直播技巧、平台规则等，帮助主播快速上手。直播间想要不断地有新人进来，就要有一整套培训系统，保证新人到岗时可以得到标准化的培训。特别是主播这种流动性比较大的岗位，公司里应该有专人负责主播的培训和孵化工作。

- **个性化指导**：根据主播的特点和需求，提供个性化的指导和反馈，帮助他们提升直播效果。对于表现力和潜力比较强的主播，可以由培训主管给予一对一的个性化辅导，结合主播自身特色发挥直播优势。

- **进阶机会**：给予主播足够的进阶机会，让他们在真实的直播环境中学习和成长。并且应该给主播制定不同的考核标准和激励机制，给主播不同的薪资评级，帮助主播更快地获得专业能力的提升和经济收入的增长。

- **持续学习**：给主播提供阶段性学习新知识的机会，并及时与团队一起复盘，为每场直播做好充足准备。

留住原则

● **合理薪酬**：提供有竞争力的薪酬和奖励机制，确保主播的劳动得到合理回报。薪资是留住主播的核心要素，特别是很多直播间做起来了以后，经常改变跟主播一开始定好的薪资分配机制，导致主播流失。因此，提前制定好合理的薪酬标准至关重要，既要兼顾眼前的直播间启动现状，也要兼顾直播间做起来以后的利润分配，避免出现因为大主播的流失而发生业绩断崖式下跌的情况。

● **职业发展**：为主播提供清晰的职业发展路径和晋升机会，让他们看到在团队的长期发展前景。做主播是一件盈利大、消耗大的工作，因此，为了更好地留住优秀人才，可以设置老带新机制，鼓励老主播培养新主播。老主播可以获得新主播的带货业绩分成，这是帮助老主播提高收入，新主播获得成长的重要方式。

● **团队文化**：营造积极向上的团队氛围，增强主播的归属感和团队凝聚力。优秀的团队文化不仅能通过物质激励留住人才，还能通过共同目标和使命凝聚人心。

● **关怀支持**：关注主播的工作和生活状态，提供必要的支持和帮助，减少主播流失的可能性。很多直播间为了节省成本，通常将工作地点安置在较偏远的城市和地区。为了吸引和留住优秀的主播，可以给他们提供必要的住宿和各种补贴，让他们在直播间外感受到更多的温暖。

运营岗位招育留

运营是直播间非常重要的岗位职责，高级别的运营也叫“操盘手”，可以说直播间的流量获取和流量转化都由这个人负责。因此，想要做好运营并不容易，随着抖音直播间的竞争越来越激烈，对运营的要求也越来越高。从原来只需要单一技能发展到必须成为“六边形战士”，才有能力和资格管好一个直播间。

招聘原则

我在面试的时候，经常看到运营的简历上写满了很多厉害的项目。之前看到有人讽刺说在达人直播间递过牌子，都敢说做过单场 1000 万的案例了。真实情况倒也没有这么夸张，但运营人员能力和经验的良莠不齐，确实会增加公司老板和面试者筛选和识别运营能力的难度。

在招聘的时候可以通过以下原则识别运营人员的真实能力。

● **观察过往经历**：若该运营在之前的工作中仅专注于直播间的某一板块任务，如投放、场控或主播话术等，通常难以全面操作整个直播项目。因为直播间的成果受多种因素影响，即便他参与的直播间取得成功，也不一定能证明该运营在直播间产出中起到了关键作用。单一技能的运营在面对新直播间的复杂问题时，往往难以应对。

评估问题解决思路：要辨识运营的真实能力，可以通过深入提问来判断，要持续追问以挖掘真相。例如，询问他们之前如何打造账号，并根据其回答不断深入，越细致的问题越能揭示真实情况。同时，可以要求运营展示之前账号的数据作为辅助判断依据。此外，让运营口述账号打造思路，对于只说空话和套话的运营，细致的追问将暴露其不足。

检视复盘总结能力：让运营针对直播数据大屏和直播间录屏进行问题总结和复盘，观察其对数据的理解和对数据归因的能力。值得注意的是，经验丰富的运营不会简单地将某个数据结果归因于某个运营动作，而是会全面分析各因素之间的关系。

培育原则

系统性原则

◎ **全面规划**：需对直播运营的知识、技能和素质进行全方位梳理，确保从平台规则、直播策划、营销推广、数据分析到客户服务各环节均纳入培训体系。课程设计应涵盖直播前市场调研、产品选品，以及直播后的售后跟进等内容，按照逻辑顺序安排培训，从基础知识到高级策划和数据分析技能，逐步构建完整的培训体系。

◎ **循序渐进**：培训进度应根据学员的接受能力逐步推进，从简单到复杂，避免学员产生畏难情绪。提供不同难度的实践项目，从模拟直播到实际商业直播，逐步提升学员能力。

实用性原则

◎ **贴合实际工作**：培训内容应紧密围绕直播运营的实际场景，结合不同直播间特点进行互动策略教学。通过案例教学，分析成功与失败案例，使学员掌握实际操作技巧并规避错误。

◎ **解决实际问题**：鼓励学员提出工作中遇到的问题，并提供解决方案。培训结束后，通过线上答疑、定期回访等方式，持续关注学员的实际运营情况，帮助解决实际问题。

个性化原则

◎ **因材施教**：了解学员背景、经验和优劣势，针对性地进行培训。根据学员的学习进度和能力调整培训内容和方式，发挥学员各自的优势。

◎ **尊重个性差异**：认可学员在创意、沟通风格等方面的个性差异，鼓励学员根据自己的特点进行直播策划。在团队合作中，发挥团队成员的优势，实现优势互补。

留住原则

薪酬福利合理原则

◎ **公平合理的薪酬体系：**确保基本工资与市场水平相匹配，通过市场调研，使直播运营岗位的薪酬具有竞争力，特别是在一线城市，确保经验丰富的直播运营人员的基本工资位于行业中等水平以上。

◎ **科学的绩效奖金制度：**绩效奖金与直播运营的关键成果挂钩，如流量增长、转化率提升等。根据员工绩效，合理分配奖金，例如，月转化率提升 20% 以上的员工可获得相应比例的奖金。

完善的福利保障

◎ **提供全面福利：**包括五险一金、带薪年假、病假等，保障员工基本生活需求，体现公司的人文关怀。

◎ **增设特色福利：**为直播运营人员提供设备升级、健康检查和高级培训等额外福利，以适应高强度工作需求，提升员工价值。

明确的晋升通道

◎ **设立清晰的晋升路径：**为直播运营人员设定从初级到高级的多个职业发展阶段，每个阶段都有明确的职责和薪酬标准。

◎ **定期评估晋升机会：**根据员工表现和业绩，定期进行晋升评估，确保优秀员工能够获得晋升机会。

个性化的职业发展支持

◎ **提供个性化职业建议：**根据员工的兴趣和特长，为其职业发展提供指导，如数据分析能力的提升等。

◎ **内部轮岗与跨部门合作：**为员工提供不同岗位的工作体验，增强其职业技能和工作经验。

及时给予表扬和奖励

◎ **表扬与奖励机制：**对取得成就的直播运营人员及时给予表扬和物质奖励，以提升其工作积极性。

◎ **分享成功经验：**通过内部案例分享，促进知识传播，增强员工的工作成就感。

赋予重要职责和挑战

◎ **交付挑战性任务：**让有能力的人才承担关键任务，如新品发布会直播，激发其潜能。

◎ **参与重要决策：**在关键决策中纳入员工意见，增强其归属感和责任感。

17.3 直播间薪酬分配原则

薪资分配原则

直播间要制订一个科学合理的薪资分配方案，以确保团队成员各司其职，增强团队的稳定性。以下是一些直播间薪资分配的原则建议。

- **以岗位职责和贡献为基础：**直播间有不同的岗位，如主播、运营、场控、编导等。不同的岗位对直播效果的影响程度各不相同，因此，薪资分配应体现岗位差异。例如，主播作为直播间的核心人物，对流量和转化率起着至关重要的作用，他们的薪资水平通常会高于其他岗位。不同的岗位考核机制不同，主播的考核包含工作态度和数据指标两方面，并根据数据指标设立奖励机制。

- **考虑个人能力和经验：**虽然不同的岗位有不同的薪资标准，但个人能力和经验的差异也会影响薪资水平。例如，在有些直播团队中，运营的薪资远高于主播，这是因为运营给直播间提供了稳定的流量系统，降低了对主播的要求，主播只需要完成直播销售的工作就可以拿到直播结果。但有些团队非常依赖优秀的主播，特别是那些有流量感知力、话术技巧、数据分析能力的主播。能力越强、经验越丰富的主播，越能为直播间带来更好的流量和转化效果，因此也应该获得更高的薪资待遇。以投手岗位为例，一般的投手薪资不会太高，但是如果这个专业的投手具备付费素材的感知、拆解、创作能力，并且在日常工作中不断提升技能，也有可能获得更高的薪资待遇。

- **结合市场行情和行业标准：**直播行业发展迅速，薪资水平也在不断变化。在制订薪资方案时，需要参考市场行情和行业标准，才能吸引和留住优秀的人才。直播行业的薪资跟地域、城市和具体要求密切相关，可通过招聘软件了解不同岗位的薪资标准，据此制订直播间的薪酬计划。

- **灵活运用多种薪资结构：**除了固定底薪，还可以根据直播间的业绩表现，设置绩效奖金、提成奖励等，以激励团队成员提高工作积极性和创造性。例如，对主播可以采用销售额提成机制；而对运营等岗位，则可以根据工作完成情况和工作质量来设置奖励机制。

各岗位薪资分配建议

以下是一个简化的直播团队薪资分配示例。

- **主播：基本工资 + 销售提成（如销售额的 5%~10%，或利润的 20%）。**

主播的薪资分配通常取决于多种因素，包括账号运营阶段和情况、直播间毛利、主播的知名度和影响力、直播带来的其他收益等。有些主播在直播间是拿固定薪资的，这种情况在淘宝直播间比较多，因为淘宝直播间的流量来源更多是品牌店铺本身，但是抖音直播间更需要借助主播的表现力来获得流量的转化。

对于娱乐主播来说，也可以按照观众赠送的虚拟礼物或打赏金额的一定比例进行提成。同时可以设置一些奖励机制，比如，达到特定目标（如观看人数、互动量、新增粉丝数等）后，或在平台排名靠前或完成特定任务时，可以获得额外的奖金。

- **运营：固定工资 + 团队业绩奖金（如净利润的 2%~5%）。**

运营的薪资一般由固定工资和团队业绩奖金构成。有的运营有管理团队的职能，则可以以团队业绩奖金为基准进行分配，也可以直接分配直播间的净利润。有些运营也是直播间的操盘手，对于直播间的结果起到关键作用，可通过与运营合伙或者股份合作的方式进行分成，具体分配情况看直播间盈利情况和其他方面的因素而定。

- **视频团队：固定工资 + 内容效果奖金（如观看量或互动量的提升）。**

视频团队可以根据内容效果来发放奖金，若是付费投放素材的生产，则可以根据素材的过审率、付费素材的消耗、ROI 来设置相应的佣金，也可以根据素材的自然流量的相关数据来给予提成和奖金，比如，视频的观看量、曝光点击率、点赞量和新增粉丝数等。总之，视频团队的考核可以完全根据视频内容的质量和各维度数据来制定。

- **投放：固定工资 + 满足 ROI 的消耗提成（可能根据工作量有所调整）。**

投放人员的提成可以根据工作量制定，区分仅负责投放或包括素材优化等工作。可增设激励方案，如在 ROI 达标后的业绩提成或投放消耗提成。

总体而言，直播团队的利润分配和薪资设计既要考虑到员工的当下贡献和利益，也要考虑到项目的长期发展和盈利。对于管理者而言，构建一个科学、合理且持久的薪资分配和利益绑定机制，对维护项目的长期发展起到至关重要的作用。

第 18 招

如何链接达人带货

18.1 精选联盟定义和推广计划

在抖音上找达人带货是一种常见的商品推广手段，甚至有很多商家不需要拍视频做直播，只需要做好供应链和链接足够多的达人，也能实现产品爆卖。在抖音上，有很多商家需要达人帮他们带货，也有很多达人缺少优质的产品理念和服务意识，因此商家和达人的高效建联和匹配就非常重要。精选联盟是促成商品和达人合作的官方平台，想要实现达人带货的自动出单，就要学会这个平台的使用方法和运营技巧。

精选联盟

◎ 精选联盟是抖音促成商品和达人合作的 CPS 双边平台，一边连接达人，一边连接商家。这里的达人包括字节旗下多个 App（如抖音、头条、西瓜、抖音火山版、皮皮虾等）的内容作者。

◎ 商家在精选联盟中设置商品佣金，达人在线选择商品，通过视频和直播等方式推广，订单生成后，平台将定期与商家和达人进行佣金结算。

联盟的商品推广计划

为了有效推广商品，商家需要通过精选联盟给达人设置商品推广的佣金。在抖音平台上，有普通商品、专属商品、定向佣金、阶梯佣金四种推广计划供商家使用。此外，商家还可以使用店铺引流计划、店铺引流定向计划，借助达人的直播间或短视频，为店铺引流。

推广计划	简介	设置佣金的区间	达人可见范围	与达人的合作方式	是否提供样品
普通商品	商品将进入作者侧的选品池，可被所有作者搜索、添加和推广。 ★普通计划与专属计划互斥，商品只可以被设置为其中一种； ★普通计划的佣金，只对未设置定向计划的达人生效	1%~50%（不同类目上限以后台显示为准）	所有达人可见商品和佣金率	商品添加到联盟里，需要达人自己看	支持设置申样规则
专属商品	仅商家指定的作者可推广相关商品，其他作者不可推广	0~50%（不同类目上限以后台显示为准）	所有达人可见商品，但指定达人可推广，指定达人有专属导航“专属推广”	线下沟通，先达成合作，后设置	支持设置申样规则
定向佣金	为指定的达人设置定向佣金率	0~80%	所有达人可见商品，但定向佣金率为指定达人可见	线下沟通，先达成合作，后设置	支持设置申样规则
阶梯佣金	为达人设置阶梯佣金，达人完成商家配置的门槛销量后，佣金率自动提高	基础佣金率和奖励佣金率均为0~79%，且基础佣金率＋奖励佣金率≤80%	所有达人可见商品，阶梯佣金若不支持公开申请则指定达人可见，若支持公开申请则符合报名门槛达人可见	公开：商品添加到联盟里，需要达人自己看；不公开：线下沟通，先达成合作，后设置	支持设置申样规则
店铺引流计划	达人在短视频及直播中挂载店铺入口，店铺开启店铺引流佣金计划后，达人可通过上述两个渠道为商家店铺引流，引流订单成交后，商家按照设置的佣金率支付佣金费用	0~50%	功能内测达人可见推广店铺和佣金率； 商家、达人功能内测中	达人公开申请	—
店铺引流定向计划	达人在短视频及直播中挂载店铺入口，店铺开启店铺引流定向佣金计划后，定向覆盖的达人可通过上述两个渠道为商家店铺引流，引流订单成交后，商家按照设置的佣金率支付佣金费用	0~80%	功能内测达人可见推广店铺，定向佣金率指定达人可见； 商家、达人功能内测中	定向达人生效	—

商家的具体使用场景如下：

◎ 我想把商品加入联盟商品池，所有达人均可推广→ **普通商品**。

◎ 我想让指定的达人推广我的商品，其他达人不可推广→**专属商品**。

◎ 我想给指定的达人单独设置佣金率→**定向佣金**。

◎ 我想让指定的达人带货，并给这些达人设置不同佣金率→**专属商品叠加定向佣金**。

◎ 我想进一步提高达人带货积极性，促使达人为商品积累销量→**阶梯佣金**。

◎ 我想利用达人的流量，让达人在直播间或短视频中展示我的店铺入口，为店铺引流→**店铺引流计划**。

18.2 如何用精选联盟找达人带货

商家进入精选联盟的步骤如下。

基础步骤：商品/商家符合精选联盟门槛 ⟶ 商家入驻精选联盟 ⟶ 为商品设置普通计划。

进阶步骤：寻找/建联心仪带货达人 ⟶ 发起合作订单/报名达人招商活动/报名团长活动 ⟶ 设置商品定向/专属/阶梯计划。

精选联盟入驻要求

商家/商品进入精选联盟必要门槛

- 商家体验分
  - ◎ **新商家：**新商家（入驻成功 60 天内的商家）且无体验分时，暂不做考核；
  - ◎ **老商家：**店铺正常营业且店铺体验分高于(含)70 分。
- 商家没有被违规处罚
  - ◎ 商家店铺不存在《商家违规行为管理规则》中因“出售假冒/盗版商品”“发布违禁商品/信息”“虚假交易”“不当获利”“扰乱平台秩序”等严重违规行为而被处罚的记录。（跨境商家适用《“**全球购**”商家违规管理规则》）。
  - ◎ 商家店铺账户实际控制人的其他电商平台账户，未被电商平台处以特定严重违规行为的处罚，未发生过严重危及交易安全的行为。
- 新商家准入说明
  - ◎ 新商家（入驻成功 60 天内的商家）且无体验分时，暂不对体验分进行考核，满足其他条件即可。

◎ 新手期商家须通过经营合规动态考核，满足优质新手商家标准。

- 商品标准

◎ 商家在精选联盟平台添加推广的商品（创建推广计划的商品），品质退货率和投诉率需要满足一定标准，根据商品一级类目有不同要求。

商家如何入驻精选联盟

商家入驻精选联盟需要符合以下条件并进行开通操作。

- 精选联盟入驻及清退条件

◎ **商家体验分符合准入要求**：老商家 **≥ 70 分**，新商家不做要求。

◎ 商家体验分 **< 65 分**，将被清退出精选联盟。

◎ 商家报名达人广场的招商活动体验分要 **≥ 70 分**。

商家如何让达人带货店铺商品

普通计划带货：使用普通计划带货，需要支付一定的佣金费率。

推广计划	简介	设置佣金的区间	达人可见范围	与达人的合作方式	是否提供样品
普通计划	商品将进入作者侧的选品池，可被四端（抖音、火山、西瓜、今日头条）所有作者搜索、添加、推广。 ★普通计划与专属计划互斥，商品只可以被设置为其中一种； ★普通计划的佣金，只对未设置定向计划的达人生效	1%~50%（不同类目上限以后台显示为准）	所有达人可见商品和佣金率	商品添加到联盟里，需要达人自己查看	支持设置申样规则

如何添加并售卖店铺普通计划商品

添加本店商品，操作路径有多种，如采用普通计划，即可通过以下路径进行。

◎ **电脑端**：**打开百应平台** → **精选联盟** → **选品广场** → **搜索店铺名称**，即可找到店铺商品。

◎ **手机端：打开抖音 ⟶ 商品橱窗 ⟶ 精选联盟 ⟶ 选品广场 ⟶ 搜索店铺名称**，即可找到店铺商品。

参与精选联盟线上频道 / 活动，达人线上更快找到你的商品

操作路径：抖店 ⟶ 营销 ⟶ 活动广场 ⟶ 精选联盟活动 ⟶ 找到活动提报商品（推荐9.9元秒杀 / 新人专区提报）。

精选联盟活动	简介	设置佣金的区间	达人可见范围	与达人的合作方式	设置方式详细介绍
联盟9.9引流专区、新人专区、新商 / 新品榜	商品将进入达人的线上选品页面，联盟达人可直接在线上进行选品、加橱窗等。 ★商品提报与普通计划类似，会在一个活动周期内对全部达人展示（一般为14~21天）； ★中间有价格和佣金问题的，可以随时在后台申请退出，平台审核后将退出活动，也取消达人选品页展现	建议佣金＞5%（对30天内价格 / 佣金优势商品优先展示）	在活动周期内，所有达人可见商品价格和佣金率（结束后回到公开计划佣金）	商品进入联盟频道 / 活动，达人线上选品后加橱窗进行直播和短视频带货	填报价格、佣金、库存提报链接

达人可见页面

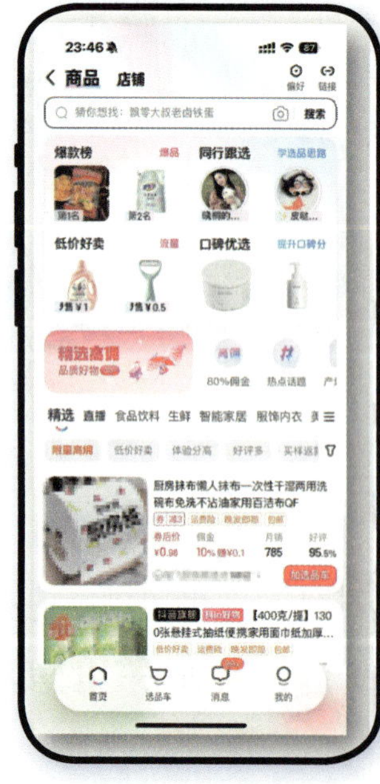

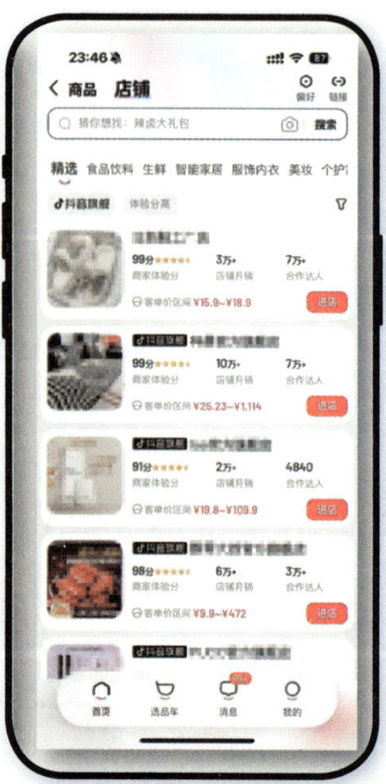

佣金结算方式

佣金计算公式：推广费 = 结算基数 × 费率，结算基数 = 实付金额 + 主播券金额 + 平台券金额 + 支付通道补贴 – 运费金额。

结算时间

平台在每一笔有效推广订单到达确认收货的 15 天，推广费或服务费在订单货款结算后支付。

1. 若订单货款结算时间未超过 15 天，则在订单确认收货的 15 天后，平台将对推广费或团长服务费进行结算；

2. 若订单货款结算时间超过 15 天，则推广费或团长服务费结算日期顺延至订单货款结算之后，即订单货款结算后，平台将对精选联盟推广费或团长服务费进行结算。

不同推广计划结算优先级

精选联盟推广计划的费率结算优先级如下：

招商团长计划 > 托管团长计划 > 单品定向 / 阶梯计划 > 店铺定向计划 > 平台活动计划 > 专属计划 / 普通计划。

备注：在上面的优先级中，“/ ”代表互斥，如单品定向计划和阶梯计划针对相同单一商品只能存在一种计划。

18.3
用达人库管理达人

我的达人库介绍

◎ **本质定位：**“我的达人库”是抖音电商官方提供的一款管理达人矩阵的专用工具。

◎ **核心价值：**旨在帮助商家实现达人矩阵的规模化运营，促进目标带货达人的建联拉新以及合作过程管理，同时促进与达人建立长期复带的合作关系。

◎ **具体功能：**商家可在“我的达人库”中对达人进行包括全合作周期的管理，涵盖对意向达人的**建联推品**—**发样品**—**确认合作**—**完成合作**—**再次合作**等，能自动更新合作状态，方便商家及时关注推进合作。在达人上播或发布内容后，达人库能够实时展示达人销售数据，迅速反馈合作结果。此外，支持子账号间达人权限隔离，方便多名商务高效跟进自己的达人。

操作方法介绍

功能入口：【精选联盟·商家版】→【管合作】→【合作管理】→【我的达人库】。

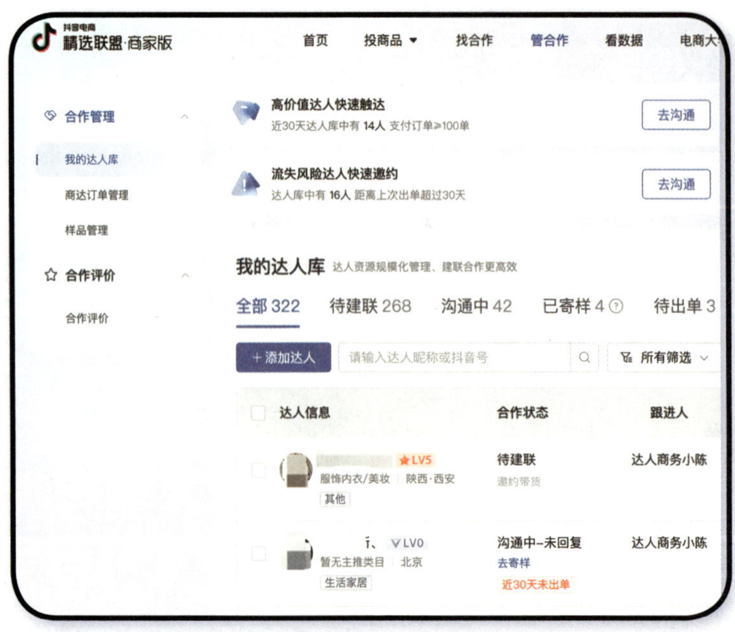